選択本願念仏集

法然の教え

阿満利麿＝訳・解説

角川文庫
14702

目次

解説　二六〇

はじめに

一一九八年に著されたとされる法然《ほうねん》の『選択本願念仏集』は、日本の宗教史上、もっとも革命的な内容であるばかりか、世界の宗教史においても、まれに見る、ラディカルな救済思想を展開している。なにが革命的かといえば、従来の仏教では常識となっていた、出家者の存在や戒律、修行の体系が一挙に否定されて、在家・出家の別にかかわらず、万人にひらかれた、きわめて簡易な救済思想が説かれるにいたったからである。具体的には、阿弥陀仏《あみだぶつ》の名を称する、という行為（念仏）だけが必須であり、それ以外の修行は一切不要とする。「現世をすぐべき様は念仏の申されんように生きるべし」（『和語灯録』巻五）。これが法然の主張のすべてである。

『選択本願念仏集』は、なぜ、今までの仏教の救済体系では救われないのか、またなぜ阿弥陀仏の名を称するという念仏だけが、それほどまでに有効性をもつのか、称名は仏教なのであろうか、といった、念仏をめぐる根本的な疑問を解き明かし、今以後、万人の救済は念仏以外にはないことを宣言している。

本書は、法然が失脚後の九条兼実《かねざね》という在家の人間の請いにしたがって書かれたものであり、叙述は論理的明快さをもってなされている。ただ、その論理は、経典に最終的に証拠を見いだすという筋道をたどるので、いわゆる実証的な論理とは異なることに読者はあらかじめ留意してほしい。

また、本書は、もともと、九条兼実に一読後は「壁底に埋める」（本書一五七頁）ことが求められている。法然在世中に、この書を書写し伝持することを許されたのは、現在分かっているだけで六人の弟子だけであった。ひとえに法然の主張のラディカルさが原因で、国家権力と一体になっていた既成仏教教団からの弾圧が必至であった事情がある。

今日、念仏を口にしても、国家権力や巨大教団から弾圧を受けることはない。しかし、法然の教えが広がり始めるやいなや、京都はもちろん、各地で執拗《しつよう》でまた長期にわたる弾圧が続いた。一二〇七年には、法然の四国配流や親鸞《しんらん》の越後《えちご》流罪、門弟四人の死刑などの弾圧が行われた。それだけではない。法然滅後の一五年目、一二二七年には、法然の墓が延暦寺《えんりゃくじ》の衆徒により襲撃、破却され、主立った門弟が配流となり、京都から念仏者が一掃されるという事件も生まれている。しかも、このとき、延暦寺の衆徒は、『選択本願念仏集』の焚書《ふんしょ》を実行し、一二一二年に開版された『選択本願念仏集』の初版の版木も焼かれた（田村圓澄『法然』人物叢書、等）。このあとも、関東で布教を続けた親鸞等は、鎌倉幕府の弾圧を幾たびも経験する。

　このような事実を目の前にするとき、なぜ、法然の救済論が国家権力や、それと結んだ巨大教団から弾圧を受けねばならなかったのか、が問われよう。私が本書の現代語訳を引き受けた理由の一つに、こうした宗教と政治の関係を、宗教の側から明らかにする、一つのきっかけになるのではないか、という思いがあったからである。

この点、結論だけをいっておけば、宗教に生きるということは、ほとんど必然的に権力的な生き方とぶつかることになる、ということを指摘しておきたい。なぜならば、宗教は暴力を全面的に否定するが、権力やその顕著な形態である政治は暴力を肯定するからである。暴力といっても、戦争から個人的な憎しみなど、そのかたちはさまざまだが、根本は、自己の思惑を最終的には、有無をいわせずに人に押しつけるところにある。人はこうした自己中心からのがれる術《すべ》を容易に見いだしがたいが、宗教は、そうした人間の業に深い洞察を加えるものである。暴力的振る舞いに慚愧《ざんき》する立場と、暴力的存在に疑問をもたない立場とでは、自ずとさまざまな局面で対峙《たいじ》することになる。法然らが遭遇せざるをえなかった弾圧は、こういう人間の営みの、根本的な両極（宗教と政治）に由来するのではないのか。訳者は、昨今、このような感慨をもつにいたったのである。この点はまた別に考えねばならない。

さて、現代語訳にあたって心がけた点を列挙しておく。一つは、学問的裏付けがあって初めて理解できる述語の訳についてだが、思い切って新しい言葉を当てた場合と、古い述語のまま使用している場合がある。述語をそのまま使用する際には、その述語のすぐあとに（……）をして意味を付しておいた。内容的に解説が必要な場合は、章の後に掲載される〔訳者ノート〕で記すことにした。

二つに、原文は、標章（その章で明らかにする内容を短い文章で言い表すこと）と引文（論の典拠となる経典や、権威ある註釈書からの引用文）、それに私釈（法然の個人的見解、主張）

からなっているが、その区別は記されていない。だが、訳書ではそれらの区別を表示することにした。現代の読者には、どれが引用文で、どれが法然の文章であるのかが、まま混同されるおそれがあるからである。

三つには、原文では、章立てなどはなされていないが、便宜のために章立てや小見出しをつけた。

四つには、論旨を分かりやすくするために、訳者が説明文を挿入した箇所がある。それは本文中、(……)で表示した。

なお、現代語訳にあたっては、主に石井教道『選擇集全講』(平楽寺書店)を参考とし、石田充之『選択集研究序説』(百華苑)等を参照した。

また、『選択本願念仏集』の、読み方や思想史的意義、今日から見た魅力などは、すでに私自身、『法然を読む・「選択本願念仏集」講義』(角川書店)や『法然の衝撃』(ちくま学芸文庫)のなかで詳述しているので、繰り返さない。それらを見ていただきたい。本書では、読者諸氏が法然の主張に現代語訳ではあるが直接ふれて、自ら思量される機会とされることをのぞみたい。したがって、〔訳者ノート〕も最小限にとどめている。

現代語訳

選択本願念仏集《せんちゃくほんがんねんぶつしゅう》

南無阿弥陀仏《なむあみだぶつ》

浄土へ生まれるためには念仏を根本とし、念仏を最優先しなければならない。

〔訳者ノート〕

1.「選択本願念仏集」という標題について。

「選択」を「センチャク」と読むのは浄土宗系統で、真宗系統では「センジャク」とにごる。「選択」は文字通り、諸々《もろもろ》の選択肢のなかから一つを選び取ること。選択の主体は阿弥陀仏。『無量寿経《むりょうじゅきょう》』(『大無量寿経』、『双巻経』、『大経』ともいう。サンスクリットから十二回の漢訳が試みられた。日本では、康僧鎧《こうそうがい》訳が重用されている)によれば、阿弥陀仏がまだ法蔵菩薩《ほうぞうぼさつ》という求道者であった時代、一切の生きとし生けるものを仏とするために、最高の浄土を建設しようとして、時の仏、世自在王仏《せじざいおうぶつ》に願って、既存のすべての浄土の内容を見聞、検討して、最終的に四十八の願い(本願という)を選び取るが、まさしくこの法蔵菩薩の行為が「選択」にほかならない。したがって、「選択本願念仏集」の意味は、「阿弥陀仏の選択したまえる本願に基づく念仏に関する要文を集めたもの」ということになろう。

2．「南無阿弥陀仏」とその下に記された「往生之業念仏為先」（「往生の業には念仏を先とす」）の十四文字こそ、『選択本願念仏集』の要約であり、眼目である。

「南無阿弥陀仏」は、「ナムアミダブツ」と発音され、「念仏」ともいわれる。意味は「南無」が「帰依《きえ》する」、「阿弥陀仏」は「無量の光と寿命をもつ仏」であるから、「無量の光と寿命をもつ仏に帰依する」ということになる。「南無阿弥陀仏」は声に出して唱えられねばならない。なぜか。そうすることによって、死後、阿弥陀仏の国に生まれて、仏になることができるからである。理由は、それが阿弥陀仏の願い、誓いだから。それが「往生之業念仏為先」の意味である。「往生」は阿弥陀仏の国に生まれること。「業」とは種々の工夫、手だてのこと。仏教では、阿弥陀仏の浄土へ生まれるために種々の工夫が説かれているが、そのなかでも、念仏が最高にして最終的な手段であることを明かすのが『選択本願念仏集』の本意である。

ちなみに、日本では、念仏は死者の鎮魂慰霊のための呪文《じゆもん》として使用されることが多いが、法然の本願念仏は、生きている自分が浄土に生まれて仏となるために自ら唱えるもの。同じ念仏でも意味が異なることに留意しなければならない。

3．「為先」については別の写本では「為本」とする場合もある。「為先」も「為本」も、源信《げんしん》の『往生要集《おうじようようしゆう》』に出ている言葉であり、法然はそれにしたがっている。意味は変わらない。

第一章

標章 道綽《どうしゃく》禅師が、仏教を「聖道《しょうどう》」と「浄土」に分け、「聖道」を捨てて「浄土」に帰せよ、と説く文。

引文第一 道綽禅師の『安楽集《あんらくしゅう》』上には、つぎのように記されている。

問う。すべての人々は、だれでも仏になる可能性があるといわれているが、実際には、多くの人が仏になることができずにいる。それは一体どうしてなのか。思えば、人々ははるかな昔から生まれ変わり、死に変わりして今にいたっており、その間、多くの仏たちとも出逢《であ》ってその教えを聞く機会も決して少なくなかったであろうに。それにもかかわらず仏になることができないでいる。

答える。仏教には「聖道」と「往生浄土」というすぐれた教えがあるにもかかわらず、その教えにしたがって「苦」を解決しようとしなかったからなのだ。

しかも、その一つである「聖道」の教えは、時代の衰えた現代では実践しても成果が得られない。理由は二つ。一つは、釈尊がなくなられてからはるかな時間が経ってしまったから。二つは、「聖道」の教えは、深遠で理解が極めて難しいから、だ。

このことについて、『大集月蔵経《だいしゅうがつぞうきょう》』もすでにつぎのようにのべているではないか。「釈尊滅後、時代は衰える一方で、ついに『末法《まっぽう》』という、いくら修行をしてもその成果が得られない最悪の時代となってしまった。そのような時代では、人々が修行を志し、実践を重ねても、一人として仏になることはできない」、と。

私、道綽は（五〇歳にして）なんとその末法を迎えてしまったのだ。現に、この世は、人は短命となり、因果の道理に暗く、貪《むさぼ》りの心ばかりが深く、争いにあけくれて、飢饉《ききん》・疾病がつぎつぎと襲いくる悪世そのものだ。このような時代にあっては、仏になる道はただ一つ、「浄土」の教えしかない。そのことを明らかに説いているのが『無量寿経』である。『無量寿経』はのべる。「たとえ一生の間悪のみをつくって生涯を終わる人間がいても、命終わるとき、阿弥陀仏の名を称すれば、阿弥陀仏は必ずその人間を自分の国へ迎えとると誓っている」、と。

ひるがえって思うに、私たちは自らの能力を十分に省みているとはいえない。たとえば、大乗《だいじょう》仏教の教えでは、真理を把握し、真理と一体になることが求められているが、そうしたことに心をよせている人がいるであろうか。あるいは、大乗仏教以前の南伝《なんでん》仏教の教えでは、真理を悟るための様々な段階が設けられており、また煩悩《ぼんのう》を断つ工夫もなされているが、現在では、僧侶《そうりょ》であろうと俗人であろうと、その修行すらできる者はいないのだ。

それればかりではない。不殺生戒《ふせっしょうかい》など五つの戒を保つことにより人間と生まれることができ、また、不悪口《ふあっく》など十の善行を保持して天人に生まれるという果報を受けるといわれているが、その五戒《ごかい》や十善《じゅうぜん》ですら今では保ちうる人間はきわめて希《まれ》なのだ。反対に、悪を犯し、罪をつくるとなると、その激しいさまは、あたかも暴風や豪雨と異なることはない。だから諸仏は、慈悲心をもって私たち衆生《しゅじょう》に「浄土」の教えに帰するようにすすめられるのである。私たちはたとえ一生の間、悪のただ中で過ごしても、懸命に心を阿弥陀仏にはせて、つねに阿弥陀仏の名を称すれば、あらゆる障りは自然に消えて除かれ、必ず阿弥陀仏の国に生まれることができる。こうしたことをよく考えずに、すべてを捨てて阿弥陀仏の浄土へ赴こうという決心ができないのはまことに残念である。

私釈　右の引用文について、私は以下のように解釈を加えたい。

（宗派の根拠）

仏教にはさまざまな宗派があるが、その根拠は宗派によって異なることはいうまでもない。たとえば、有相宗《うそう》（法相宗《ほっそう》のこと）は、仏教を「有《う》」、「空《くう》」、「中《ちゅう》」と分類した上で「中」を最高の教えとして、「中」を有相宗の根拠としている。また、無相宗《むそう》（三論宗《さんろん》のこと）は、仏教を「声聞蔵《しょうもんぞう》」（いわゆる南伝仏教のこと）と「菩薩蔵《ぼさつぞう》」（いわゆる大乗仏教のこと）に分けた上で、前者を批判して自らを「菩薩蔵」とする。華厳《けごん》宗は、仏教を、「小乗《しょうじょう》教」、「始《し》教」、「終《じゅっ》教」、「頓《とん》教」、「円《えん》教」の五つに分類し、「円教」を最高の教えとして、自らの宗派の根拠としている。法華《ほっけ》宗（天台宗のこと）は、仏教を、「蔵《ぞう》」、「通《つう》」、「別《べつ》」、「円《えん》」の四つの教えと、「乳《にゅう》」、「酪《らく》」、「生《しょう》」、「熟《じゅく》」、「醍醐《だいご》」の五味に分類した上で、自らを、「円」にして「醍醐」なる教えと主張する。また真言《しんごん》宗は、仏教を「顕《けん》」と「密《みつ》」に二分した上で、自らを「密」なる教えとする。

右の各宗派の立教の趣旨にならっていえば、今私の主張する「浄土宗」は、さきの道綽禅師の心にしたがって、仏教を「聖道門」と「浄土門」に大別することになる。

問う。宗派を立てることは、華厳・天台宗など、古くは八宗、新しくは禅宗を含めて九宗であるが、浄土教ではそうした宗派を立てるという試みはなかったはずである。ところが今や浄土宗と名乗るにいたった。宗を名乗る根拠はいずこにあるのか。

答える。浄土宗という名称は、日本では珍しいが、中国や朝鮮では珍しくはない。たとえば、新羅《しらぎ》の元暁《がんぎょう》は、その著『遊心安楽道《ゆしんあんらくどう》』のなかで、「浄土宗の意図は、もともと凡夫救済のためにあり、兼ねて聖人《しょうにん》のためである」とあるし、法相宗の祖である慈恩大師《じおんだいし》窺《き》基《き》は、『西方要決《さいほうようけつ》』（法相宗の開祖・七世紀の慈恩大師窺基の著）のなかで、「この一宗に依る」とのべているが、それは「浄土宗」を指している。また、道綽の影響を受けた迦才《かざい》は、『浄土論』のなかで、「この一宗をもってひそかに救いのための要路とする」とのべているが、その「一宗」とは「浄土宗」を意味する。このように「浄土宗」という宗名の証拠は少なくない。疑うに足らないことだ。

（「浄土宗」の立場）

ただし、諸宗の立教の根拠を問題にすることは、今の課題ではない。本書の意図は、「浄土宗」が、仏教を大別して、「聖道門」と「浄土門」とする、その内容を明らかにすることにある。

はじめに「聖道門」についてのべよう。「聖道門」には、「大乗」と「小乗」がある。「大乗」についていえば、「顕」（露わな教え）と「密」（秘密の教え）、あるいは「権《ごん》」（仮の教え）と「実《じつ》」（真実の教え）の区別があるが、『安楽集』がいう「大乗」は、「顕」と「権」の意味である。いずれも、極めて長時間の修行によってようやく悟りに到達できる、という困難な教えである。その後、明らかになってきた「密」や「実」の教えもまた、それ以上に、困難を極める修行を要求する。現在の、真言宗、仏心《ぶっしん》宗、天台宗、華厳宗、三論宗、法相宗、地論《じろん》宗、摂論《しょうろん》宗の八宗が目指している点もここにある。また、「小乗」とは、大乗仏教成立以前の経典や論書が明らかにしているように、「声聞《しょうもん》」（自己の悟りだけを求める聖者）、「縁覚《えんがく》」（一人で悟りを開くもの）を目指す教えであり、「断惑証理《だんなくしょうり》」（煩悩を断ち真理を悟る）、「入聖得果《にっしょうとっか》」（聖者の位に入って悟りを得る）を説く。倶舎《くしゃ》宗、成実《じょうじつ》宗、律《りつ》宗がそれである。「大乗」、「小乗」いずれにしても、「聖道門」は、この現世において、種々の修行を実践することによって仏となる教えであることには変わりはない。

つぎに「浄土門」、ただしくは「往生浄土門」についてのべる。「浄土門」にも、二種の別がある。一つは、もっぱら浄土に生まれる方法をのべている教えであり、他は、他の教えの助けとなる方法として浄土に生まれる教えを説く場合、である。前者、つまりひたすら浄土に生まれる方法だけを説く教えとは、三部の経典と一つの論書に明らかにされている教えのことである。三部の経典とは、『無量寿経』、『観《かん》無量寿経』、『阿弥陀経』であり、一部の論書とは、天親《てんじん》の『往生論』である。三部の経典を浄土の「三部経」とよぶことがある。

ここで問うてみよう。「三部経」という呼称は、ほかに例があるのであろうか、と。答える。「三部経」は浄土宗だけが用いる呼び方ではない。法華宗では『無量義《むりょうぎ》経』、『法華経』、『普賢観《ふげんかん》経』といい、真言宗では、『大日《だいにち》経』、『金剛頂《こんごうちょう》経』、『蘇悉地《そしつじ》経』といい、また、『法華経』、『仁王《にんのう》経』、『金光明《こんこうみょう》経』は「鎮護国家」の三部経として知られている。あるいは、弥勒菩薩《みろくぼさつ》に関する三部経として、『上生《じょうしょう》経』、『下生《げしょう》経』、『成仏《じょうぶつ》経』がある。今は、阿弥陀仏に関する三部経であるから、浄土の「三部経」というのである。この三部の経典こそ、浄土宗が正しく依って立つ経典にほかならない。

つぎに、他の教えの補助となる「往生浄土」の教えとは、華厳や法華、随求《ずいぐ》、尊勝《そんしょう》などの、浄土に生まれる諸経をいう。また、『起信《きしん》論』、『宝性《ほうしょう》論』、『十住毘婆沙《じゅうじゅうびばしゃ》論』、『摂《しょう》大乗《だいじょう》論』などの、種々の往生浄土を明らかにする論書類である。

ところで、『安楽集』が仏教を「聖道門」と「浄土門」に大別する意図は、「聖道」を捨てて、「浄土」の教えに導き入れるためである。その理由は、一つには、釈尊が亡くなられてから久しい時間が経ってしまったこと、二つには、仏教の教えは深遠で、その理解が困難であること、にある。

（さまざまな分類）

浄土宗においてこのように仏教を二大別することは、ひとり道綽だけの主張ではなく、曇鸞《どんらん》、天台《てんだい》、迦才《かざい》、慈恩《じおん》などの諸師にも見られることだ。

たとえば、曇鸞法師は、その著『往生論註』において、次のように記している。

「竜樹菩薩《りゅうじゅぼさつ》は『十住毘婆沙論』のなかで、菩薩方が悟りへの階梯《かいてい》を進める際には、二つの道のいずれかを選ぶ、と説いている。一つは「難行道《なんぎょうどう》」であり、二つは「易行道《いぎょうどう》」である。「難行道」の「難」とは、五濁《ごじょく》の世において、また釈尊が不在の時代に、悟りへの階梯を昇ることが難しい、ということであり、その「行」の困難ぶりには種々あるが、五種ほど示してみよう。

一つは、仏教以外の教えが幅を利かしており、それはいかにすぐれたものに見えても、菩薩の目的に達することを妨げる。二つは、伝統的な「声聞」の教えはあっても、それは個人の悟りだけを求める教えであり、自己よりも他の一切の衆生を悟りに導こうとする、菩薩の慈悲心をかえって妨げることになる。三つは、他人のことを省みない悪人が満ちていて、他の人、世間のために善を行おうとする菩薩の実践を無意味にしてしまう。四つに、善を様々に実践することがあっても、利己心を離れることがないから、いずれ破綻《はたん》してしまい、仏教が目指す、欲望から解放された善の実践を難しくする。五つに、自分の力だけで修行しようとしても、限界があるから前へ進むことができない。「他力」の支持が大切になるが、そのことに気づかない。

こうした五つの事柄は、実際に目に触れて理解できるものばかりである。その困難ぶりは、たとえてみれば、陸路を歩いて旅をするのが苦しいのと似る。「易行道」とは、阿弥陀仏を信じることによって、阿弥陀仏の国に生まれたいと願えば、阿弥陀仏の力によって、その通りになることだ。すなわち、阿弥陀仏の誓いによって、ふたたび凡夫の苦しみに転落することがなくなり、つぎには必ず仏となることが決まっている地位につくことができる。この道は、水路の乗船のごとく、その楽しさは格別である。以上」、と。

このように、竜樹菩薩がのべている「難行道」とは「聖道門」のことであり、「易行道」とは「浄土門」にほかならない。「難行・易行」と「聖道・浄土」と、その言葉は違うが趣旨は同じである。天台や迦才の場合も同じことである。よくよく理解しなければならない。

また、『西方要決』には、つぎのようにのべられている。

「仰いで窺《うかが》うに、釈尊は時が熟して教えを説き、広く縁ある人々を教化された。その教えは、人々のあり方に応じて自在に展開されたから、十方の人々は教えを堪能できたのである。親しく釈尊の教化にあった者は、それぞれに悟りに達することができた。しかしながら、釈尊の滅後、はるかに時間を経て、釈尊にまみえる幸福や因縁のない者には、浄土の教えを勧めてそれに帰するように説かれている。すなわち、浄土に生まれることを願う者は、もっぱら阿弥陀仏を念じ、すべての善行を振り向けるならば、浄土へ生まれることができる。阿弥陀仏の誓いは、必ずやこの世をお救いになるのだ。阿弥陀仏を念じ、善行を積むこと、生涯にわたる者はもちろん、いまわの際に十度の念仏を行うだけの者も、必ず皆、往生を得ることができるのである。以上」、と。

また、『西方要決』の「後序」には、つぎのように慈恩大師自身の感慨がのべられている。
「思うに、私は釈尊滅後の年代でいえば、『像法《ぞうほう》』に生きる者、釈尊から去ること、なんと時間が経ってしまったことか。仏道を志す者は、それぞれに相応《ふさわ》しい教えと巡り会うことはできても、悟りの世界を体験する術《すべ》が失われてしまった。六道《ろくどう》のなかでいえば、人や天人に生まれることは、果報のしからしむるところではあるが、欲望が支配する存在であることには変わりはなく、心は動揺をまぬがれない。智慧《ちえ》と慈悲心の深い者は、修行に耐えて悟りに達することもできよう。だが、愚かにして無知に覆われ、ろくに修行もできていない者は、おそらく地獄・餓鬼・畜生の三悪道に沈むしかないであろう。このような者は、必ずきっと、現世への関心を遠ざけて、心を浄土に住まわせるべきである。以上」、と。

ここでいう、「それぞれに相応しい教え」とは「聖道門」の意味であり、「浄土」とは「浄土門」の意味である。それぞれに名は異なるが、趣旨は同じこと。浄土宗の学者は、慈恩大師の主張もまた浄土宗と同じことであることをよくよく理解しておかねばならない。したがって、さきに「聖道門」を学んだ者であっても、「浄土門」に関心があるのであれば、必ずや「聖道」の教えを捨てて「浄土」の教えに帰依しなくてはならない。そうした例は過去にも少なくないのだ。曇鸞法師は、四論《しろん》宗を捨ててひたすら「浄土」の教えに帰依されたし、道綽禅師は涅槃《ねはん》宗の祖師であったが、それをなげうって西方《さいほう》浄土の念仏行をお広めになったのである。昔の優れた賢者・智者でさえもこのような道を歩まれた。ましてや末世の愚かな者が、浄土の教えにしたがわずにおられようか。

（「浄土宗」の師資相承）

再び問う。「聖道門」の諸宗は、それぞれ師匠から弟子へと教えを伝える道筋を明らかにしている。たとえば、天台宗では、慧文《えもん》から南岳《なんがく》、天台、章安《しょうあん》、智威《ちい》、慧威《えい》、玄朗《げんろう》、湛然《たんねん》、と次第に伝わってきた。真言宗では、大日如来、金剛薩埵《こんごうさった》、竜樹《りゅうじゅ》、竜智《りゅうち》、金智《こんち》、不空《ふくう》、と次々に伝わる。ほかの宗派も同じこと。では、浄土宗にはこのような明確な系譜があるのか。

答えよう。「聖道門」の諸宗と同じように、「浄土宗」においても系譜がある。ただし、諸家によって異なる。一つは盧山《ろざん》の慧遠《えおん》法師の系統、二つは慈愍三蔵《じみんさんぞう》のそれ、三つは道綽《どうしゃく》、善導《ぜんどう》の系統である。ここにいう「浄土宗」は道綽、善導に依る。さらに、この流れにも二家がある。一つは、菩提流支《ぼだいるし》三蔵、慧寵《えちょう》、道場《どうじょう》、曇鸞、大海《だいかい》、法上《ほうじょう》である（これについては『安楽集』に出ている）。二つは、菩提流支、曇鸞、道綽、善導、懐感《えかん》、少康《しょうこう》である（これは『唐伝』・『宋伝』に出ている）。

〔訳者ノート〕

1．道綽禅師は六世紀の中国僧。もと「涅槃宗」に属する人であった。「涅槃宗」は『涅槃経』を根本とする宗派であるが、第一章を読む上で大切なことは、『涅槃経』がどのような人間であっても、ひとしく「仏性」（「ブッショウ」と読む。本書では「仏になる可能性」と訳す）を有するというテーゼを打ち出していた、ということであり、道綽もまた、そのテーゼを引き継いで「問い」を発している点である。

2．「聖道」とは、「往生浄土」が阿弥陀仏の浄土に生まれて仏になることを期するのとは対照的に、現世で、釈尊以来の教えを守り、修行に励んで、この身そのままで仏になることを目指す仏道のすべて、をさす。聖人《しょうにん》の道ともいう。

3．「末法」。第一章のキーワードである。仏教では、釈尊が入滅してから五〇〇年、あるいは一〇〇〇年を単位にして、仏教の価値が下落してゆく没落史観が広がった。年数に違いはあるが、初期を「正法《しょうぼう》」、中期を「像法」、末期を「末法」と三期に分けることは共通している。「正法」の時代では、教義も修行体系も有効で、それらを学び、修行することによって悟る人が実際出現する。「像法」の時代にはいると、教義も修行も有効なのだが、それらを実践しても悟る人がいなくなる。「末法」では、教えだけは存在するが、修行は有効性を失い、ましてや悟る人など皆無となる。諸説があるが、「正法」時代は五〇〇年、「像法」時代は一〇〇〇年、「末法」時代は一万年、という説が有力であったという。中国では、道綽が五〇歳の時、「末法」に入ったとされた（『浄土仏教の思想』第四巻、講談社。二九九頁）。道綽は八〇有余歳で亡くなっているから、三〇数年を「末法」の自覚をもって生きたことになる。この自覚は、道綽をして「浄土門」への傾斜を強める最大の契機となった。ちなみに日本では「永承七年」、一〇五二年に「末法」に入ったという。

4．「小乗」という言葉。紀元前後から、仏教は、大規模な自己変革を経験するが、それ以後の仏教が自らを「大乗」（大きい車、たくさんの人を乗せることができるという比喩《ひゆ》）と名乗るのに対して、改革以前の仏教を「小乗」（小さい車）と貶《おとし》めた。したがって、現在では、「小乗」は差別語として使用を禁止されている。かわりに、「上座部《じようざぶ》仏教」とか「南伝仏教」、「南方仏教」、「テーラワーダ」等という。本書では、そうした経緯を承知の上で、歴史的な用語法として「小乗」を用いる。関連していっておけば、「大乗」仏教の特色は、在家主義を強調し、「菩薩」という新しい人間像を追求する点にある。

5．「問答」について。以後の文中において、しばしば「問答」が設定されているが、これは、問題をより深く考察する場合や、主張したいことを明らかにするために用いられる。

6．『論』について。仏教の聖典は、仏が説いた『経典』とその内容を解説した学者の研究書である『論』、ならびに『経典』と『論』を研究した『釈』の三類で構成されている。法然は、とくに、善導の論書である『観経疏《かんぎようしよ》』を『経典』と同等と見なして重視した。

第二章

標章 善導和尚《ぜんどうかしょう》が浄土往生のための行を「正」・「雑」の二つに分けて、「雑」行を捨てて「正」行に帰依するように勧めている文。

引文第一 善導はその著『観経疏』の第四において、つぎのようにのべている。

行の実践については、その行に対して明確な信念を確立しなければならないが、その行には二種類ある。一つは正行《しょうぎょう》、二つは雑行《ぞうぎょう》である。

正行とは、往生を説く経典が教える行を、その通りに実践すること、である。その内容は、以下の五種である。第一は、一心に、『観無量寿経』、『阿弥陀経』、『無量寿経』をもっぱら読み、諳《そら》んじること。第二は、一心にもっぱら、浄土の仏とその国土の様子を、思い浮かべて、詳細に心に描き、思い続けること。第三は、もし仏を礼拝《らいはい》することがあれば、一心にもっぱら阿弥陀仏だけを礼拝すること。第四は、もし口に称する場合には、一心にもっぱら阿弥陀仏の名を称すること。第五は、もし仏を讃歎《さんだん》し供養することがあるのならば、一心に阿弥陀仏を誉《ほ》め讃《たた》え、供養すること。これらを正行となづける。

またこの正行の中に二種がある。

一つは、一心にもっぱら阿弥陀仏の名前を称《とな》えて、歩いていても、じっとしているときでも、坐《すわ》っていても、臥《ふ》せっていても、時々刻々に継続すること、それを「正定《しょうじょう》の業《ごう》」、つまり阿弥陀仏が選び決定された行為、という。なぜならば、この行は、阿弥陀仏の誓いに随順しているからである。もし礼拝や経典を読み、諳んじるなど、第四の称名《しょうみょう》以外の行に依存するならば、それは「助業《じょごう》」（称名を進める機縁となる行）といわねばならない。

この「正定の業」と「助業」以外の、その他の諸善はなんであってもすべて「雑行」となづける。「正定の業」と「助業」を実践する者は、（阿弥陀仏の本意にかなっているが故に）常に阿弥陀仏と親しく、また阿弥陀仏も行者を近しく護《まも》ってくださる。また阿弥陀仏を思う心が絶えることがない。もし、「雑行」を実践すれば、（阿弥陀仏の本意にかなわないが故に、訳者補）阿弥陀仏とは疎い関係になり、念仏も途絶えがちとなる。（正行の実践者は阿弥陀仏の本願にかなった行であるが故に、とくに別に諸善を回向《えこう》する必要はないが）「雑行」の実践者は、（往生のために）特別の諸善を阿弥陀仏に差し回す必要があり、その行は「疎雑《そぞう》」の行というしかない。

私釈　思うに、右の引用文には二つの趣旨がある。

一つは、「往生」のための行とはいかなるものであるか、を明かすことであり、二つは、正行と雑行の得失を判定すること、である。

はじめに「往生」のための行がどのようなものであるかを明らかにするとは、善導和尚の教えによると、「往生」の行は多いけれども、大別すれば二つになるという。

一つは正行であり、二つは雑行である。正行は、さらに「開《かい》・合《ごう》」（別々と見るか、合して見るかのちがい）によって二つの意味になる。「開」によれば、五種となり、「合」によれば二種となる。

「開」による五種とは、一つは、経典を読み、暗記するという正行。二つは、阿弥陀仏とその国土を詳細に心に思い描くという正行、三つは、阿弥陀仏を礼拝するという正行、四つは、阿弥陀仏の名を称するという正行、五つは、阿弥陀仏を讃歎し、供養するという正行、である。

第一の正行は、もっぱら『観無量寿経』などを読み、諳んじることであり、前に引用した善導の文章でいえば、「一心に、『観無量寿経』、『阿弥陀経』、『無量寿経』をもっぱら読み、諳んじること」をさす。

第二の正行は、もっぱら阿弥陀仏の浄土の主と国土を心に思い描くことであり、引用文でいえば、「一心にもっぱら、浄土の仏とその国土の様子を、思い浮かべて、詳細に心に描き、思い続けること」である。

第三の正行は、もっぱら阿弥陀仏を礼拝することであり、引文でいえば、「もし仏を礼拝することがあれば、一心にもっぱら阿弥陀仏だけを礼拝すること」をさす。

第四の正行は、もっぱら阿弥陀仏の名を称することであり、引文でいえば、「もし口に称する場合には、一心にもっぱら阿弥陀仏の名を称すること」をさす。

第五の正行は、もっぱら阿弥陀仏を誉め讃え供養することであり、引文でいえば、「もし仏を讃歎し供養することがあるのならば、一心に阿弥陀仏を誉め讃え、供養すること」をさす。ただし、もし「讃歎」と「供養」を別とするならば正行は六種となる。だが、一つと見るならば、五種となる。今は一つと見る。故に正行は五種となる。

正行を「合」の立場から見るならば、二種となる。

一つは、「正業」であり、二つは「助業」である。はじめに、「正業」とは、右の五種の正行のなかの第四、称名《しょうみょう》をいう。前の引文でいえば、「一心にもっぱら阿弥陀仏の名前を称えて、歩いていても、じっとしているときでも、坐っていても、臥せっていても、時々刻々に継続すること」をさす。「阿弥陀仏の誓願に順じるが故に」といわれていることである。

つぎに「助業」とは、第四の口称をのぞいた、経典の読誦《どくじゅ》などの四種をさす。引文によれば、「もし礼拝や経典を読み、諳んじるなど、第四の称名以外の行に依存するならば、それは『助業』といわねばならない」、とある。

問いによってたずねよう。「どうして五種の正行のなかで称名念仏だけを以《もっ》て『正定業』とするのであろうか」、と。答える。「それは阿弥陀仏の誓願に順じるがゆえだ」、と。そのこころは、称名念仏は阿弥陀仏がその本願において誓っておられる行であり、そのゆえに、この行を実践するものは、その誓いに乗じて必ず、阿弥陀仏の国へ生まれることができるのである。その阿弥陀仏の本願の意味は、のちに説明する。

つぎに、雑行であるが、それは引文の、「『正定の業』と『助業』以外の、その他の諸善はなんであってもすべて『雑行』となづける」、とあることだ。そのこころは、雑行は限りなくあって、具《つぶさ》に述べる余裕はないが、今は、五種の正行を「裏返し」(「翻対《ほんたい》」のこと)にして、五種の雑行として解説してみよう。

第一は「経典を読み、諳んじる」雑行、第二は、「仏とその国を観察する」雑行、第三は、「仏を礼拝する」雑行、第四は、「仏の名を称する」雑行、第五は、「仏を讃歎し、供養する」雑行、である。

第一の雑行とは、『観無量寿経』など往生浄土を説く経典以外の、大乗・小乗・顕教・密教の諸経を読み、諳んじる行為であり、第二の雑行とは、阿弥陀仏の浄土を心に思い描くこと以外の、諸宗の教える思い描き方をさす。第三の雑行とは、阿弥陀仏以外の、仏や菩薩、またもろもろの本尊の使いとなっている使者たちを礼拝し、敬《うやま》うことをさす。四の雑行とは、阿弥陀仏以外の一切の仏・菩薩、眷属《けんぞく》使者の名を称すること、であり、第五の雑行は、阿弥陀仏以外の仏や菩薩、眷属使者を讃歎、供養すること、である。このほかにも、布施《ふせ》や戒律《かいりつ》を保つことなど数え切れない行があるが、みな雑行という言葉におさまるというべきであろう。

(正・雑二行の得失)

つぎに、正行と雑行との得失を判定するとは、前の引文によれば、「『正定の業』と『助業』を実践する者は、(阿弥陀仏の本意にかなっているが故に)常に阿弥陀仏と親しく、また阿弥陀仏も行者を近しく護ってくださる。また阿弥陀仏を思う心が絶えることがない。

もし、『雑行』を実践すれば、（阿弥陀仏の本意にかなわないが故に）阿弥陀仏とは疎い関係になり、念仏も途絶えがちとなる。（正行の実践者は阿弥陀仏の本願にかなった行であるが故に、とくに別に諸善を回向する必要はないが）『雑行』の実践者は、（往生のために）特別の諸善を阿弥陀仏に差し回す必要があり、その行は『疎雑』の行というしかない」、というくだりを指す。

この引用文の意味を考えるに、正・雑の二行の得失を判ずる基準として、五つの視点があげられる。第一は「親と疎」、第二は「近と遠」、第三は「有間《うけん》と無間《むけん》」、第四は「回向と不回向」、第五は「純と雑」である。

第一の「親と疎」について。「親」とは正助の二行を修《しゅ》するものは、阿弥陀仏との関係において、あたかも親子のように、心が親しく通い合っている状態にある、という意味である。それ故に、善導はほかの文において、つぎのように記している。「衆生が行をおこし、口に常に阿弥陀仏の名を称すれば、阿弥陀仏はそれをお聞きになる。また常に阿弥陀仏を礼拝し敬えば、阿弥陀仏はその様をご覧になる。心が常に阿弥陀仏を念じているならば、阿弥陀仏はそのことをお知りになる。衆生が阿弥陀仏を憶念すれば、阿弥陀仏もまた衆生を憶念なさる。このように衆生の身と口と意が常に阿弥陀仏のそれと一致するが故に『親縁』というのだ」、と。

つぎに、「疎」とは、雑行のことである。衆生が阿弥陀仏の名を称さなければ、阿弥陀仏がそれをお聞きになることもない。衆生が阿弥陀仏を礼拝しなければ、阿弥陀仏はそれをご覧になることもない。衆生が阿弥陀仏を念じなければ、仏もそれをお知りになることはない。衆生が阿弥陀仏を憶念しなければ、阿弥陀仏もまた衆生を憶念されることはない。衆生と阿弥陀仏の身・口・意は常に相離れていることになる。ゆえに「疎行」となづけるのだ。

第二の「近・遠」の、「近」とは、正助二行を修するものは、阿弥陀仏との距離がきわめて近しい、ということ。この点を善導はつぎのようにのべている。「衆生が阿弥陀仏を見たいと願えば、阿弥陀仏はその願いに応じて目の前に現においでになる。それ故に、『近縁』となづく」、と。つぎに「遠」とは雑行のことである。衆生は阿弥陀仏を見たいと願わないから、阿弥陀仏もまたその思いに応じられることはない。したがって目の前に現れるということもない。だから「遠」となづける。

ただし、「親・近」の意味は同じようなものだが、善導は、わざわざ「親」と「近」に分けて論じている。それ故に、自分もまたその二つの解釈を引用するのである。

第三の「有間と無間」の「無間」とは、正助二行を修する者は、阿弥陀仏を思うことが常で断絶することはないから「無間」(間断することがない)となづける。「有間」とは、雑行を修するものは、阿弥陀仏をいつも思い続けているわけではないから、「有間」(途絶えることがある)というのである。

第四の、「不回向と回向」の、「不回向」とは、正助二行を修するものは、とくに自らの行った善を往生のために差し回す、ということはなくとも、正助の二行だけで必ず往生が実現する。このことを善導はつぎのように説明している。「『観無量寿経』のなかに十回、阿弥陀仏の名を称することは、十の願いと十の行を備えていることを意味する、とあるが、いかように備えるというのか。(阿弥陀仏の名を称するとは、南無阿弥陀仏というが)南無とは帰命《きみよう》ということ、つまり帰依して信じるということで、往生を願う心を意味する。阿弥陀仏と称えることは行である。(しかも阿弥陀仏の名を称せよ、とは阿弥陀仏が自ら人々に教えた行であって、人間が発明した行ではないから)、南無阿弥陀仏と称えることはそれだけで願いと行が備わっており、往生の要件が満たされているのである」、と。

つぎに「回向」とは、雑行を修するものにとって、自ら積み重ねてきた善をとくに往生のために振り向けようという意志を明確にしたとき、はじめて往生の原因となることができる、ということ。だから、もしそうした意志を働かせて善を差し回すということがなければ、往生は実現しない。だから、善導は、「回向して往生することができるとはいうけれども」、と、「けれども」という留保の意味を添えているのだ。

第五の「純と雑」の、「純」とは、正助二行が(阿弥陀仏が自ら定めた往生の行であるから)純粋の行だという意味であり、「雑」とは、阿弥陀仏が定めた行以外の行であり、人間の社会や従来の仏教の修行に当てはまる行であり、また阿弥陀仏以外の仏たちの国へ通じる行を意味する。だから、阿弥陀仏の浄土を目指すものは、阿弥陀仏が定めた正行を修するべきであって、雑行は捨てねばならない。

問いをたてよう。「純と雑」という判断は、経典や論書のなかにあるのか(善導は「疎雑の行」とはいっているが「純」の語を用いていない）。答えよう。大乗、小乗の経典や、戒律、論書のなかに「純と雑」という区別は、少なからず存在する。たとえば、大乗仏教は仏教全体を八つの蔵《ぞう》に分け、そのなかに「雑蔵」をたてる。これからも分かるように、「雑蔵」以外の七つは「純」である。小乗仏教では「四含《しごん》」をたてるが、そのなかに「雑含」がある。これは、三含が「純」であって、一含が雑であることを示す。律には、二十の部類があって、戒律として護《まも》るべき行が示されているが、そのなかの十九は「純」であり、残り一つを「雑」という。論書には、八つの部類をたてて真理の姿を解き明かすが、そのうち七つは「純」であり、一つが「雑」である。『賢聖集《げんじょうしゅう》』のなかの唐宋の伝記には、十科をたてて、高僧方の行徳《ぎょうとく》を明らかにしているが、そのうち九つは「純」で、一つは「雑」である。このほか、『大乗義章《だいじょうぎしょう》』に教えが五種類に分かたれているが、その四部門は「純」で、あとの一つが「雑」である。こうしたことは、「顕教《けんぎょう》」のみならず「密教」のなかにも見られる。伝教《でんぎょう》大師の『仏法血脈譜《ぶっぽうけちみゃくふ》』に三種の譜が記されているが、二つは「純」、一つが「雑」である。このように「純と雑」の対比はいろいろあるが、いささか紹介しただけのこと。これでよく分かるであろう。「純と雑」の区別は、いかなる教えのなかでも変わらない、ということが。善導和尚もまた、浄土の行において、この区別を用いられたのである。「純と雑」の区別は、仏教だけにとどまらず、仏教以外の思想、教えのなかにも多くの例がある。煩わしいのでこれ以上は記さない。

ただし、「往生」の行を二分することは善導一師だけに限らない。道綽禅師の場合は、

「念仏往生」と「万行《まんぎょう》往生」、懐感禅師は「念仏往生」と「諸行《しょぎょう》往生」に分けられた（恵《え》心僧都《しんそうず》は懐感禅師の説にしたがった）。このように、善導、道綽と懐感の三師がおのおの二行をたてて往生の行を論じられたことは、きわめて意味深いことである。ほかの諸師はそのようなことを企ててはおられない。この違いを念仏の行者はよくよく考えねばならない。

引文第二　善導の『往生礼讃《おうじょうらいさん》』はつぎのようにのべている。

もし前にのべたように、生涯、称名念仏を絶やすことなく生きようと決意するものは、十人は十人すべてが往生し、百人は百人すべてが往生するのである。どうしてか。（念仏者は）外的な雑行に引きずられることなく、「正念」（一筋に阿弥陀仏を念じる心）を得ることができるから。また、阿弥陀仏の本願と相応することができるから。また、『観無量寿経』の教えに違《たが》うことがないから。そして、（念仏者の往生を諸仏たちが保証している、と『阿弥陀経』が説いているように）仏たちの言葉に随順しているがゆえに、である。

もし、念仏一筋を捨てて、雑行を修めようとする者は、百人中まれに一人か二人、千人中まれに、五人か三人が往生するだけである。なぜか。第一に、雑縁《ぞうえん》がみだりに働き、「正念」を失うためであり、第二に、阿弥陀仏の本願に相応しないがためであり、第三に、経典の教えと違うためであり、第四に、仏たちの言葉と違うためである。また第五に、阿弥陀仏への思いに欠けるため、第六に、阿弥陀仏へ心を留め置くことができないから、第七に、雑行の者は、阿弥陀仏一仏への願いが重くなく、真実に欠けるから。第八に、貪りの心や怒りの心、自分の考えが正しいといった煩悩《ぼんのう》が行者を襲うから、第九に、（雑行の者は自負心が強いがゆえに）慚愧《ざんき》や懺悔《さんげ》の心が生じないから、第十に、（雑行の者は自力心が強いから）阿弥陀仏の恩を思い、それに報いようとはしないから、第十一に、驕慢心《きょうまんしん》が生じて、行をなしても、常に名利を求めるから、第十二に、雑行のものは、己の見解にこだわるがゆえに、同行や先生に親しく近づいて教えを聞くことをしないから、第十三に、阿弥陀仏と関係のない方向へ自ら願って進み、「往生」のための正行に自ら無関心となり、また他の人が正行につくことを妨げてしまうから、である。

ではなぜこのような得失を論ずるのか。それは、私、善導が諸方の僧侶《そうりょ》・俗人を見聞するにつけても、信仰と実践がまちまちで、専修《せんじゅ》のものがいるかと思えば雑修の者もいるという風に、一定していない。しかし、心を一つにして純粋に念仏する者は、十人ながら十人とも往生している。だが、雑行を修して、一筋に阿弥陀仏を頼む心のこもらない者は、千人いても一人として往生する者はいない。正・雑の二行の得失がいかなるところにあるかはすでに弁じた。

仰ぎ願わくは、一切の往生を願う行人に申しのべたい。よくよく自らの行く末を深く考えよ。すでに現在、浄土への往生を願うことができている人は、歩いているときも、立ち止まっているときも、坐っていても、臥《ふ》せっていても、わが心を励まして（怠惰な）己にうち勝ち、終日終夜、生涯をかけて念仏に励むべきである。一生涯の間、念仏に明け暮れることは、いささか苦しいようだが、前の刹那《せつな》に命終われば、後の刹那に浄土に生まれているのであり、そこでは、いつまでも永遠に常に悟りの楽しみを受けるのであり、仏となるまで、もはや生死を繰り返すことはない。これほど快きことがほかにあろうか。こうしたことをよくよく味わうべきである。

私釈　私の考えをのべよう。右の引用の文を見るならば、いよいよ、当然のことながら、雑行を捨ててもっぱらに正行を修めるべきではないか。どうして、百人ながら百人ともに往生できる正行を捨てて、千人中一人も往生できない雑行に執着するのであろうか。行者はよくよくこのことを考えねばならない。

第三章

標章　阿弥陀如来は称名以外の行をもって往生の本願となしたまわず。ただ念仏をもって往生の本願となしたまえる、という文。

引文第一　『無量寿経』の上にのべられている。「もし私が仏となることができたとき、十方の衆生がこころから信じて浄土への往生を願い、生涯念仏する者も、命終わる際に一度の念仏をする者も、もし浄土に生まれることがなければ、私は仏にはなりますまい」、と。

引文第二　『観念法門』には右の『無量寿経』の文章を引用して、さらにつぎのようにのべている。「もし私が仏になったとき、十方の衆生が私の国へ生まれたいと願って、私の名前を称えること、たとえ十声《じっしょう》であっても、私の願いの力によって、もし生まれることができないというようなことがあれば、私は仏になることはない」、と。

引文第三　『往生礼讃』には同じく右の文章を引用してさらにつぎのようにのべている。「もし私が仏となったとき、十方の衆生が、私の名前を称すること、十声であっても、もし我が国に生まれることがなければ、私は仏にはならない」、と。その仏は、今現に世にましましてすでに仏となっておられる。このことによって私たちはまさしく知らねばならない。阿弥陀仏の前身である法蔵菩薩《ほうぞうぼさつ》が誓われた重大な願いがけっして虚しくはないことを。したがって、衆生は阿弥陀仏の名を称すれば、かならず往生することができるのである。

私釈　私見をのべる。

一切の諸仏にはそれぞれ「総《そう》・別《べつ》」の願いというものがある。「総」とは、「四弘誓願《しぐぜいがん》」のことであり、「別」とは、釈迦《しやか》ならば五百の大願、薬師《やくし》如来ならば、十二の優れた願など、である。今、これからのべる四十八願は阿弥陀仏の「別願《べつがん》」である。「四弘誓願」とは、衆生無辺誓願度《しゆじようむへんせいがんど》（一切の衆生を悟りに至らしめると誓う）、煩悩無量誓願断《ぼんのうむりようせいがんだん》（そのために一切の煩悩を断とうと誓う）、法門無尽誓願学《ほうもんむじんせいがんがく》（限りない仏教の教えをすべて学ぼうと誓う）、仏道《ぶつどう》無上誓願成《むじようせいがんじよう》（無上の悟りにいたろうと誓う）。

問いをたてよう。阿弥陀如来は、いつ、いかなる仏の下で、このような願いを起こされたのであるか。

答える。『無量寿経』につぎのようにのべられている。

「仏が阿難尊者《あなんそんじや》にお告げになった。はるかな、はるかな昔、錠光《じようこう》如来という方が世にあらわれ、数限りない衆生を教化し、悟りへ導き、みな仏となされたのち、自らは亡くなられた。つぎに、光遠《こうおん》という如来があらわれ、そのつぎに処世《しよせ》という如来が出現された。それ以後、五十三の仏が出現されたが、いずれも、すでに過去の話である。そのご、世自在《せじざい》王《おう》如来という仏が出現された。そのとき、一人の国王があって、仏の説法を聞いて心から喜びを感じて、たちまち仏になろうと決意し、国を捨て、王位をなげうって沙門《しゃもん》となり、法蔵と名乗った。法蔵は、才徳人に優れ、意志は強く智慧《ちえ》聡明《そうめい》で、世間の人とは大いに異なっていた。彼は、世自在王如来のもとへ詣《もう》でた。(中略) ここで世自在王仏は、法蔵のために二百一十億の諸仏の国土と、そのなかに住む人（天）の善悪、国土の優劣を説き聞かせ、法蔵の願いに応じて、その様をすべて眼前に示して見せた。法蔵は仏の説かれた国土の様を聞き、そのすべてを見ることによって、この上もない優れた願いを発した。法蔵の心は、きわめてやすらかで、志において執着するところなく、その様子は一切の世間に比べるものがない。法蔵は、五劫《こう》という想像を絶する長時間をかけて、自らがのぞむ仏国土を建設するための清らかな行を考え、選び取った。ここで、阿難は仏に質問した。世自在王仏の建設した仏国土に住むものの寿命はいかばかりか、と。仏は答えられた。その仏国土に住むものの寿命は四十二劫である」、と。ときに、法蔵比丘は二百一十億の、諸仏の優れた国土の、清浄な行を摂取《せっしゅ》した」、と。(一劫は七キロ四方の大岩石があるとして、その表面を百年に一度フェルトで払ってその大岩石がなくなっても、まだ終わらないという、人間の想像力の限界をもって表現された単位)

また『大阿弥陀経』にはつぎのようにのべられている。「その仏、二百一十億の仏国土のなかの諸天・人民の善悪と、国土の好・醜を選択し、そのなかから曇摩迦《どんまか》（法蔵のこと）が欲しているものを選ばしめたのである。楼夷亙羅《るいごうら》仏（世自在王仏のこと）、経を説き終わったとき、曇摩迦は心を集中し、天眼《てんげん》を得て、透視して、すべての二百一十億の諸仏の国土のなかの、諸天と人民の善・悪、国土の好・醜を見て、たちどころにのぞむところの願いを選択した。すなわち、それがこの二十四願経（『大阿弥陀経』のこと）となったのである」、と。（『平等覚経《びょうどうかく》』もまた同じ内容を伝えている）。

（選択の意味）

この『大阿弥陀経』にいう「選択」には、「取捨」の意味がある。どういうことかというと、二百一十億の諸仏の浄土のなかにおいて、人と天の悪を捨てて、人と天の善を取り、国土の醜いところを捨てて、国土の好いところを取る、ということである。『大阿弥陀経』がいう「選択」の意味はそこにある。『双巻経《そうかん》』（『無量寿経』のこと）にいう「摂取」という言葉もまた「選択」の意味がある。すなわち、二百一十億の諸仏の優れた国土の、清浄の行を「摂取」する、という箇所がそうである。「選択」と「摂取」と言葉は違うが、その意味するところは同じなのである。だから、不清浄の行を捨てて、清浄の行を取るのである。前にのべた、天人の善・悪、国土の優・劣が意味するところもまた「選択」の対象なのである。

つぎに、四十八の願に即して、一通り、「選択」、「摂取」の意味を明らかにするとすれば、つぎのようになろう。

第一の「無三悪趣《むさんあくしゅ》の願」とは、法蔵が見た仏国土のなかには三悪趣（地獄・餓鬼・畜生）があるところもあり、ないところもあった。そこで法蔵は、三悪趣という劣悪な国土のある国を選び捨てて、三悪趣のない、すばらしい国の建設を選び取ったのである。そこに

「選択」がはたらいている。第二の「不更《ふきょうあくしゅ》悪趣の願」とは、諸仏の国土のなかには、三悪趣がなくとも、その国の住民である人や天人は、そこでの命を終えると、また三悪趣に戻ってしまうところがある。一方、悪道に戻ることのない国もある。そこで法蔵は、悪道に戻らねばならない国土を捨てて、悪道に帰る必要のない、よき、すばらしい国土を選び取ったのである。それゆえに「選択」という。第三に、「悉皆金色《しっかいこんじき》の願」とは、諸仏の国土のなかには、黄《おう》・白《びゃく》の二種類の人や天人が存在する国がある。一方、住民すべてが金色《こんじき》である国もある。そこで法蔵は、黄・白の二類が存在する国を選び捨てて、黄金《おうごん》一色の、よき、すばらしい国を選び取ることにした。ここにも「選択」がはたらいている。第四に、「無有好醜《むうこうしゅう》の願」とは、諸仏の国土のなかには、人間や天人の形や色に、見よきものと、醜いものの区別がある国がある一方、形も色も同じで、見よきものと醜いものという差別のない、よき、すばらしい国土もある。そこで法蔵は、見よきものと醜いものとの差別のある国土を選び捨てて、好・醜の差別のない、よき、すばらしい国土を選び取ったのである。ここにも「選択」がはたらいている。

第五以下を省略して、第十八願の「念仏往生の願」にうつる。この願についていえば、諸仏の国土のなかには、「布施《ふせ》」をもって往生の行とする国や、「持戒《じかい》」をもって往生の行とする国や、あるいは、「忍辱《にんにく》」をもって往生の行とする国がある。あるいは「精進《しょうじん》」をもって往生の行とする国がある。また「禅定《ぜんじょう》」をもって往生の行とする国もある。あるいは「般若《はんにゃ》」をもって（第一義を信じる等これなり、原註）往生の行とする国もある。あるいは

「菩提心《ぼだいしん》」をもって往生の行とする国もある。あるいは「六念《ろくねん》」をもって往生の行とする国もある。あるいは「持経《じきょう》」をもって往生の行とする国もある。また「持呪《じじゅ》」をもって往生の行とする国もある。あるいは「起立《きりゅう》塔像《とうぞう》」、「飯食沙門《ぼんじきしゃもん》」、および「孝養父母《きょうようぶも》」、「奉《ぶ》事師長《じしちょう》」等の種々の行をもっておのおの往生の行とする国土などがある。あるいは、もっぱらその国の仏の名を称して往生の行とする国もある。

このように一つの行をもって、一仏の国に配当するのは仮にそうしたまでのことで、繰り返していえば、その意味ははっきりしない。なぜならば、一つの仏国土でも、多行をもって往生の行とする場合もあれば、多くの仏たちの国が、共通して一行をもって往生の国とする場合もあるからだ。このように、往生の行は種々にして同じではない。詳しくのべることができないほどである。今大切なことは、（法蔵は）さきにのべた「布施」、「持戒」、あるいは「孝養父母」等の諸行を選び捨てて、もっぱら仏号を称することを選び取られた、ということである。ゆえに「選択」というのである。しばらく五つの願に即して、「選択」の様子を論じてみたが、そのほかの願についてはこれに準じて理解してほしい。

（第十八願は念仏だけを選ぶ）

問いをたてよう。阿弥陀仏の四十八願はすべて劣悪なものを選び捨てて、よきもの、すばらしいものだけを選び取ったものであることは、よく分かった。しかし、どうして、第十八願では、一切の諸行を選び捨てて、ただひとえに念仏の一行だけを選び取って、往生の本願としているのであろうか。

答える。阿弥陀仏の本意は推測しがたい。簡単に理解することはできないこと。しかしそうはいっても知りたいことであるから、試みに二つの意味があると考えよう。一つは、勝《しょう》・劣《れつ》の意味、二つは難《なん》・易《い》の意味である。はじめに、勝・劣とは、念仏は優れた行であり、そのほかの行は劣った行である、ということ。なぜそのようにいえるかというと、阿弥陀仏の名前は万徳《まんどく》（法蔵時代の修行の結果、手にすることができたあらゆる功徳《くどく》や、阿弥陀仏になってからの一切の功徳を合わせたもの）に支えられているもの。すなわち、阿弥陀仏の四種の智慧《ちえ》、三種の仏の姿（救済すべき対象に応じて姿をかえることや、法蔵時代の修行によって得た姿、あるいは永遠不滅の真理を示す姿、をいう）、仏のみが持つ十種の力、説法するに当たっていささかの畏《おそ》れも抱かぬ智慧、等の内面の悟りがもつ功徳、仏の身体に備わっている特有の姿、光明、説法、衆生《しゅじょう》を利益《りやく》すること等の、一切の外部に向かう働き、こうしたものが皆悉く《ことごと》阿弥陀仏の名号のなかに収め取られてある。だから名号の功徳は、もっとも優れたものというのである。ほかの行はそうではない。おのおの片隅を守っているだけのこと。したがって諸行は劣っているといわねばならない。たとえば、世間の住居のようなものである。住居の名前のなかには、棟《むね》、梁《はり》、垂木《たるき》、柱、等をはじめ、一切の家具類も含むが、棟や梁等の一つ一つの名前のなかには、一切を含めることができない。これで分かるであろう。すなわち、阿弥陀仏の名号の功徳は、他の一切の功徳よりも優れているのだ。だから、劣った行を捨てて勝《すぐ》れた行を取って、それを本願とされたのであろう。

つぎに「難・易」の意味とは、念仏は修しやすく諸行は修するのが難しい。このゆえに

『往生礼讃』はつぎのようにのべている。「問う。どうして、『観』（瞑想《めいそう》による仏や浄土の観想）を課さずに、もっぱら阿弥陀仏の名号を称えよ、と勧めるのはどういう意図があってのことなのか、と。答える。衆生には障りとなることが多く、心の状態はせせこましく、思考はお粗末で、精神は散乱しており、あたかも風に吹き飛ばされるように容易に飛散する。このような状態では、とても瞑想による観想などおぼつかないからだ。ここをもって釈尊は衆生のさまを悲しみ、憐《あわ》れんで、ただちに阿弥陀仏の名号を称するように勧められたのである。まさしく称名は、行い易いがゆえに継続することができて往生することができるのである。以上」、と。

また『往生要集』にもつぎのような問いがある。「一切の善行はそれぞれに利益があって、善行を実践するものはそれぞれに往生できるはずだが、どうしてただ念仏だけを勧めるのか、と。答える。今念仏を勧めているのはそのほかの勝れた立派な行を拒否するというわけではない。ただ、念仏は、男女貴賤《きせん》、行住《ぎょうじゅう》坐臥《が》をえらばず、時と場所、諸々《もろもろ》の縁を論ぜず、修することが容易である。あるいは臨終に往生を願い求める場合にも、その手段となる点で、念仏にすぎるものはない。以上」、と。

だから、はっきりと分かる。念仏は実践が容易であるがゆえに、一切の人々に通用する。諸行は実践が困難であるがゆえにすべての人々に通用することができない。しかれば、一切衆生をして、平等に往生せしめんがために、難しい諸行を捨てて、称名念仏の容易な行を採用して本願とされたのであろう。

もし仏像を作り、塔を建てることをもって本願とされたならば、貧窮困乏のものは定めて往生ののぞみを断つことになろう。しかも、世には富貴のものは少なく、貧賤のものはきわめて多いではないか。もし、智慧や優れた才能をもって本願とされたならば、愚鈍で智慧の劣ったものは、定めて往生ののぞみを断つことになろう。しかも、世には智慧あるものは少なく、愚かで道理が分からぬものははなはだ多いではないか。もし学問のあることをもって本願とされたならば、学問のないものは定めて往生ののぞみを断つことになろう。しかも世には学問のあるものは少なく、学問のないものははなはだ多いのである。もし、戒律を保つことをもって本願とされるならば、戒律を破ったり、戒律を無視した人は、定めて往生ののぞみを断つことになろう。しかも世には戒律を保っている人は少なく、破戒のものははなはだ多いのである。そのほかの諸行のことは、これに準じて推測できるであろう。

これでまさしく分かるであろう。前にのべた諸行をもって本願となされたならば、往生を得るものは少なく、往生できないものが多くなるだろう。だから阿弥陀如来は、法蔵比丘であった昔、平等の慈悲心に催されて、あまねく一切の衆生を救うために、造像起塔等の諸行をもって、往生の本願となされなかったのである。ただ、称名念仏の一行をもって、その本願となされたのである。ゆえに、法照禅師《ほっしょうぜんじ》の『五会法事讃《ごえほうじさん》』につぎのようにのべられている。

「阿弥陀仏は、仏となる前身、法蔵比丘のときに、一切の衆生を救おうという誓いをお立てになった。阿弥陀仏の名を聞いて阿弥陀仏を念じるものはすべて、臨終の際に迎えにこよう。貧窮と富貴を選ばず、愚かなものと賢いものとを分けず、学問と戒律を保つものと、破戒と罪の深いものとを選ばず、ただ真心をこめて多く念仏をすれば、瓦《かわら》や礫《こいし》のようなものであっても、金に変じせしむる（往生を遂げることができる）。以上」、と。

（誓願の成就《じょうじゅ》）

問う。一切の菩薩《ぼさつ》はそれぞれに願を立てるというけれども、その願がすでに成就された菩薩もあり、いまだ成就していない菩薩もいる。法蔵菩薩の四十八願はすでに成就されたのか、いまだ成就されずにあるのか、疑問に思われるが、どうか。答えよう。法蔵の誓願は一つ一つすでに成就されている。その理由は、阿弥陀仏の極楽世界にはすでに「三悪趣」は存在しない。これで分かるであろう。「無三悪趣の願」は成就されていたのである。なにをもってそのことを知ったのか。それは『無量寿経』の「願《がん》成就」の文に、阿弥陀仏の浄土には、悪を犯した人間のゆく、地獄・餓鬼・畜生といった場所がない、とあることによる。また、阿弥陀仏の浄土では、人や天人が命終わって後、三悪趣に再び転落するということも記されていない。これで、「不《ふ》更《きょう》三悪趣の願」の成就されていることが分かるであろう。その証拠は、「願成就」の文に、かの菩薩、仏となるまでの間、もはや悪趣に行くことはない、という一文にある。また、極楽の人や天人は、すべて仏の特徴である三十二相を具《そな》えている。これによって、「具《ぐ》三十二《さんじゅうに》相《そう》の願」が成就されていることが分かるであろう。その証拠は、「願成就」の文に、阿弥陀仏の国に生まれるものは、皆ことごとく三十二相を具える、とある。

このように、最初の願である「無三悪趣の願」から、四十八の最後の願である「得三法《とくさんぼう》忍《にん》の願」（三法忍の「忍」とは真理を認知すること。仏菩薩の音声《おんじょう》によって悟ること、真理に柔軟にしたがって悟ること、真理のすべてを悟りもはや心が動かない状態にいたること、この三種の菩薩の境位をいう）にいたるまで、すべての誓願は成就されている。第十八願の念仏による往生を誓った願が、どうしてひとり成就されていないということがあろうか。だから、念仏する人は皆、往生するのである。その証拠は、念仏往生の願成就の文にあるつぎの一文である。「あらゆる衆生は阿弥陀仏の名号を聞いて、信心を起こし、喜びがあふれるであろう。そして回数の多寡は別にして、まことの心をもって念仏を差し向け、阿弥陀仏の国に生まれたいと願えば、たちまち往生を得て、もはや悪趣に戻ることもない、あとは仏となることが約束された地位につくことができるだけである」と。

およそ四十八願が浄土をかざっている。華の池、宝の楼閣も、願の力によらないものはない。どうしてそのなかでひとり念仏往生の願を疑惑する必要があるのか。加えていえば、一々の願の終わりには、もし願が実現しなければ仏には成らない、と記されている。ところが、阿弥陀仏はすでに仏となって今や十劫《じっこう》という時間を経ているのだ。仏となるという誓いはすでに成就されている。これで分かるであろう。一つ一つの願は虚しく設けられているのではない。だから善導は、つぎのようにのべているのだ。「阿弥陀仏は、今現在、世にましまして仏となっておられるのである。まさに知るべきである。菩薩のときに発せられた深重《じんじゅう》な願いは虚しく設けられたものではない。衆生がその名を称すれば、必ず往生を得ることができるのである。以上」、と。

（「念」と「声」は一つ）

問う。『無量寿経』には「十念《じゅうねん》」といい、善導の註釈では「十声《じっしょう》」という。「念」と「声」の関係はどのようになっているのか。答える。「念」と「声」は一つのことである。なぜかといえば、『観無量寿経』の「下品下生《げぼんげしょう》」の段につぎのようにのべられているからである。「声をして途切れないようにして、十度阿弥陀仏を念じて、南無阿弥陀仏《なむあみだぶつ》と称すれば、仏名を称するがゆえに、一声ごとにはるかな昔から犯してきた罪をのぞくことができる」、と。今、この文によるならば、「声」は「念」であり、「念」は「声」であることが明らかに分かるであろう。それだけではない。『大集月蔵《だいしゅうがつぞう》経』につぎのように記されている。「『大念』は大仏を見て、『小念』は小仏を見る」、と。懐感《えかん》（七世紀の唐代の僧）はこの文に註釈を施して、「『大念』とは『大声』の念仏であり、『小念』とは『小声』の念仏をいう」、と。ゆえに分かる。念は唱と同じだということが。

（「乃至《ないし》」、「下至《げし》」の意味）

問う。『無量寿経』には「乃至」といい、善導の註釈では「下至」という。この違いをどのように心得ればよいのか。答える。「乃至」と「下至」は同じ意味である。『無量寿経』に「乃至」とあるのは、多きより少なきへ向かう言葉である。多《た》とは上で、一生涯を尽くすこと。少とは下で、十声、一声等にいたる言葉である。善導の註釈でのべられている「下至」とは、下は上に対する言葉で、下とは、十声、一声等にいたること。上は生涯を尽くすこと。上下というのは互いに相対する言葉である。このような言葉遣いの例は少なくない。「宿命通《しゅくみょうつう》の願」（「宿命」とは過去の生涯のこと。自他の一切の過去を知る不思議な力を身につけること、五神通《じんずう》の一つ）では、「もし私が仏になったときには、国土のなかの人・天人が宿命を知らずに、下、百千億那由他《なゆた》諸劫《しょこう》のことを知らずにいたるならば、私は仏にはならない」とあるが、このように、「五神通」や「光明《こうみょう》寿命《じゅみょう》」等の願のなかに、一々、「下至」という言葉を使用している。いずれもこれは、多きより少なきにいたることで、下をもって上に対する意味である。前の八種類の願に例を取れば、今この願にいう「乃至」とは、「下至」のことである。このゆえに善導が引釈する「下至」という言葉は、「乃至」と同じ意味なのである。

ただし、（第十八願にある「乃至十念」の解釈やこの願をなんと命名するかについて）善導と他の浄土教思想家の間では違いがある。善導以外の諸師は（第十八願を）十念往生の願という。善導だけが念仏往生の願としている。諸師が十念往生の願というのは、十八願の意味を、かならずしも言い尽くしているとは言い難い。そのわけは、一生涯を尽くして念仏することをふくんでいないからだ。それに比べると、善導の念仏往生の願という理解は、この願の意味を十分に尽くしているといえる。なぜならば、上の、一生涯の意味も、下の、ただの一声の念仏も、あわせてふくんでいるからである。

〔訳者ノート〕

1．念仏をもって、阿弥陀仏の名を声に出して称える、という意味に定め、さらにそれが阿弥陀仏の誓願に根拠をもつことを明かしたのは、法然の功績である。

というのも、阿弥陀仏の本願（誓願）を説く『無量寿経』には、この章の第一の引用文にあるように、念仏は声を出して阿弥陀仏の名を称する、という意味は明確に説かれていない。それをはっきりと声に出して阿弥陀仏の名を称すると解釈したのは、引用文の第二と第三にある善導である。法然は善導の解釈にしたがって、「念」と「唱」が一致することを確定したのである。

このように、念仏をめぐって議論があったのは、従来の仏教では、修行者があくまでも瞑想によって心を集中し、阿弥陀仏とその国土の様子をいわばイメージすることをもって「念仏」（仏を念じる）と考えられてきたからである。法然は、こうした修行方法は、凡夫には不可能だとして、称名をもって「念仏」の本義としたのである。

本章は、こうした念仏の意味の進化を明快に示しているといえる。

第四章

標章　浄土を願う者は資質によって三種類に分類されるが、いずれも念仏によって往生を遂げることができることを明かす文。

引文第一　『無量寿《むりょうじゅ》経』の下にはつぎのように記されている。

釈尊は阿難《あなん》にお告げになっていわれた。「十方世界の諸天人、人民が、心から浄土へ生まれたいと願うに、およそ三種類の区別が生じる。第一の『上輩《じょうはい》』は、家を捨て欲望を棄てて沙門《しゃもん》となり、菩提心《ぼだいしん》（悟りを求めて仏道に励もうとする心）を発《おこ》して、一向にもっぱら無量寿仏を念じて、諸々《もろもろ》の功徳《くどく》を修めて浄土へ生まれたい、と願う。これらの衆生《しゅじょう》は命終わるとき、無量寿仏がもろもろの大衆《だいしゅう》とともにその人の前に現れる。すると、たちまちかの仏にしたがって浄土に生まれ、ただちに七宝《しっぽう》の華のなかにおいて自然と生れて、ふたたび、流転の苦しみを経験することなく、仏となるのを待つだけの身となる。この人、智慧《ちえ》は勇猛にして神通《じんずう》は自在である。このゆえに、阿難よ、衆生が今世《こんぜ》において無量寿仏を見たいと欲するのであれば、まさしくこの上もない菩提心を発し、功徳を修行して、浄土に生まれたいと願うがよい」、と。

「釈尊は阿難にお告げになっていわれた。『中輩《ちゅうはい》』とは十方世界の諸天人、人民がまごこころこめて浄土へ生まれたいと願うに、修行して沙門になり、大いに功徳を修《しゅ》することはできなくとも、まさしくこの上もない菩提心を発し、一向にもっぱら無量寿仏を念ずるようにしよう。その能力に相応《ふさわ》しい善を修め、八斎戒《さいかい》（在家のものが一日一夜に限って守る戒律のこと）を守り、塔を建て仏像をつくり、沙門に飯食を供養し、仏前に幡蓋《ばんがい》や水引をかけて供養し、燈火をともし、華をまき、香をたき、これらの功徳を差し回して浄土に生まれたいと願う。この人が命終わるとき、無量寿仏は化身としてあらわれる。光明やすがたは、本当の無量寿仏と変わることはない。諸々の大衆とともに、その人の前に現れて、その人は、化仏《けぶつ》にしたがって浄土に生まれて、再び流転の苦しみを経験することなく、仏となるのを待つだけの身となる。功徳や智慧は『上輩』のものに次ぐ」、と。

釈尊は阿難にお告げになっていわれた。「『下輩《げはい》』とは、十方世界の諸天人、人民がこころをこめて浄土に生まれたいと願うに、たとえ諸々の功徳を作ることができなくとも、まさしく、この上ない菩提心を発して、一向にもっぱら、少なくとも十声《じっしょう》、無量寿仏を念じて浄土へ生まれたいと願うのがよい。もし、深い教えを聞いて喜びあふれ、教えを信じて往生を願い、疑いの心が生まれず、少なくとも一回たりとも仏を念じ、こころから浄土に生まれたいと願うならば、この人が命終わるときには、夢にかの仏を見奉って、また往生を得ることができる。その功徳、智慧は『中輩』に次ぐ」、と。

私釈　私に問うてみよう。

「上輩」の文章のなかに、念仏のほかに、「家を捨て欲を棄てる」等の行があった。「中輩」の文章には、「塔を建て、仏像をつくる」等の行があった。「下輩」の文章のなかには、「菩提心」等のそのほかの行がある。それにもかかわらずどうして念仏による往生だけを主張するのか。

答えよう。善導和尚の『観念法門』につぎのようにのべられている。「『無量寿経』の下巻のはじめには、釈尊がつぎのように説かれている。一切衆生の能力は同じではなく、上中下の差がある。だが、仏は(能力の如何《いかん》にかかわらず)皆にもっぱら無量寿仏の名を称するように勧められたのである。その人は、命が終わるとき、仏とそのお供たちがともに自らやって来て浄土へ迎え入れ、ことごとく往生せしめられるのである」、と。この善導の解釈によって、三輩いずれでも、ともに念仏によって往生するというのである。

(念仏と諸行との関係)

問う。この解釈ではまだ前の疑問を解くことにはなっていない。どうしてほかの行を棄てて、ただ念仏だけを説かれたというのか。答えよう。これには三つの意味がある。諸行を説く第一の理由は、諸行を廃止して、念仏に帰依《きえ》せしめるためであり、第二の意味は、念仏を助成《じょじょう》するためであり、第三の意味は、およそ行を念仏と諸行に大別した上で、それぞれに上中下の区別があることを明らかにするためである。

第一の、諸行を説くのは念仏に帰せしめるためである、ということについて。諸行を説くとは善導の『観経疏《かんぎょうしょ》』のなかに、「上のごとく『定散二門《じょうさん》』（「定」とは瞑想《めいそう》によって仏とその国土をイメージする修行方法、「散」とは、世俗の道徳や戒律など、瞑想を必要としない、日常の意識で実践できる徳目。いずれも往生の行として説かれている）の利益《りやく》を説いてはきたが、仏の本願の立場からすれば、その意志は、衆生をして一向にもっぱら阿弥陀仏の名を称せしめるという点にある」、とあり、その解釈にしたがって、この問いを解すれば、上輩の文のなかには、菩提心等の念仏以外の行を説いていても、（善導が指摘した）本願の立場からすれば、ただ衆生をしてもっぱら阿弥陀仏の名を称せしめるところに、阿弥陀仏の意志があるということになろう。そうして、本願のなかには念仏以外の行は説かれてはいないのである。三輩ともに、本願によるがゆえに「一向にもっぱら無量寿仏を念じる」ことになる。

一向とは、二向、三向等に対する言葉である。たとえば、インドには三つの寺院のタイプがある。一つは一向大乗寺で、この寺では小乗は学ぶことはない。二つは一向小乗寺で、この寺では大乗を学ぶことはない。そして三つには、大小兼行《けんぎょう》寺で、この寺では大乗と小乗をともに学ぶ。ゆえに兼行寺という。これで分かるであろう。大小の両寺には一向の言葉があるが、兼行の寺には一向の言葉はない。今この経典にいう一向もまた同じこと。もし念仏のほかにほかの行を加えるならば一向とはいわない。もし寺に準じていえば、それは兼行というべきである。すでに一向という以上は、ほかの行を兼ねていないことは明白である。前には念仏以外の行を説いているが、後には一向専念という。これではっきりするであろう。諸行を廃止してただ念仏だけを用いるがゆえに一向というのだ。もしそうでないとしたら、一向という言葉はもっとも解釈しがたいことになるではないか。

第二の、諸行を説くのは念仏を助成するためだ、という点について、これにもまた二つの意味がある。一つは、念仏と同じ目的をもった類の善行によって助成する場合。二つには、念仏とは関係のない類の善行をもって念仏を助成する場合、である。はじめの、念仏と同類の助成とは、善導和尚の『観経疏』のなかに、五種類の助行を列挙して念仏の一行を助成する、という一文のことである。詳しくは、すでに「正雑二行《しょうぞう》」のなかで説いたことであるからここでは省略する。つぎに、異類の助成とは、まず上輩について正・助の枠を使っていえば、一向に無量寿仏を念じることが正行であり、それが助けの対象である。家を捨て欲を棄てて沙門《しゃもん》となり、菩提心《ぼだいしん》を発する等が、助けとなる行である。それが念仏を助ける役目をになうのである。往生の業としては念仏が根本だといわれている。ゆえに一向に念仏を修するために、家を捨て欲を棄てて沙門となり、また菩提心を発する等ということになる。とりわけ、出家とか発心《ほっしん》等ということも、ここでは、初めて出家をしたとき、あるいは発心したときを指す（出家や発心が機縁となって念仏するようになることが大事で、出家や発心そのものが重要というわけではない。訳者補）。念仏は生涯を通じる、長きにわたってしかも退くことがない行であり、（出家や発心が）念仏の妨げとなることがあるであろうか。中輩の文のなかには、塔を建て、仏像をつくり、天蓋をかけ、燈火をともし、華を散らし、香をたく等の諸行があるが、これは念仏を助成する行にほかならない。そのことは『往生要集』にも見えている。それには、念仏を助成する一つの方法として、念仏する場所や供え物についての記述がある。下輩のなかにも、発心することによって念仏を助成することが記されているが、その助・正の意味は、上輩の箇所などでのべたことに準じて理解できるであろう。

第三の、諸行を説くのは、行を念仏と諸行に大別した上で、それぞれに三類型をたてるためだということは、まず念仏についていえば、上中下と分かったが、いずれにも通じる行が一向専念無量寿仏だということを明かしている。それが念仏門において三類型がつくられた理由である。ゆえに、『往生要集』の「念仏証拠《しょうこ》門《もん》」の章においてつぎのように記されている。『無量寿経』に、三輩の業には浅深の差があるといえども、三輩を通じて、一向専念無量寿仏と説かれている、と（懐感師もこれと同じように説いている）。

つぎに諸行をつづめて三類型に分かつとは、すでに見たように、三輩の中に共通して菩提心等の諸行が説かれている。これすなわち、諸行に約して三類型を分かつということである。ゆえに、『往生要集』の「諸行往生門」のなかで、（九種類の諸行が説かれているが、それらは『無量寿経』が説く三輩の諸行と同じだ、として）『無量寿経』がいう三輩は、ここでいう三類型の域を出ない、とのべている。

およそこのような三つの意味は、不同があるが、ともに一向念仏を主張するためである。第一は、廃立（「ハイリュウ」と読む。二つのものを比べて一つを廃し、他を残すこと）のために説かれている。すなわち、諸行は廃止するために説かれ、念仏はそれとは別の価値あるも為を助けるために諸行が説かれている。第三は、傍正《ぼうしょう》（従と主）のために説かれている。すなわち、念仏と諸行の二つを説くが、念仏をもって正（主）とし、諸行をもって傍（従）とするのである。ゆえに三輩を通じて皆念仏という。ただし、これらの三義の勝劣は知りがたい。諸々《もろもろ》の学者がたよ、その取捨は各々の心に任せるが、今もし善導によるならば、第一の、廃立の意味を正しいものと考える。

（「開」・「合」の区別）

問う。三輩といえども共通するのは念仏だという。まことにその通りであろう。しかし、『観無量寿経』に説く「九品《くほん》」（九等の階位。上中下の三品とそれぞれに上生・中生・下生を区別するので合わせて九階級となる）と『無量寿経』に説く「三輩」とは、開《かい》・合《ごう》（二つの事象を開いて説明するか合して説明するか、ということ）の違いでしかないのではないのか。もしそうならば、『無量寿経』の「三輩」では、通じて皆念仏が説かれているが、『観無量寿経』の「九品」中の、上品と中品の階位では念仏を説くということがなく、下品の階位にいたってはじめて念仏が説かれるのはどうしてなのか。

答えよう。これには二つの意味がある。一つは、問いのはじめにいうように、『無量寿経』の「三輩」と『観無量寿経』の「九品」とは、合して説明するか、開いて説明するかの違いであるが、これではっきり分かることがある。すなわち、「九品」のなかにすべて念仏が説かれているのだ。どうしてそれが分かるのか。合である「三輩」のなかにすべて念仏があるのであれば、同じことを開いて説明する「九品」において念仏がないはずがないからである。だから、『往生要集』にいう。

「問う。念仏の行は「『九品』のなかのどの階位にふくまれているのか、と。答える。もし経典の説くとおりに行うならば、当然の理として、上品の上生にあたるであろう。しかし、（経典の説くとおりに行じることができないものが出てくるから）出来るものと出来ないものに応じて、「九品」の階位が生じる。しかも経典に説く階位はかりに「九品」であって、実情は無数に近い区別となるから、その「九品」も現実の区別の一端を示すに過ぎない。以上」、と。

ゆえに知ることができる。念仏は「九品」に通じるのである、と。二つには、『観無量寿経』のこころは、はじめは、広く「定・散の行」を説いて普《あまね》く多くの人々を対象とし、後には、「定・散」の二善を廃して念仏一行に帰せしめる。いわゆる経典にある、「汝《なんじ》よくこの言葉をたもちなさい」等の文がそれである。その意味はこれから詳しくのべる。だから「九品」の行は、ただ念仏だけにあることが分かるのだ。

〔訳者ノート〕

1．法然は、「本願念仏」という新しい救済思想の根拠として『三部経』を示したが、これらの経典には、相互に異なる教えがふくまれていて、それらをいかに一貫して理解するかが、法然の苦心するところとなる。本章における、『無量寿経』の「三輩」という分類と『観無量寿経』にいう、「九品」の異同もその重要な例である。

2・「三輩」も「九品」も、往生を願う者の資質や、そのために実践した行の内容によって、往生の仕方に優劣が生じることを示している。

　現代のような求道心自体が薄れている時代では、往生自体が疑問視されており、往生の仕方に差があることには関心はないであろう。だが、中世では、同じ往生を願うにしても、最高位で浄土に生まれたいという願いにとりつかれた人もいる。たとえば、法然の弟子の一人、熊谷次郎直実《くまがいじろうなおざね》（熊谷入道蓮生《れんせい》）である。彼は、極楽に最高の位で生まれないのであれば、往生は願わない、とまで言い切っている。というのも、経典には、「上品上生」以外の、残りの八種の往生では、この世に戻ってきて縁のある衆生を極楽に導くことは不可能だ、と記されているからである。もちろん、「上品上生」を遂げるためには、菩薩の戒を守り、経典を学び、「三心」を保ち、「六念法」といった修行を重ねねばならない。それは末世の凡夫にはとても不可能なこと。『往生要集』を著した源信僧都《げんしんそうず》恵心《えしん》でさえも、「下品上生」を願われたに過ぎない。熊谷はそのことを重々承知の上で、この世のすべての人を極楽に迎え取るためにあえて「上品上生」を祈誓しているのである。

　法然は、こうした願いに対して、種々の難しい行を試みたいというのであれば仕方がないが、それもできる範囲でよいのであり、大切なことは念仏一行なのだ、と繰り返し説いている。

「三輩」や「九品」をめぐる理解を深めるエピソードとして紹介しておく。

ちなみに、京都府にある「浄瑠璃寺《じょうるり》」の本尊は九体の阿弥陀仏像で知られているが、それは「九品」に応じた姿を表している。ただし阿弥陀仏像の印は一体が「上品下生」で八体が「上品上生」である。浄土往生における階位が人々の関心を惹《ひ》いた時代があった証拠であろう。

第五章

標章　念仏に特有の利益と功徳があることを説く文。

引文第一　『無量寿経』下にいう。

釈尊が弥勒菩薩におっしゃった。阿弥陀仏の名号を聞くことができて、喜びの心があふれ、一生涯にせよ、臨終の一声にせよ、念仏するものはかならず大いなる利益《りやく》を得ることになる。すなわち、この上ない功徳を具《そな》えるのである。

引文第二　また善導は『往生礼讃』のなかで、つぎのようにのべている。

かの阿弥陀仏の名号を聞くことができて、喜びの心がわき、一生涯にせよ、臨終の一声にせよ、念仏するものは、みな浄土に生まれることができる。

私釈　私に問うてみよう。

さきの三輩《さんぱい》の文によると、念仏のほかに菩提心《ぼだいしん》等の功徳があげられている。どうしてそれらの功徳を誉《ほ》め讃《たた》えずに、ただ念仏の功徳だけを誉め讃えるのか。

答えよう。阿弥陀仏の心は推測することが難しい。定めて深い意味が隠されているのであろう。そこで善導の解釈をうかがってみると、つぎのようにいえよう。仏の意志は、率直に念仏の行を説こうとするところにあったのであろうが、教えを受ける相手がさまざまであるから、それに応じて、一通り菩提心等の諸行を説いて、三輩という、受け手の浅深をはっきりと区別されたのであろう。しかし、今や、諸行は捨てて誉め讃えられることはない。そうである以上は、もはや論じるに値しない。ただ念仏の一行だけについて、すでに選んで讃歎《さんたん》されるのである。そのいわれを思うて、深く考えねばならない。

もし念仏につづめて、なぜ三輩という区別がなされたのか、を考えてみると、それには二つの意味がある。一つは、実践の意志の強弱によって三輩に分かれるのであり、二つは、念仏の多少によって三輩に分かれる、ということである。実践の意志の強弱については、さきに『往生要集』の文を引いたように、もし仏の説かれたように（強い意志でもって）行じれば、当然のことながら上品上生《じょうぼんじょうしょう》に生まれることになろう。つぎに念仏の多少についていえば、下輩《げはい》の文のなかに、すでに十回ないしは一回という数字が示されている。したがって上・中の輩は、これにしたがって数を増やせばよいであろう。

『観念法門』にはつぎのように記されている。

「毎日一万遍《いちまんべん》仏を念じ、また、昼夜六時（一昼夜を六回に分けること）に、浄土のさまを（経典を読むことにより）讃歎すべきである。大いに精進しなければならない。さらには、三万回、六万回、十万回の称名《しょうみょう》をするものは、皆上品上生の人なのである」、と。

これで分かるであろう。三万回以上は上品上生の行であり、三万回以下は上品以下の行なのである。したがって、念仏の回数によって、品位《ほんい》を区別することの意味が明らかであろう。

今ここに「一念」というのは、さきの念仏往生の願成就《がんじょうじゅ》の文にいう「一念」と、下輩のなかで明かされている「一念」を指す。願成就の文のなかで「一念」というけれども、まだそこでは功徳の大いなる利益は説かれていない。また、下輩の文のなかに「一念」というけれども、まだ、功徳の大利《だいり》を説いていない。ここで引用した文のなかで説かれる「一念」にいたってはじめて、「一念」を大利とし、この上ないものと讃歎している。これで分かるであろう。この「一念」はさきの「一念」を指しているのである。ここでいう大利とは、小利に対する言葉である。だから、菩提心などの諸行をもって小利となし、念仏することと自体が(回数を問わず)大利なのである。また、無上《むじょう》功徳とは、有上《うじょう》に対する言葉である。念仏以外の行を有上とし、念仏をもって無上とする。すでに「一念」をもって一のまま無上とするのである。これで分かるであろう。十念は十念のまま無上となし、また百念は百念のまま無上とし、また千念は千念のままに無上とする。

このようにつぎつぎと展開して、少《しょう》より多《た》にいたり、念仏をガンジス河の砂にたとえれば、無数であるから、無上功徳もまた無数となるのである。これではっきりと分かるであろう。諸々《もろもろ》の往生を願い求める人々は、どうして無上大利の念仏をやめて、強いて有上小利の、念仏以外の諸行を修《おさ》めようとするのか(そのような必要はないではないか)。

第六章

標章 末法が一万年続いた後に、念仏以外の仏教はことごとく滅びるが、ひとり念仏だけが留まる（「特留念仏」）という文。

引文第一 『無量寿経』の下巻につぎのように記されている。

将来、仏教が完全に滅亡してしまうときに、私は慈悲と哀れみをもって、ただこの経典だけを留めて、（その利益《りやく》が）百年間に及ぶようにしようと思う（「特留此経《どくるしきょう》止住百歳《しじゅうひゃくさい》」）。衆生《しゅじょう》がこの経典にめぐり逢《あ》うならば、心の願うところにしたがって、皆仏になることができよう。

私釈 私に問う。

『無量寿経』には、ただこの経典だけを留めて、百年とする、とあるだけで、念仏を留めること百年、とはのべられていない。ところが、今にいたり、ひとり念仏だけを留める、というのはどうしてか。

答える。この経典のねらいはまったく念仏にある。その趣旨はすでにさきに引用した七文にあり、再論することはしない。（こうした理解は私、法然《ほうねん》にかぎらず）善導《ぜんどう》や懐感《えかん》、恵《え》心《しん》等も同じ理解である。したがってこの経典にいう留めるとは、念仏を留めるという意味である。そのわけは、この経典に菩《ぼ》提《だい》心《しん》という言葉はあるが、その内容や実践方法は説かれていない。また持《じ》戒《かい》という言葉はあるが、持戒の内容や実践方法は説かれていない。しかし、菩提心の内容や実践方法は、ひろく『菩提心経』等に説かれている。その経典が先に滅んでしまうならば、菩提心の行《ぎょう》は、なにを頼りに修《おさ》めればよいのか。また、持戒の内容や実践方法を説くことは、広く大小の戒律にある。だが、かの大小の戒律が滅んでしまえば、持戒の行はなにを頼りに行えばよいのか。ほかの諸行もまた事情は同じである。ゆえに、善導和尚の『往生礼讃』に、この文を解釈してつぎのようにのべられている。

「末法万年にいたって三宝《さんぼう》（悟りを開いた仏とその教え、それを奉じる僧の三者）は滅んでも、この経典のみは留まること百年に及ぶであろう。その間に阿《あ》弥《み》陀《だ》仏《ぶつ》の名を聞いて念仏するならば、皆、当然のことだが、浄土に生まれることができるのである」、と。

また、『無量寿経』の、この一文を解釈するに、ほぼ四つの意味がある。第一は、「聖《しょう》道《どう》」の教えと「浄土」の教え、いずれがさきに滅び、いずれが後に留まるか。第二は、十《じっ》方《ぽう》にある浄土を説く教典と、西方《さいほう》の浄土を説く教典と、いずれがさきに滅び、いずれが後まで留まるか。第三は、弥勒菩薩《みろくぼさつ》の兜率天《とそつてん》と阿弥陀仏の西方浄土の教えのいずれがさきに滅び、いずれが後に留まるのか。第四は、念仏と諸行のいずれがさきに滅び、いずれが後まで留まるのか、である。

第一の、「聖道」と「浄土」、いずれの教えがさきに滅ぶか、は、「聖道門」の経典がさきに滅びるから、「経道滅盡《きょうどうめつじん》」と説かれ、「浄土門」のこの経典だけが留まるというので、「止住百歳」と説かれているのである。これで分かるであろう。「聖道」の教えは末法の人間には（理解も実践も難しくて）縁の薄い教えであり、「浄土」の教えは、末法の劣った人間には縁の深い教えなのである。

第二の、十方の浄土と阿弥陀仏の浄土といずれがさきに滅びるか、とは、前者の諸教がさきに滅びることになる。それゆえに経には「経道滅盡」とあるのだ。阿弥陀仏の浄土だけがひとり留まるがゆえに、経には「止住すること百歳」とある。これで分かるであろう。十方の浄土は今日の人間には縁が薄く、阿弥陀仏の西方浄土は縁が深いのである。

第三の、弥勒の浄土と阿弥陀仏の浄土の教えのいずれがさきに滅びるか、は、弥勒菩薩をめぐる兜率天の教えがさきに滅びるのである。そのわけは、経に「経道滅盡するであろう」、とあるから。西方往生を説く教典だけがひとり留まるのである。ゆえに経典には「止住百歳」とある。これで分かるであろう。兜率天は、阿弥陀仏の浄土に比べるとこの世に近いけれども、今の人間には縁がなく、阿弥陀仏の極楽浄土は、遠くても縁は深いのである。

第四の、念仏と諸行のいずれがさきに滅びるか、は、諸行往生の教えが先に滅びる。わけは、経に「経道滅盡」とあるがゆえに。それに比べて、念仏往生を説く教典はひとり留まる。なぜならば、経に、「止住百歳」とあるがゆえに。これで分かるであろう。諸行往生は今の人間にはもっとも縁薄く、念仏往生は縁がはなはだ深いのである。それだけではない。今日では、諸行往生は縁があっても往生するものが少なく、念仏往生は縁を結んで往生を実現するものが多いのである。また、諸行往生は、近くは今日から、さきは末法万年の時代に限られるが、念仏往生は遠く、仏教が滅して後、百年の代まで利益をもたらす教えなのである。

（「特留此経」の意味）

問う。『無量寿経』に、「私は、慈悲と哀れみの心によって、ひとりこの経典を留めて、百年間とする」とあるが、もしそうならば、釈尊が慈悲と哀れみをもって（自らの意志でもって）留めることができるのだから、どの経典であっても、どの教えであっても、留めることができたはずではないか。にもかかわらず、どうしてほかの経典を留めず、ただこの経典だけを留められたのであろうか。

答える。たとえどの経典を留めるとしても、特定の経典を留めたならば、同じように非難を受けるであろう。にもかかわらずこの経典を留められたのである。そこにはきわめて深い意味があるにちがいない。この点、善導和尚の考えにしたがって推測するならば、つぎのようになろうか。『無量寿経』には阿弥陀如来の念仏往生の本願が説かれている。そこで釈尊は、その慈悲心をもって（『無量寿経』に説かれた阿弥陀仏の慈悲＝念仏を留めるために）、選んでこの経典を留められたのであろう。ほかの経典には、阿弥陀仏の念仏往生の本願は説かれていない。だから釈尊の慈悲心は、これらの経典を留めるために発動されなかったのである。

およそ四十八願、いずれも本願であることにはかわりはないが、とくに念仏は往生の可否をはかるものさしである。ゆえに、善導は『釈』のなかで、「阿弥陀如来の願いは四十八の多きにわたっているが、ひとえに念仏を指し示して、もっとも阿弥陀仏に親しいものとしている。人がよく阿弥陀仏を念ずれば、阿弥陀仏もまた念じてくださる。専心に仏を思えば、仏はその人をよくお知りになる。以上」、と。

これゆえに、よく分かるであろう。四十八願のなかで、すでに念仏往生の願《がん》が、本願中の王となっていることが。ここからも、この経典をもって「止住すること百歳」と説かれた釈尊の慈悲心がよく分かるであろう。

同じことが『観無量寿経』のなかにもある。（はじめは強調されていた）「定散《じょうさん》」の行を（後代に）託そうとせず、ただひとり念仏の行だけを託したことである。これはいかえると、念仏の一行が託されたのは、阿弥陀仏の願いに順じているがためなのである。

問う。百年の間、念仏を留めおくこと、そのことわりはよく了解した。ただし、それでは、念仏の行はただ末法の時代に生きる衆生だけが利益《こうむ》を被るものなのか、あるいは、正《しょう》・像《ぞう》・末《まつ》の時代の如何《いかん》にかかわらず、有効な行なのであろうか。

答える。ひろく正・像・末の時代に通じるであろう。末法の後の時代にも有効な教えであることを示して、今の人に念仏を勧めるのである。この意味をよくよく知らねばならない。

〔訳者ノート〕

1．引文第一の『無量寿経』下巻の冒頭は、「将来、仏教が完全に滅亡してしまうときに」と訳したが、原文では「当来之世経道滅尽」となっている。経典では、単に「当来の世」とあるのを、法然は「末法万年後百歳」と解釈している。末法が一万年続いて仏教が滅びてしまったのちでも、さらに百年間、念仏の教えは留まる、というのである。この「百年」という言葉も、人間の寿命に即して表現されている言葉で、実際は永久に近い数字だという解釈もある。法然の考えもそれに近いのであろう。つまり、世界が壊滅するような時代になっても、念仏は滅びることがないという確信が、法然には存在する。

2．第十八願のことを本願中の本願とするという法然の解釈にしたがって、後代、第十八願を「王本願」と称するようになる。「王本願」は、法然の本願理解の要《かなめ》である。

第七章

標章　阿弥陀仏の光明は諸行の実践者を照らさず、ただ念仏の行者のみを収め取られるという文。

引文第一　『観無量寿経』にいう。

無量寿仏には八万四千の特徴がある。その特徴の一つ一つには八万四千の微妙な特徴があり、その微妙な特徴の一つ一つにはまた八万四千の光明がある。一つ一つの光明は、遍《あまね》く十方《じっぽう》の世界を照らして、念仏する衆生《しゅじょう》を収め取り、捨てることはない。

引文第二　善導の『観経疏《かんぎょうしょ》』にはつぎのようにのべられている。

右の『観無量寿経』の文のうち、「無量寿仏より下、捨てることはない」というところまでの文意は、無量寿仏の特徴を観察することによって、光明が縁ある人々に恩恵を与えることを明らかにする点にある。その内容は五つに分かれる。一つは、無量寿仏の特徴が八万四千あるのに比して普通の仏は三十二しかないという、仏の特徴の多少について、二つは、それらの特徴のさらに微細な特徴について、無量寿仏には八万四千あるが、普通の仏には八十しかないという、微細な特徴における多少について、三つは、発せられる光明が、無量寿仏においては圧倒的であるという、光明の多少について、四つは、光明の照らす範囲が無量寿仏においては極めて広いという遠近の違い、五つには、念仏の行者だけが光明によって収め取られるという恩恵を蒙《こうむ》ることを明らかにする。

問う。様々な行をことごとく修めて、それを仏に差し回すことができれば、だれでも往生はできる。にもかかわらず、仏の光明は遍く照らしながら、ただ念仏者だけを収め取るのはどうしてなのか。その意図はどこにあるのか。

答える。これには三つの意味がある。第一は、仏と念仏者とのとくに「親しい関係」を明らかにする。すなわち、衆生が行を始めて口に常に仏の名を称すれば、仏はその様子をお聞きになる。行者が仏を礼拝し敬《うやま》うならば、仏はそのさまをご覧になる。行者が常に仏を念じれば、仏はそのさまをお知りになる。衆生が仏をとくに意識するならば、仏もまた衆生を意識される。このように、仏と衆生との間には隙間もない。そのゆえに、「親しい関係」となづける。

第二は仏と念仏者との「近しい関係」を明らかにする。すなわち、衆生が仏を見たいと願えば、仏はその願いに応じて、目の前にあらわれてくださる。ゆえに、「近しい関係」となづける。

第三は、仏と衆生の「とくにすぐれた関係」を明らかにする。すなわち、衆生が阿弥陀仏の名を称すれば、はるかな過去からの罪を除くことができるし、命が終わるとき、仏は諸菩薩《ぼさつ》とともに自ら来て浄土へ迎え入れられる。諸々《もろもろ》の誤った見解や業《ごう》の縛りも、それを遮ることはできない。それゆえに、「とくにすぐれた関係」となづける。念仏以外の諸行も、善となづけることはできるが、念仏に比較すれば、まったく比べものにならない。このために、諸々の経典のなかで、諸処にひろく念仏の功徳《くどく》を讃歎《さんだん》されているのである。『無量寿経』のごときは、その四十八願のなかに、「もっぱら阿弥陀仏の名号を称すれば浄土へ生まれることができる」と明らかにしている。また、『阿弥陀経』のなかには、「一日あるいは七日もっぱら阿弥陀仏の名を称することによって、往生することができる」とも、「十方世界の無数の仏たちが念仏による往生を嘘ではないと証明しておられる」とも記されている。

また、『観無量寿経』の、「定《じょう》・散《さん》」の二文のなかには、「ただもっぱら名号を念じることによって浄土へ生まれることができる」と示している。こうした例は数え切れない。これで念仏によって心静かになるさまを十分に明らかにできたと思う。

引文第三　『観念法門』にはつぎのようにのべられている。

また前にのべたように、阿弥陀仏から出る光明は、一つ一つ遍く十方世界を照らすのに、ただ阿弥陀仏の名前を称する衆生だけを照らして収め取りお護《まも》りになる。念仏以外の諸行の行者はすべて、照らし収め取ることは論じられていない。

私釈　私に問うてみる。

仏の光明がただ念仏者だけを照らして、ほかの行のものを照らさない、ということにはどのような意味があるのか。

答える。この疑問は二つの点から説くことができる。一つは、仏と衆生との関係を三つの点から説明した、前掲の文から。二つは、本願の視点からであり、それでいえば、念仏以外の諸行は本願とはなっていない。ゆえに、諸行の行者を照らして収め取ることがないのだ。念仏は本願に基づく行である。だから、念仏の行者を照らして収め取るのである。ゆえに、善導和尚は、『六時礼讃《ろくじらいさん》』につぎのようにのべている。

「阿弥陀仏の身体は金でできた山のようだ。その微細な飾りから発せられる光明は、十方世界を照らす。ただ念仏の行者だけがその光明によって収め取られて恩恵を被る。これで分かるであろう。本願がいかに力強いものであるか、が。以上」、と。

また引用する『観経疏』の文のなかに、「念仏以外の諸行は善ではあるが、もし念仏と比べるとすれば、まったく比べものにならない」とあるのは、「浄土門」の諸行に焦点を合わせて比べた議論なのである。念仏は、すでに紹介したように、二百一十億の仏の国から選び取られた優れた行である。諸行は、二百一十億の仏の国から選び捨てられた、劣った行である。だからまったく比べものにならない、というのである。また念仏は本願に基づく行であり、諸行は本願に基づかない行である。ゆえに、まったく比べることはできない、というのである。

〔訳者ノート〕

1.「収め取る」と訳したのは、「摂取《せっしゅ》」という言葉である。「摂取」は『広辞苑』によると、世俗では栄養物を取り入れる、という言葉があるように、「取り入れて自分のものとする」という意味だが、仏教語としての意味もあり、「仏が慈悲の光明によってすべての衆生を受け容れて救いとること」とされている。ここでいう「収め取る」は、後者の意味である。

2．「摂取」について、古人は「掌の内に握って捨てざること」と解釈している。阿弥陀仏の救済の意志と人間の側から見た、救済の内容をよく示す解釈ではなかろうか（石井教道『選擇集全講』、二九三頁）。ちなみに、原語は pariqṛhṇāti で「完全に把握する」の意味（岩波文庫版『浄土三部経』(上)、三〇〇頁）。

第八章

標章 念仏の行者はかならず「三心」を具えねばならないと説く文。

引文第一『観無量寿経』につぎのようにのべられている。

もし衆生のなかで、浄土へ生まれたいと願う者がいたら、三種類の心を発《おこ》せ、そうすればかならず往生できる。その三種類とはどのような心か。一つは至誠心《しじょうしん》、二つは深心《じんしん》、三つは回《え》向発願心《こうほつがんしん》、である。この三つの心を具《そな》える者は、かならず阿弥陀仏《あみだぶつ》の国に生まれることができる。

引文第二『観経疏』につぎのようにいう。

経典に、一つは至誠心、というのは、至とは真のことであり、誠とは実のことである。

(至誠心=真実心)

すべての衆生が、身体と口と心のいずれで実践する行《ぎょう》も(実践に当たっては、その行を深く信じることが前提だが)、かならず真実の心でなされるべきだということを明らかにしたいと思う。見たところ、賢くて、よい行いを実践し、努力も十分になされているような振る舞いをしていて、その実、心では嘘・偽りを、懐《いだ》くようなことはしてはならない。(というのも、われわれ凡夫は)貪《むさぼ》りや腹立ち、よこしまや偽りがいろいろとはたらいて性質は悪となり、もはや本性ともなって、やめようにもやめることもできない。そのさまは毒蛇のごとく蠍《さそり》にも似て、身体での行も口でいうことも心で思うことも、「雑毒《ぞうどく》の善《ぜん》」となづけるしかない。また、虚仮《こけ》の行となづけ、真実の行為とはなづけることはできないのだ。

もし、このような状態でなされる、信心や行の実践であれば、その人間がたとえ身体と心を苦しめ、励んで、昼夜兼行で急に走り、急になすことが、あたかも自分の頭の毛についた火を払いのけるかのようであっても、すべて「雑毒の善」となづけるのである。この「雑毒の善」を振り向けて、かの阿弥陀仏の浄土に生まれたいと求めても、それは断じて不可能なことなのだ。

なんとなれば、阿弥陀仏の前身である法蔵比丘《ほうぞうびく》が、菩薩《ぼさつ》の行を実践されたとき、少なくとも一念、一刹那《せつな》も、身体での行も口でいうことも、心に思うことも、真実の心において行われたのであり、阿弥陀仏として（大施主《せしゅ》となって）衆生を救おうとされる際にも、（自ら）悟りを求める点でも、みな真実をもってなされたからである。

また、真実にも二種類がある。一つは自らが救われたいと願う心の真実、二つは人をして悟りに向かわせたいと願う心の真実、である。そして、自らが救われたいと願う心の真実にも、また二種類がある。

一つは、真実心のなかで、自他の諸悪を制し、現世の穢《けが》れを捨てて、生活のいかなる形式においても、すべての菩薩《ぼさつ》方が諸悪を制止し、捨てられたのと同じように、自分もまたそのようにありたいといろいろに思うこと、である。

二つは、真実心のなかで、自ら善を修めるだけではなく、ほかの人や聖者や菩薩の善の実践をも喜ぶように努め、真実心のなかで、口に浄土の主である阿弥陀仏と菩薩方、および国土の様子を誉《ほ》め讃《たた》え、また真実心のなかで、口でもって三界《さんがい》や六道《ろくどう》等の、自己と自己の所有物、また他人と他人の所有物に生じる苦しみと悪を厭《いと》い、またすべての衆生の、身体で行い、口でいい、心で思う善行を褒め称える。もし善なる行為でなければ、敬してこれを遠ざけ、ともに喜ぶということをしてはならない。

また、真実の身体的行為としては、阿弥陀仏とその国土に対して、こころから合掌して敬い、飲食・衣服・臥具《がぐ》・薬（「四事」という）をもって供養すること。また、生死の苦しみに満ちた三界等に縛られた私とその所有物に対して、また同じ状況にある他人とその所有物に対して、こころから、それらを侮り軽んじて、厭い捨てるようにすること。

真実心でなされる心のはたらきとしては、阿弥陀仏とその国土を、心から思い、瞑想《めいそう》によってイメージし、心に念じて常に思い出し、あたかも眼前に現れるようにすること。また、生死の苦しみに満ちた三界等に縛られた私とその所有物に対して、また同じ状況にある他人とその所有物に対して、こころから軽んじて卑しいものと思い、またそれらを厭い捨てること。

（このように、身体と口と心の三種のはたらきについて、それぞれ、真実心が積極的にはたらきかける場合と、否定的にはたらきかける場合を説明したが、つぎにそうした個別の真実心ではなく真実心全体のはたらきとして）善にあらざる身体的行為、ものの言い方、心の持ち方のすべてを、真実心において捨てねばならない。またもし善なる身体的行為やものの言い方、心の持ち方を起こしたならば、かならず真実心においてなすべきである。要するに、真実心とは、心の内に思うことと外面との違いや、光と影の違いを選び出すのではなく、内と外が一致して、みなすべて真実であることをいうべきであり、それゆえに至誠心と名付けるのである。

（深心）

二つには、深心。深心とは深く信じる心のことである。これにも二種ある。

第一は、疑いなくつぎのことを深く信じること。すなわち、自分自身は罪悪生死の凡夫であり、はるかな昔から、輪廻《りんね》の世界のいずれかに沈没し、流転して、迷いの世界から脱出する機会もない、と。

第二は、疑いなくつぎのことを深く信じること。すなわち、阿弥陀仏は四十八願をもって衆生をすくいとられる。疑いなく、二の足を踏むことなく、（その本願を信じて）願力《がんりき》に乗じてかならずや往生を得ることができる、と信じる。また、疑いなくつぎのことを信じる。すなわち、釈尊《しゃくそん》は、『観無量寿経』のなかで、三福《さんぷく》（瞑想によって心を統一できない凡夫の実践徳目として説かれた三種の善業。孝行など世間的な道徳の実践、戒律など仏教の教えにしたがう、大乗《だいじょう》経典を読んで浄土往生を願う、といったこと）、九品《くほん》（往生のための九種の行）、定散二善《じょうさんにぜん》（「定」によって手に入れることができる善業。「定」とは安定した瞑想。「散」とは日常的な心。

環境の変化でたえず動いて安定しない心。そうした心でも実践できる善業が「散善」を説いて、阿弥陀仏と菩薩たち、ならびにその国土を称讃《しょうさん》して、聞く人をして喜んで慕う心を起こさしめたもう、と。また、疑いなくつぎのことを深く信じる。すなわち、『阿弥陀経』のなかで、十方世界の数限りない諸仏は、一切の凡夫がかならず往生できることを証明し、また勧めておられる、ということを。

また深く信じるとは、つぎのようなことである。すなわち、仰ぎ願わくは、一切の行者等は、一心に仏の言葉を信じて、身命を顧みず、迷うことなく念仏の行に依ってほしい。仏が捨てられたことは捨てて、仏が実践されることを実践し、仏が遠ざけられたことを遠ざけよ。こうすることを、仏教に随順《ずいじゅん》するといい、仏の意志に随順するとなづけ、仏の願いに随順するとなづけ、その実践者を真の仏弟子となづけるのである。

また、すべての行者はただこの経典によって、深く信じて行じるがよい。この経典は行者をして誤った道に導くことはないのだ。なぜならば、仏は大慈悲心を体現した方であるから。また、仏の発する言葉は真実の言葉であるがゆえに。仏の位に達していない菩薩等は、智慧《ちえ》も行も完全でなく、いまだ学習の過程にあって、なお煩悩《ぼんのう》はもちろんその影響からも逃れることは難しい。ましてや、実現を期している願いのたぐいも成就《じょうじゅ》されていない。これらの人々は、凡夫であろうと聖人であろうと、諸仏の教えの本意が推し量ることができても、決定的に了解することはできない。諸仏の教えの本意を品定めすることはできても、確定することは、仏の証明を得た上でのことでなければならないのだ。もし仏の意向にかなえば、それでよろしいという許しを得ることができるが、そうでなければ、あなたたちのいうところはよろしくない、とおっしゃるのである。許しを得ない事柄は、果報をもたらすことができないものであり、人を利益《りやく》することはできない。仏が認め、許された事柄は、仏の正しい教えに随順するものとなる。(それに比すると)仏の言説はそれ自体が正しい教えであり、正しい意義をもち、正しい行であり、正しい理解であり、正しい行為であり、正しい智慧である。仏語は、多少にかかわらず、すべて、菩薩や人間、天人に問うてその是非を決めたものではない。仏の説くところは、完全な教えであり、菩薩などの説くところは不完全な教えである。これで分かるであろう。このゆえに今ここに、縁のある、すべての往生を目指す行人に勧めたい。ただ仏の言葉を信じて、そのことによって疑いを生じて行じるように、と。菩薩などの不完全な教えを信用して、もっぱらそれを奉じ、疑惑を懐《いだ》いて自ら迷うことになり、往生という偉大な利益を失ってしまうことがないようにすべきである。

また、深心とは深く信じる心のことだが、深く信じるとはつぎのようにいえる。断固として自分の信念を確立することであり、教えに順じて修行し、久しく疑惑や錯誤を除いて、すべての異なる見解や異なる行、異なった学問、異なった意見、異なった執着ぶりのために、退失したり動揺することがないこと、である。

問う。凡夫は智慧浅く、煩悩の障《さわ》るところは深い。もし信仰や実践の異なる人間が、多くの経典を引用し来て、念仏の行者にねらいを定めて、妨害・非難し、すべての罪深い煩悩にとらわれた凡夫は往生することができない、と証拠をあげるのに出くわしたときには、どうすれば、そのような妨害・非難に対して立ち向かい、信心を完成し、疑いなくまっすぐに進んで、怯《おび》え後戻りすることがないようにできるのか。

答えよう。もし誰かが、沢山の経典や論書を引用して、往生は不可能だと証明して見せようとも、念仏の行者は、つぎのように答えよ。

「あなたがたは往生ができないと証明するけれども、私の心は決まっており、あなたの論破を受けることはない。どうしてか。私もまた、これらの経典や論書を信じないわけではない。むしろすべて仰いで信じる。しかし、仏がこれらの経典を説かれたときは、場所も、対象となる人間も異なり、それぞれが受ける利益も異なっていた。また、それらの経典を説かれたときは、『観無量寿経』、『阿弥陀経』等をまだお説きになるときではなかった。さて、仏の説教は、それを聞く人間の資質に応じてなされるものだ。説法の時もまた異なる。聖道《しょうどう》門の経典は人や天人、菩薩の智慧と実践について説かれたのであり、今は、『観無量寿経』において、定散二善を説き、韋提希《いだいけ》夫人（『観無量寿経』の主人公）をはじめ釈尊が亡くなられて久しいのちの、五濁《ごじょく》（時代の濁り、思想の乱れ、悪徳の繁栄、人間の資質の低下、寿命が短くなること、という五つの濁り）や五苦《ごく》（五種の苦しみ。生苦、病苦、老苦、死苦、愛別離苦）の時代に生きるすべての凡夫のために、往生ができることを証拠立ててのべられているのである。このような因縁あるがゆえに、私は今一心にこの仏の教えに随って少しも疑うことなくこの教えを奉じて行じるのである。たとえ、あなた方が百千万億人来て、往生は不可能だと主張しても、それはかえって私の往生を信じる心を増し、確立させることになるだけであろう」、と。

また、念仏の行者よ、さらに彼らに向かってつぎのように説いて言え。

「よくお聞きなさい。私は今あなたのために、さらに、私の強固な信心の様子を説いて聞かせよう。たとえ、悟りを目前にした菩薩や羅漢《らかん》、聖者たちが、一人あるいは多数で、また少なくとも十方に遍満《へんまん》して、皆がみな、経典と論書を引用して、往生は不可能だと証明しようとも、私は一念の疑いも起こすことはない。ただ、私の清浄な信心を増し、完成させるだけであろう。どうしてかというと、仏の言葉は、間違いなく完成した、完全な教えであって、いかなる者をもってしても、破壊することはできないからである。

また、念仏の行者よ、よく聞け。たとえ悟りを間近にした聖者たちが、一人、あるいは多数、十方に遍満して、異口同音にみな、釈迦仏《しゃかぶつ》が、阿弥陀仏を指さして褒め称え、三界六道をこぼちそしり、一生懸命に念仏し、ほかの善も修めて、この現身を終えた後、必ず阿弥陀仏の国へ生まれると説いたことは、嘘偽りで、信じるに足りないことだといったとしても、私には、こうした主張を聞いても、少しの疑念も生まれない。ただ、私の疑いのない、浄土へ最高の位で往生するという信心を増し、完成させるだけである。なぜかというと、仏の言葉は、真実で完全であるからであり、仏は、すべての教えに通じておられ、それらを理解し、見て、実際に体験されたのであり、その言葉は、疑惑の中で生まれた言葉ではないからである。また、仏の言葉は、（こうした仏とは格段に劣った）一切の菩薩の見解によって破壊されることはない。もちろん、本当の菩薩であるならば、すべて仏の教えと違うことはない」、と。このことはこれくらいにしておこう。

さて、念仏の行者はつぎのことをよくよく理解しなければならない。たとえ、仏たちが、その姿、形、あるいは、数の多少にかかわらず、十方世界に充ち満ちて、おのおの光を発して、誓って一々に説いてつぎのようにいうとしても、すなわち、「釈尊が、いかなる凡夫でも専心に念仏し、諸々《もろもろ》の諸善を修し、それらを廻《めぐ》らせて願えば、浄土へ生まれることができるという教えを讃歎《さんたん》されても、それは虚妄で、絶対にそういうことはない」と説かれるのを聞いても、念仏の行者は、つまるところ、一念の疑いや念仏以前の暮らしへ後戻りしようとする心をおこして、浄土に生まれることができないのではないか、と不安になることは断じてない。

どうしてかというと、仏は仏であることにおいて互に違いはないからだ。その知識、智慧と行、悟りの内容、仏たる境地、大悲《だいひ》、これらにおいて少しの違いもない。それゆえに、ある仏が制することは、すべての仏の制することである。前の仏が殺生《せっしょう》・十悪《じゅうあく》などの罪を制止し、断つように説かれれば、詰まるところはこれらを犯さず、行わないことが十善《じゅうぜん》（殺さず、盗まず、邪淫《じゃいん》せず、嘘をつかず、言葉を飾らない、悪口せず、二枚舌を使わない、貪《むさぼ》らない、怒らない、誤った見解をもたない）・十行（菩薩の十種の修行）、六度《ろくど》（悟りに至る六種の修行。布施《ふせ》・持戒《じかい》・忍辱《にんにく》・精進《しょうじん》・禅定《ぜんじょう》・智慧《ちえ》）に随順するという意味になる。もしそのあとに出られた仏が、前の十善を改めて十悪を行えといわれるであろうか。この道理をもって推測するに、つぎのことは明らかであろう。諸仏の言葉や行為には相違するところがない、ということ。かりに、釈迦仏がすべての凡夫に、生涯をかけてもっぱら念仏すれば、命終わって後、必ず浄土に生まれることができる、と指示して勧められることは、そのまま、十方の諸仏も、ことごとく同じように讃歎し、勧められ、そのことの真実であることを証明されるのである。どうしてかというと、仏であることの共通性は大慈悲にあるからだ。一仏が教化されるところは、一切の仏が教化されるところと同じであり、一切の仏が衆生に与える利益は、そのまま一仏が与える利益そのものである。

『阿弥陀経』のなかにはつぎのように説かれている。釈尊は極楽の様子を褒め称えて、「すべての凡夫が一日もしくは七日の間、一心にもっぱら阿弥陀仏の名号《みょうごう》を称すれば、必ず往生を得ることができる」と勧めておられるが、そのつぎの経文には以下のように記されている。「十方世界に、数限りない諸仏がおられて、釈尊が五濁の悪時、悪世界、悪見、悪煩悩、悪邪、無信が盛んな時代において、阿弥陀仏の名号をわざわざ誉め讃え、衆生は念仏を称えれば、必ず往生を得ることができる、と勧め励まされている」、とあるのがその証拠にほかならない。

また十方の諸仏は、衆生が釈尊の説くところを信じないことを危惧《きぐ》して、心を同じくして、また時を同じくして、おのおの誓って全世界に向かって誠にして真実の言葉を発せられたのである。「あなた方衆生は、皆まさにこの釈尊の説くところと、誉め讃えておられるところ、証明しておられるところを信じるのがよい。一切の凡夫は、罪や福徳の多少にかかわらず、時間の遅速をとわず、ただ、ひたすら上は生涯を尽くして、下は一日あるいは七日の間、一心にもっぱら阿弥陀仏の名号を称えれば、きっと往生を得ることができる、と必ず疑いのないようにしなければならない」、と。このゆえに、一仏の説くところは、一切の仏たちが証拠立て、証明されるところなのである。

以上の説明で分かるように、(右にのべた、浄土の教えを非難する人々に打ち克つことができる人に付き従って、信心を確立しなければならないから)信心は人に付き従って確立する、というのである。

つぎに、また、信心はどのような行に付き従うかで決まるが、その行にも、二種ある。一つは正しい行であり、二つは雑行《ぞうぎょう》である(これ以下の文章は前に引用したとおりであるから煩雑を避けて再引しない。見る人はその意味をしっかりと把握してほしい)。

(回向発願心)

三つには、「回向発願心《えこうほつがんしん》」(成し遂げた善行をすべて振り向けて往生を願うという心)である。

それは、過去および今生の私が、身体でなし、口でいい、心で思うことによってつくった、世間的ならびに仏教的善行のすべて、あるいは、ほかの人々や聖人《しょうにん》たちが全身全霊をあげてつくった種々の善行に心から賛意をあらわすことでうまれる功徳、という両者を、ことごとく皆、真実の心と深く信じる心をもって振り向けて、浄土に生まれることを願う。これが「回向発願心」なのである。

また、自他の善行を振り向けて往生を願う際には、必ず、当然のことではあるが、断固として真実の心のなかで行い、浄土に生まれることを想像すべきである。この真実の心は、深く信じる心であり、それはあたかもダイヤモンドのごとき堅固なものなのである。それゆえに、一切の異なる見解や学問、知識や実践などに従う人などのために乱され、破壊されることはない。ただ、疑いなく一心に全身全霊を投じて、まっすぐに進み、このような異なった見解の人々のいうことに動かされて、怖《お》じけたり思いが弱まり、右《う》顧《こ》左《さ》眄《べん》してふたたび迷いの世界に落ちて、そのまま、往生という素晴らしい利益を失ってしまうことがないように心がけねばならない。

問う。もし、見解も実践も浄土の教えと異なる人々がやって来て、念仏の行者を惑乱し、種々の疑いや非難をあびせて往生の不可能なることを説き、あるいは、「おまえたち衆生《しゅじょう》は、はるかな昔から現在にいたるまで、身体でなし、口で言い、心に思うこと、すべて殺生などの「十悪《じゅうあく》」、両親の殺害などの「五《ご》逆《ぎゃく》」、「四《し》重《じゅう》」（殺生《せっしょう》・盗み・邪淫・妄語）、「謗法《ほうぼう》」（仏教を謗《そし》ること）、「闡提《せんだい》」（仏性の否定）、「破《は》戒《かい》」（戒律を破ること）、「破《は》見《けん》」（正しい見解を放棄すること）等の罪をつくるばかりで、しかもそれらを完全に除くこともできていない、しかもこれらの罪は迷いの世界に繋《つな》ぎ留めるものである。どうして、一生かかってつくる福徳や念仏くらいで、浄土へ生まれて、仏となる地位につくことができると証明することができるのか」、とせまればどう答えるのか。

答えよう。

「諸仏の説く教えや実践方法は数え切れない。それは、教えを受ける人間のあり方や縁が多様だからである。たとえば、世間の人が目に見て信じていることがらは、明るいものが暗いものを照らしつくし、虚空がなにものでも容れるように、また、大地がものを支え、植物をよく育てるように、水が植物などをよく生かして潤すように、火がものを成熟させたり破壊するようなことがらである。こういうことがらはすべて、相対することで意義をもつ関係ということができる。目に即してよく見るがよい。そのすがたは千差万別である。（このように、目に見える現象でも、それぞれ適切な相手を得れば、大きな効果を生む関係が多いが）ましてや、仏教の不思議な力は、どうして種々の利益を生み出さないわけがあろうか。したがって、一つの教えを実践することは、それに相応する煩悩が一つ克服できたことになる。つまり、一つの教えを受け容れるということは、そのまま、それに相応《ふさわ》しい解脱《げだつ》と智慧を手にすることになる。このように、それぞれの縁にしたがって行を起こし、それぞれに解脱を求めるのだ。（そういう理法があるにもかかわらず）どうしてあなたは、自分に縁のない行を押しつけて、その行がいかに大事なものであるにしても、私を妨げ惑わすのであるか。思うに、私が愛する行は、私に縁のある行なのである。それはあなたが求めているものではない。あなたが愛する行は、あなたに縁のある行であり、私に相応しい行ではない」、と。

だから、それぞれが願い求めるところにしたがって、それぞれに相応しい行を修すれば、かならず早く、解脱を得ることができるのである。行者はよくよく理解しなければならない。もし、智慧を学ぼうとするならば、凡人の境地はもとより、聖人はおろか、仏の悟りの内容にいたるまで、自由自在にことごとく学ばねばならない。だが、もし行を学ぼうとするならば、かならず自分に縁のある教えを選ぶべきである。というのも、少々の労力でもって多大の効果を得ることができるからである。

（二河白道の譬え）

またすべての往生を目指す行者に申し上げよう。ここでさらに行者のために一つの譬《たと》えを説いて、信心を守護し、仏教以外の見解や間違った考え、仏教のなかでも異なる意見からなされる非難や妨害を防ごうと思うのである。その譬喩《ひゆ》とはどういうものか、これから紹介してみよう。

たとえば、ある人が西に向かって百千里を旅しようと欲したとしよう。途中忽然《こつねん》として二つの河と出逢《であ》った。一つは火の河で、南にある。二つは水の河で、北にある。二つの河の広さ百歩、おのおの深くして底はない。その南北の長さはきりがない。ちょうど水と火の中間に一つの白い道がある。広さは四、五寸くらい。この道の東の岸から西の岸にいたるまで、長さは百歩である。その水の波浪はかわるがわる道を覆って湿らせ、その火の炎は、また押し寄せて道を焼く。水と火が相交わって常に休むことはない。この人は、すでに茫漠《ぼうばく》たる荒野を歩いてきたが人に会うことはなかった。いるのは、群れをなした盗賊たちや人を害する猛獣だけである。彼らは、この人が一人であることを見て、争ってやって来て殺そうとする。この人は死を恐れてまっすぐに西に向かって走ると、忽然としてこの大きな河を見る。そこで自らささやいていった。この河の南北は果てしなく、中間に白い道があるが極めて狭い。二つの岸は遠くはないがどうやって渡ればよいのか。今日、もはや自分が死ぬのは疑いのないこと。いそいでもとへ戻ろうとすると、群賊や悪獣がどんどん迫ってくる。それでは、と南北に逃げようと走ると、悪獣や毒虫が競い来たって自分に向かってくる。今度は西に向かって道を探して逃げようと思うと、おそらくはこの水火の二河に落ちてしまうであろう。このときにいたり、恐怖すること言葉もない。そこで、自ら考えた。自分は帰ろうとしても死ぬであろう。ここに留まっていても死ぬであろう。逃げても同じこと。一つとして死を免れることはできない。そうとなれば、私は、この道をたずねて前に向かって逃げてゆくしかない。すでにこの道があるではないか。きっと渡ることができるに違いない。この思いをなしたとき、東の岸からだれかが勧める声がする。あなたはただ心を決めてこの道を求めてゆくがよい。かならず死の危難を避けることができよう。もし留まるならばたちまち死ぬであろう、と。また西の岸から大きな声で呼ばわる人がいる。あなたは一心に一筋に仏を念じてまっすぐにやってくるがよい。私があなたをしっかりと守ってあげよう。水火の危難に陥ることを恐れる必要はない、と。この人は、東から人があって前に進むように後押しをし、向こう岸から招く声を聞いて、すぐさま自ら身も心もととのえて、決意して道を求めてまっすぐに進み、疑いや怖れ、退く心は生じなかった。その道を歩み始めて少し行くと、東の岸にいた群賊は、声を大にして、戻ってこい、その道は険悪で通りきることは不可能だ、必ず死ぬぞ。私たちは悪心をもってあなたに向かうつもりはないのだ、と叫ぶ。この人は、その叫び声を聞いても、全然顧みることはなかった。一心にまっすぐに進んで、道を求めて行くと、たちまちにして西の岸にいたり、ながく諸々《もろもろ》の難儀から解放されたのである。そこでよき友人と会って喜び楽しむこと極まりがなかった。これが譬えである。

この譬えを教えに照らして解釈するとすれば、つぎのようになる。東の岸というのは、すなわちこの現世、煩悩の火に包まれた火宅《かたく》のこと。西の岸とは、極楽のこと。群賊、悪獣が近寄ってくるとは、人間の感覚器官や意識、その対象世界、人間存在と世界の構成要素が仏になる可能性を疎外していること。人のいない荒野とは、常に悪友にしたがって本当の宗教的指導者に逢うことができないことを指す。水火の二つの河とは、貪愛《とんあい》を水に、瞋憎《しんぞう》を火に譬えてのこと。中間の白道《びゃくどう》四、五寸とは、人間の貪《むさぼ》りや怒り、煩悩のなかに、清浄の往生を願う心が生まれることをいう。貪りと怒りの心が強いゆえに、水火のごとしと譬える。善心は極めて微《かす》かであるがゆえに、白道のごとしと譬える。また水波常に道を湿《うるお》すとは、執着の心が常に起こり、善心を汚染すること、をいう。また火炎が常に道を焼く、とは、怒りや嫌悪の心が長い時間積み重ねてきた功徳を台無しにすることに譬える。人が白道を西に進むとは、諸々の行を振り向けて西方浄土に向かうことをいう。東の岸に人の声があって、白道へ勧め入れるのを聞いて、道を求めて直ちに西に向かうというのは、釈尊が亡くなってすでに久しく、後の時代の人は逢うこともできないが、それでも教えが残っていてそれを求めることができる、ということをさす。声を頼りにするとはその譬えである。あるいは、白道を進んで少しすると群賊等が呼び返す、というのは、少し仏教に親しんだ頃に、別の見解や行、また間違った考え方の人にみだりに考えを話して、その結果互いに迷うことになり、また自ら罪をつくって輪廻《りんね》の世界にふたたび退いてしまう、ということに譬える。西岸に人がいて声をかけるということは、阿弥陀仏《あみだぶつ》の願いの譬えである。西岸にいたればたちまち善友に逢って喜ぶというのは、衆生が久しく輪廻の世界に沈み、そこから抜け出す術《すべ》ももたないでいたが、釈尊の、白道を前へすすめという励ましを受けて、また阿弥陀仏が慈悲心をもって声をかけて招かれたことによって、すなわち、釈尊と阿弥陀仏という二尊の心にしたがって水火の河を顧みず、ひとときも忘れることなく、阿弥陀仏の願力《がんりき》に乗じて、命を捨てて後、浄土に生まれることができて、仏と相まみえ、慶喜心《きょうきしん》が極まったことをさしている。

またすべての行者は、行住坐臥《ぎょうじゅうざが》いずれにせよ、身体、口、心の修行においては、昼夜分け隔てなく、常にこの譬えの理解に努め、常にこの譬えを心に思うようにする。これを善行をすべて振り向けて往生を願う心（「回向発願心」）となづける。

また、功徳を振り向ける（「回向」）ということには、浄土に生まれてのちに（仏となり）、現世に戻ってきて、大悲をおこし、迷いの世界に入り込み、衆生を教化することもまた功徳を振り向ける（「回向」）となづけるのである。

三つの心が備われば、いかなる行も成就しないということはない。願いと行ができあったにもかかわらず、往生ができないということは道理としてありえない。またこの三つの心は、定善《じょうぜん》にも通じるものであることをよく理解しなければならない。

引文第三　『往生礼讃《おうじょうらいさん》』につぎのような問答がある。

問う。今、人に往生の道を勧めようとする場合、確実に往生を確保するためには、どのようにして凡夫の心を安心させるのか、あるいは、どのような行を実践すればよいのか、またどのように、そうした安心や実践を長続きさせればよいのか、こうしたことがはっきりと分からないがどうしたらよいのか。

答える。浄土へ生まれたいと願うならば、『観無量寿経』に説かれているように、三つの心を具えれば必ず往生することができる。三つの心とは、一つは「至誠心」で、身体を使って阿弥陀仏を礼拝するときも、口で阿弥陀仏を讃歎、称揚するときも、心に阿弥陀仏をもっぱら思い描くときも、必ず真実の心をもってなす、ということ。ゆえに「至誠心」という。二つには「深心《じんしん》」、すなわち真実の信心のこと。自分は煩悩を具えた凡夫で、善行はきわめて薄少にして、迷いの世界に流転し、煩悩が燃えさかるこの世から解脱《げだつ》することはできない存在だとよくよく知り、今、阿弥陀仏の誓願である名号を称すること、十《じっ》声《しょう》、一声《いっしょう》してかならずや往生を得ることができると信じ、一念にいたるも疑いの心がないこと。このゆえに「深心」となづけるのである。三つには、「回向発願心」、すなわち、作るところのすべての善行の功徳を振り向けて往生を願う心のゆえに「回向発願心」となづける。

この三つの心を具えれば、かならず往生は間違いなく実現する。もしその一つでも欠けたならば、浄土に生まれることはできない。『観無量寿経』に詳しく説かれているとおりである。よくよく知らねばならない。

私釈　私に解釈する。

引用した三つの心は念仏の行者にとってもっとも必要なものである。その理由は、『観無量寿経』には、三つの心を具えるものはかならず浄土に往生する、とあるからである。これで明らかに分かる。三心を具えればかならず浄土に生まれることができるであろう。善導の註釈によれば、もし一つの心でも欠けたならば浄土に生まれることはできない、と。これで明らかに分かる。一つでも欠けたならば、往生の不可能であることが。これによって極楽に生まれたいと思うものは、三心を完全に具えねばならないのだ。

そのなかの「至誠心」とは、真実の心という意味である。そのすがたは、前に引用した文章で分かるであろう。ただし、外に賢善精進《げんぜんしょうじん》（まじめないかにも修行者らしい様子）のすがたを見せて、内に虚仮《こけ》（嘘、偽り）を懐《いだ》く、という文言があるが、外とは内に対する言葉である。

その文意は、外面と内心とが一致していないこと、にある。少しく検討するならば、外面は智慧《ちえ》あるようで内心は愚かな場合である。賢いという言葉は愚かという言葉に対する。それを用いれば、外面は賢くて、内心は愚かな場合となる。善は悪に対する言葉である。それを用いれば、外面は善人だが内面は悪人となる。精進は懈怠《けだい》に対する言葉である。それによれば、外面は精進のすがたを見せて、内心には懈怠・虚ろな心を懐くことである。

もし、外面の内容を翻して内心に蓄えれば、(内心が外面と一致して)まことに解脱への道を歩むに相応《ふさわ》しくなろう。

内に虚仮を懐く等という文は、内は外に対する言葉であるから、内心(虚仮)と外面(賢善精進)とは不一致となる、という意味である。すなわち、内は虚で外は実、となる。虚は実に対する言葉である。それによれば、内は虚で外が実なる者をいう。仮《け》は真に対する言葉である。それによれば、内は仮で外が真なる者である。もし、この場合、内の内容を翻して外にほどこすならば、(内心が外面に一致して)解脱への道を歩むに相応しくなろう。

つぎに「深心」とは、深く信じる心のことである。ここにおいて正しく知るべきである。生死の世界では疑いが土台となっているが、悟りの世界へ入るには、信をもって要とする、ということを。それゆえに、善導は、信に二種類を区別して、往生に九種類があることを明らかにしたのである。また、文中、すべての異なった知識や行、学問、見解等にふれているが、それらは「聖道門」の知識や行、学問、見解をさす。そのほかの、というのは「浄土門」のことである。文に当たってよく理解すべきである。これではっきりと分かるであろう。善導の仏教理解もまた、「聖道門」と「浄土門」の二分類であったことが。「回向発願心」については別の註釈を必要とはしない。念仏の行者はその箇所をよく読んでほしい。

この三つの心を仏教全体の総論からいえば、諸行に通じることであるが、とりわけていえば、往生の行であることに意義がある。経典では通仏教の教えとして三心が説かれているが、浄土教の教えとしての三心をふくむものなのである。その含意はあまねく知られていることなのである。念仏の行者は、よくよく用心して、（聖道のなかの浄土、浄土のなかの正行と諸行といった区別を）ゆるがせにしてはならない。

〔訳者ノート〕

1．浄土に生まれるためには「三心」を欠くことはできないという経典や、善導の註釈書にもかかわらず、法然は、最終的には、ひたすら念仏をして往生を願うほどの人間には、「三心」は自然と具わるものだという理解に傾いてゆく。たとえば、「つねに念仏だにも申せば、そらに三心は具足する也」（「十二問答」）とか「三心といえる名は格別なるに似たれども、詮《せん》ずるところはただ一向専念《いっこうせんねん》といえる事なり」（「念仏往生義」）とある。さらに、「念仏申す機（人のこと、著者注）はむまれつきのまゝにて申す也」（「禅勝房《ぜんしょうぼう》にしめす御《お》詞《ことば》」）と、生まれつきの性質にしたがって「ありのまま」に念仏することによって、往生は確実となる、と主張するにいたる。ここで、法然は善導の「三心」へのこだわりを超えたといってよいだろう。

「三心」の問題は、親鸞《しんらん》においては、「三心」すべてが阿弥陀仏から人間のがわへ「回向」されたものだ、という解釈によって超えられてゆく。

2．「二《に》河《が》白道《びゃくどう》の譬《たと》え」は、浄土教における信心確立の過程を示す、もっとも実存的な譬喩といえる。後世、この譬喩は絵画化されて、大衆的な説教の手段として、法会《ほうえ》などで語られることになる。

3・「深心」の説明文において、多くのテキストでは、「又置此事」を、「行者当知」の前におくが、本書では、「不違仏教也」につづけて、「このことはこれくらいにしておこう」と解釈した（九八頁）。詳しくは石井教道『選擇集全講』、三九五頁参照。

第九章

標章 念仏の行者は往生のために四種の実践を行なうべきだ、と説く文。

引文第一 善導の『往生礼讃』にいう。

往生のために四種の実践方法を説く。

一つは「恭敬修《くぎょうしゅ》」。阿弥陀仏《あみだぶつ》と、浄土のすべての聖者を恭しく敬《うやま》って礼拝《らいはい》すること。それ故に「恭敬修」という。生命のあらん限り誓って中止しないので「長時修《じょうじしゅ》」（長時間にわたる修行）という。

二つは、「無余修《むよしゅ》」。もっぱら阿弥陀仏の名を称し、阿弥陀仏とそのほかの菩薩《ぼさつ》、聖人《しょうにん》らをもっぱら念じ、もっぱら想い、もっぱら礼拝し、もっぱら讃歎《さんたん》して、ほかの行為を交えないこと。それゆえに「無余修」となづける。これもまた命のあらん限り、誓って中止することがないので、「長時間にわたる修習」という。

三つには、「無間修《むけんじゅ》」。恭しく敬って礼拝し、称名《しょうみょう》して讃歎《さんたん》し、心に想って観察し、善行《ぜんぎょう》を振り向けて往生を願うといった行為を、一時も途切れることなく続けて、ほかの行を交えることがない。それゆえに「無間修」と名付ける。また貪《むさぼ》りや怒りといった煩悩《ぼんのう》を交えて行の連続を妨げることをしない。罪を犯せば直ちに、時間や日にちをおかずに懺悔《さんげ》し、常に念仏の行者をして清浄ならしめることもまた「無間修」となづける。これも、命のあらん限り誓って中止しないので「長時修」という。

引文第二　『西方要決《さいほうようけつ》』にいう。

ただ、四つの実践方法をもって正しい行為とするように。

第一は「長時修」。始めて道を志してから悟りにいたるまで、浄土往生の原因となる行だけを実践して、志を立てる前の暮らしに逆戻りしないこと。

第二は、「恭敬修」。これにもまた五種ある。

一つは、縁のある聖人を敬う。その敬い方はといえば、行住坐臥《ぎょうじゅうざが》、西方《さいほう》に背を向けず、西方に向かって涙をこぼしたり、唾《つば》を吐かず、大小便をせぬこと。

二つは、縁のある仏像や経典を敬うこと。西方浄土の阿弥陀仏の像や図をつくることだが、詳細につくることができなければ、阿弥陀仏と観音《かんのん》・勢至《せいし》の二菩薩をつくることでもよい。経典とは、『阿弥陀経』等を五色の袋に入れて自ら読み、他にも教え、これらの経典や像を室内に安置して、一日に六度、礼讃《らいさん》し、お香や華を供養し、とくに尊重の思いをなすこと。

三つには、縁のある指導者を敬うこと。浄土の教えを宣《の》べる人には、はるかな距離も遠しとせず、近づいて敬い重んじて、供養するのがよい。浄土の教えと異なる宣教者でも、すべて敬う心を起こし、自分の考えと異なる人に対しても、ただ深く敬うことを知らねばならない。もし、驕慢《きょうまん》の心が生じるようなことがあれば、罪を得ることときわまりがない。

ゆえにすべて、敬うべきである。そうすれば、修行する上での障害も除かれる。

四つには、縁のある友を敬う。同行のことである。一人で行じていても、障りとなることが多くて達成は難しいが、良き友がいれば、かならず行を達成することができる。危難を助け、災いを救い、力を助けてお互いに資することができる。相伴うという善き縁を深く保護し尊重するようにせよ。

五つには、三宝《さんぼう》（仏と法と僧）を敬うこと。三宝の一つ一つは別のものという考えや、本質は同じで一つだという考え方の相違があるが、いずれも深く敬うべきである。そのことに関して、詳しく記録することはできない。なぜならば、浅い信心のものには、（三宝は直接）信仰の対象となることができないからである。ただ、世にいう三宝の理解は、現在の知識の浅い行者には大いに役立ち、大因縁となる。すなわち、ここでいう「仏宝《ぶっぽう》」とは、白檀《びゃくだん》を彫ってつくった仏像や、刺繍《ししゅう》による仏、生地のままの仏像や金箔《きんぱく》で飾った仏、目には玉が入った仏像、絹に描かれた仏像、石仏、土でつくった仏像、といった霊像のことであり、これらはとりわけ尊重し後世に伝えるべきものである。たとえしばらくであっても、仏の形を見れば、罪が消え福が増すのである。もしいささかの慢心を生ずれば、悪を助長し善をほろぼすことになる。まこと、これらの仏像の尊いすがたを想うことは、まさに本当の仏を見るがごとくにしなければならない。「法宝《ほうぼう》」というのは、声聞《しょうもん》、縁覚《えんがく》、菩薩《ぼさつ》の教えをいう。それらは、真如の世界から流出した名と文章が表れたものであり、よくわれわれの智慧《ちえ》を開発する縁となる。ゆえにすべからく珍重し仰いで大切にしなければならない。智慧を深める基本となるがためである。尊い経典を写し、常に清浄な仏間に安置し、箱に入れて貯え、厳かに敬うべきである。これを読んだり誦《じゅ》したりするときは、身体や手を清潔にせよ。「僧宝《そうぼう》」とは、持戒《じかい》厳しい僧侶《そうりょ》や菩薩はもちろん、破戒の僧侶でも等しく敬いの心を起こせ。（破戒僧なるがゆえに）慢心を生じてはならない。

第三は「無間修」。常に念仏を称えて往生を願う。いつ、いかなる時においても、心が恒《つね》に浄土を想うように工夫せよ。譬《たと》えを示そう。ある人が拉致《らち》されて卑しい身分におとしめられ、十分に艱難辛苦《かんなんしんく》を味わったとする。その人はたちまち、父母を思い、走って国に帰ろうとするけれども、旅装がととのわず、依然として他郷にとどまり、日夜、帰国のことばかり考えて苦しみに堪え忍ぶことができず、一時も父母を思わないことはなかった。しかし、計画ができて、帰国が叶《かな》い、父母に親しく面会して、自由に喜び楽しむことができた。念仏の行者も同じこと。昔、煩悩によって善心が破壊せられ、福徳や智慧がすべて散り散りになり失われてしまった。そして久しく、迷いの世界を流転することになり、それを制しようとしても自由にできない状態となる。つねに、諸々《もろもろ》の魔王に使役され、六道《ろくどう》の間を駆り立てられ、身も心も苦しみに迫られている。ところが、今、善き縁に逢《あ》うことができて、阿弥陀仏が慈父のごとく、誓願の通りに、すべての衆生の苦しみを抜き、救うという教えを聞いて、日夜に驚き、いそいそと、発心して往生を願うことになったのである。そのために、精進して努めて倦《う》まず、まさしく阿弥陀仏のご恩を思い、生涯の果報が尽きるまで、心につねに念仏を思い計ることができるのである。

第四は「無余修」。もっぱら極楽を求めて阿弥陀仏を礼拝、念じて、ほかの雑行《ぞうぎょう》を交えることなかれ。日々の所作も、当然だが、念仏と浄土の経典の読誦《どくじゅ》に終始し、そのほかの諸行を交えてはならない。

私釈　私の了解をのべておこう。

四種の実践方法については善導の文をよく読んでほしい。煩わしさを避けるためにここでは解釈はしない。ただし、前の善導の文には四種の実践方法といいながら、ただ三種だけがとりあげられている。これは、説明を忘れたのであろうか。私の見るところ、それは脱文ではなく、深い意味がある。どうしてそれが分かるかといえば、四種の実践方法は、第一に長時修、第二に慇重修《おんじゅうしゅ》、第三に無余修、第四に無間修、だが、第一の長い期間にわたる修行は、あとの三種類の実践に共通する実践だから、取り立てて説明がなされていないだけなのである。たとえば、恭しく敬《うやま》うという実践が、後戻りすれば、行として成立しないことになる。ほかの行を交えないという実践が後戻りすれば、純粋な念仏行が成立しなくなる。途切れることなく称名《しょうみょう》を持続するという実践が後戻りすれば、持続するという実践がどこかへいってしまう。このように、三種の実践を完成させるためには、みな長い時間をかけて実践するということが必要なのである。つまり、長時修は、三種の実践に付属させ、それぞれに共通するものとして説かれているのである。それゆえに、三修それぞれの文の終わりに、結びとして「命あらん限り、誓って中止しない。これが長時修である」、とあるのだ。たとえば、菩薩の六種の行に数えられている「精進」がほかの五つの行に共通するものとして説かれているのと同じである。

第十章

標章 阿弥陀仏が（行者の臨終に）来迎しても、経を聞くといった善行の実践には讃歎の言葉を発せずに、もっぱら念仏の行だけを誉め讃えることを説いた文。

引文第一 『観無量寿経』につぎのようにのべられている。

大乗仏教の経典を誹謗《ひぼう》することはなかったが、諸々《もろもろ》の悪業をなして、しかも慚愧《ざんき》することのない愚かな人間がいた。その人間が命終わろうとするとき、たまたま、よき指導者が現れて、この人間のために、大乗経典のうち、十二部の首題だけを読み上げて讃歎《さんたん》した。すると、諸経の名を聞いたがために、その人間が極めて長期にわたってつくってきた極重《ごくじゅう》の悪業も取り除かれた。その指導者はまた、その人間に、合掌して南無阿弥陀仏《なむあみだぶつ》と称するように教えた。するとまた、仏の名を称するという功徳《くどく》のために、五十億劫《こう》という想像を絶する過去からの罪業を除くことができた。その称名の声を聞いて、阿弥陀仏と観音《かんのん》や勢《せい》至菩薩《しぼさつ》が、その人間に相応《ふさわ》しいすがたをして眼前に現れ、その人間を褒《ほ》めて、あなたが仏の名を称するがゆえに、あなたの諸罪は消滅した。それゆえに、私が来てあなたを迎えるのである。

引文第二 『観経疏《かんぎょうしょ》』につぎのようにいう。

臨終の行者のために来迎した仏は、行者が仏の名を称することだけに言及して、十二部経典の首題を聞くという功徳にはふれていない。これは、釈尊《しゃくそん》の本意が、ただ阿弥陀仏の名を称することだけを勧めておられる点にある、ということを証明している。往生の早さについていえば、称名とそのほかの雑行等を比べると、称名に敵うものはない。『観無量寿経』やそのほかの経典の諸処に、阿弥陀仏の名を称することが勧められ、それが讃歎されているのも、まさしく称名こそが肝要な利益《りやく》なのである。よくよく知らねばならない。

私釈　私の了解をのべる。

経典の名を聞くという善は、阿弥陀仏の本願にはない。雑行であるがゆえに仏は讃歎されなかったのである。念仏の行は、阿弥陀仏の本願中の本願であるから仏が讃歎されたのである。それだけではない。経典の名を聞くことと念仏とでは、滅罪の多少において大いに異なる。

このことについては、『観経疏』はつぎのように説明している。

「問う。どうして、経典の名を聞くことによって除かれる罪の期間が千劫であるのに、阿弥陀仏の名を称すること、僅《わず》かに一声でも五百万劫に及ぶのか、と。答える。罪をつくる悪人は往生の障りとなることが多く、加うるに、死の苦しみが迫っている。このような人間に、善き指導者が多くの経典の題目を説いて聞かせても、それを受け容れる人間の心が浮き、散っているようでは、滅罪の効果も薄くなる。これに比べると、仏の名を称することは一つのことであり、散乱する心を収め取って集中することができる（それゆえに滅する対象となる罪も多くなる）。また一筋に仏の名を称するように教えている。それだけ心が集中するために、罪を除くことも長い期間に及ぶのである」、と。

〔訳者ノート〕

1．標章の冒頭にある「阿弥陀仏が（行者の臨終に）云々《うんぬん》」の、「阿弥陀仏」は原文では、「弥陀化仏」となっている。「化仏」とは「真仏」に対する言葉。人間の願い、あるいは信心の度合いに応じてあらわれる仏のこと。九品《くほん》の分類でいえば、下品《げほん》の部類は、煩悩《ぼんのう》がきわめてはげしく、ために「真仏」を見ることは難しい、という。本章において、「阿弥陀仏」と訳しているのは「弥陀化仏」の意味である。また「観音」、「勢至」も、「化」の観音、勢至のことである。

第十一章

標章　『観無量寿経』のいうところを、雑善（「雑行」による善行・功徳）と念仏との対比に要約した上で、念仏を讃歎する文。

引文第一　『観無量寿経』にいう。

もし念仏をする者がいれば、つぎのように理解するとよい。念仏者は人中の白蓮華《びゃくれんげ》のような存在であり、観音や勢至菩薩が、その善き友となる。念仏者はかならず仏となる場にいたり、阿弥陀仏の浄土に生まれることができるのである。

引文第二　『観経疏』はつぎのように解釈を下している。

右の引文の意味するところは、念仏に集中することがいかにすぐれた効能をあげるか、それは雑行などと比べようもない、という点にある。その意味を明らかにするためにさらに五段に分けて説明しよう。

一つは、もっぱら阿弥陀仏の名を称すること。二つは、念仏する人を指さして誉め讃える。三つには、絶えることなく念仏する人は、はなはだ希有《けう》な存在であるが、その希有さを唯一比べることができるのは、芬陀利華《ふんだりけ》という花であろう。

芬陀利華には四つの意味がある。すなわち、花のなかのすぐれた花、花のなかに希《まれ》にある花、最上のなかの最上の花、霊妙にしてすぐれた花、これは、中国で昔から有名な蔡花《さいけ》とよばれる花のことである。そして、それぞれが念仏者の褒め言葉であり、それを人にあてはめていえば、人中の好人《こうにん》、人中の妙好人《みょうこうにん》、人中の上上人《じょうじょうにん》、人中の希有人《けうにん》、人中の最《さい》勝人《しょうにん》、である。

四つには、もっぱら阿弥陀仏の名を称する者は、観音、勢至菩薩が常に付き従い、影となって護《まも》ってくださる。また親友や善き指導者のようでもある。

五つには、今生においてすでにこのような利益《りやく》を蒙《こうむ》っているが、死ねば、そのまま仏の家に生まれる。浄土である。浄土にいたれば、間断なく仏法を聞いて、諸処を経めぐり、仏や菩薩を供養する。菩薩として、仏になる上で必要な行を完成して、その成果を得る。仏になるための道場がどうしてはるかに遠いということがあろうか。

私釈 私の了解をのべよう。

まず問いをなそう。経典には、「もし念仏をする者がいれば、つぎのように理解するとよい。念仏者は人中の白蓮華のような存在であり云々」、とあり、ただ念仏者を誉め讃えるだけであるが、善導は、「念仏に集中することがいかにすぐれた効能をあげるか、それは雑行などと比べようもない」と、雑善と対比して念仏のすぐれていることを讃歎しているが、それはなぜなのか。

答えよう。経典の文には隠されているが意味は明らかである。そのわけは、『観無量寿経』では、この文以前に、すでに定散《じょうさん》の諸善と念仏の行が対比して説かれてきている。そのなかで、ここでは、ただ念仏者だけ芬陀利華に譬えられている。雑善と対比するという方法によらずに、どうして念仏の効能が諸善や諸行にはるかに超えてすぐれていると顕《あらわ》すことができようか。だから、念仏者が人中の好人だというのは、悪人に対比して称讃されていることなのである。人中の妙好人というのは、雑行などの劣悪な行を修める人に対して称されている。人中の上上人というのは、下下の人に対しての呼び方であり、人中の希有人というのは、ありふれた人に対する言葉である。また人中の最勝人というのは、最劣の人に対して、誉め讃える言葉である。

問う。念仏をもって上上とよぶのであれば、どうして『観無量寿経』のなかで、往生の最高位である上上品のところで念仏を説かず、最低の階位である下下品にいたって念仏を説くのか。

答える。それはすでに説明したところ。念仏は往生のすべての階位である九品にわたって共通している、と。前に引用した『往生要集』のなかで、往生に九の階位（上・中・下と三類に分けた上で、上の中に更に上中下を分かつ。したがって「上品上生」、「上品中生」、「上品下生」となり、中品にも三類、下品にも三類、これで九類となる）があるというのは、能力の勝劣による、と説明していることなのである。それだけではない。最低の階位（「下品下生」）で往生する者は、「五逆《ごぎゃく》」を犯した重罪のものである。その重罪を消滅させることができるのは諸行では不可能であり、ただ念仏だけがそれを可能とする。それゆえに、極悪人で最低の人間のために、極善《ごくぜん》にして最上の法を説くのである。たとえば、無明《むみょう》という根本の病は、「中道《ちゅうどう》」という肝心な薬でなければ治すことが不可能であるようなものだ。いま、この「五逆」は重病中の根本である。それを治する念仏は、肝心の霊薬《りょうやく》である。この薬でなくては、どうして五逆という病を治することができようか。それ故に、弘法《こうぼう》大師は『二《に》教論《きょうろん》』のなかで、『六波羅蜜《ろくはらみつ》経』を引用してつぎのようにのべている。

「第三に法宝とは、過去無量の仏たちが説かれた教えと、私（釈尊）が今説くところのものである。いわゆる八万四千のすぐれた教えが集まったもの。その教えが、縁ある人々の心身を制して立派なものに仕上げるのである。しかも、阿難陀《あなんだ》等の諸大弟子たちはこの教えをひとたび耳にするとみなよく記憶し、保ったのである。その教えは五つに分類される。一は経典、二は律《りつ》、三は論書、四は智慧の完成、五は真言《しんごん》の教え。この五種類の教えをもって人々を教化し、導くべき人たちに応じてこれらの教えを説く。もし、山林のなかでつねに閑静なところに住んで、精神の集中を目指す修行者がいたとすれば、その人のために第一の経典を示し、礼式にかなった振る舞いを習い、正しい教えを護り身につけ、修行者が和をもって集い、教えが長く続くことを願っている者には、第二の律を説く。また、正しい教えを説き、本体と現象を分別し、問答によって真理を深く掘り下げて研究し、真理を徹底して明らかにしようと願う者には、第三の論書を示そう。また大乗仏教の智慧を習って自己と教えに執着することから解放されたいと願う者には、第四の智慧の完成のために実践方法を教える。また、経典を読み、心身を制すること、論を極めること、智慧の完成を目指す実践、こうしたことを身につけることができない者には、あるいは、もろもろの悪業である、四重《しじゅう》、八重《はちじゅう》、五無間罪《ごむけんざい》、大乗経典の誹謗《ひぼう》、仏となる可能性を自ら放棄した者、等の者が、種々の重罪をつくってしかもその罪を消し滅することができ、またただちに解脱《げだつ》することができ、すぐさまに悟りの境地に到達できるようにするためには、第五の真言の教えを説く。

この五種の教えは譬《たと》えていえば、乳《にゅう》の変化、つまり、乳、酪《らく》、生蘇《しょうぞ》、熟蘇《じゅくぞ》、妙醍醐《みょうだいご》、になろう。経典は乳の段階、律は酪、論書は生蘇、智慧の完成は熟蘇、密教の経典は醍醐、といった段階を示している。醍醐は乳製品のなかで最高の味わいを示す。よく諸病を除き、人々をして心身ともに安楽にさせる。密教経典は、最高の教えである。よく重罪を除き、人々をして迷いの世界から解放し、速やかに悟りの境地にいたらしめる」、と。

このなかの五無間罪とは五逆罪のことである。すなわち醍醐のすぐれた薬でなくてはどうして五無間罪の病を治療することができるというのか。念仏もまた同じである。往生を説く教えのなかでは、念仏一筋は、真言の教えのようであり、また醍醐のようなものなのである。もし、念仏一筋の醍醐の薬でなければ、五逆の深く重い病は治すことができないのである。このことをよくよく知るべきである。

問う。もしそうならば、「下品上生」は「十悪」を犯すことに変わりはないがまだその程度が軽い。どうしてこれらの人々に念仏を説くのか。

答える。念仏一筋は、重罪を滅ぼすことはもちろん、軽罪を滅ぼさないわけはない。念仏以外の諸行はそうではない。ときに、軽罪を滅ぼすが重罪は滅ぼすことができないこともある。あるいは一つの罪を消して、二つの罪を消すことができないこともある。念仏はそうではない。軽い罪も重い罪もともに滅ぼし、すべての病を治すことができる。譬喩でいえば、阿伽陀《あかだ》薬がすべての病を治すことができるようなものである。それゆえに、念仏は最高の境地をもたらすもの、といえる。

そもそも往生者を九種に分類することは一応のことであって、「五逆」の罪を犯した者でも回心すれば「上品上生」に達することもできるし、経典の読誦というすぐれた行を実践する者でも、「下品下生」になることもある。「十悪」やそれよりも軽い罪であっても、破戒という重罪やそれよりも軽い罪を犯す者でも、おのおの上や下の種類に通じる。また、究極の真理を理解する者でも、菩提心《ぼだいしん》を発する者でも、また上下に通じる。このように一つの教えのなかにも実践の仕方によって九種の段階が生まれる。これを往生の九種の段階にあてはめると、九九八十一通りの種類となる。それだけではない。迦才《かざい》の『浄土論』によれば、「衆生が往生の行を実践しようとする場合も、千差万別であるのに対応して、往生がかなって浄土を見るのにも千差万別があるのだ」と、ある。教えの次第・順序をのべた経典の文章を見て、それにこだわることがないようにしなければならない。（九種の実践があるなかで）念仏は最勝の行であり、それゆえに花のなかの花である芬陀利華をもって譬えとされた。その譬えの意味をよくよく理解しなければならない。それだけではない。念仏の行者を観音《かんのん》・勢至《せいし》の両菩薩が影と形とのごとく付き従って、少しの間でも行者を見捨てたり離れたりすることがない。諸行ではこういうことはない。また念仏する者は、命終えた後、かならず極楽世界に往生する。諸行ではそれが定まっていない。念仏の行者に対して五つの褒め言葉を与えるとか、観音・勢至菩薩が影のごとくに付き従うということは、現世での利益である。また浄土に往生してから、やがて仏となる。これは来世での利益である。また、道綽《どうしゃく》禅師は、念仏の一行には初めと終わりにそれぞれ利益があるとのべている。

『安楽集《あんらくしゅう》』にいう。「念仏する衆生を仏はすくいとってお捨てにならない。命が尽きれば必ず浄土に生まれることができる。これを始めの利益という。終わりの利益とは、『観音《かんのん》授記《じゅき》経』によると、つぎのようにいわれている事柄である。阿弥陀仏が浄土に存在する期間は長久であるが、はるかな時間を経過して、亡くなることもある。仏が亡くなられた後は、観音と勢至が浄土を維持して十方の衆生を導き入れる。したがって、阿弥陀仏がなくなられた後も、変わることはない。しかし、浄土の衆生はすべて阿弥陀仏を見奉ることはできない。ただし、一向にもっぱら阿弥陀仏を念じて往生する者だけはつねに阿弥陀仏が現在しておられて亡くなられることがないことを知る。これが終わりの利益なのである。以上」、と。

これではっきりと分かるであろう。念仏にはこのような、現世と来世、始めと終わりの二つの利益があるのである。よく知らねばならない。

〔訳者ノート〕

1．引文第一の、「念仏者はかならず仏となる場にいたり」という原文は、「坐道場（道場に坐して）」である。「道場」とは、仏になるという成果を成就する場所はどこであっても「道場」という、とされる。ここでは、仏になる場、つまり極楽浄土のことをさす。

第十二章

標章　釈尊は定・散の諸行を後世に伝えず、ただ念仏だけをもって阿難《あなん》に伝えられたことを説く文。

引文第一　『観無《かんむ》量寿《りょうじゅ》経』にいう。

仏が阿難に告げていわれた。汝よ、よくこの言葉をたもて。この言葉をたもて、とは無量寿仏の名をたもて、ということである。

引文第二　『観経疏《かんぎょうしょ》』にいう。

「仏は阿難に告げていわれた。汝、この言葉をよくたもて」より以下の文は、まさしく、阿弥陀仏の名を後世に伝えて、はるかな後代にまで念仏が流通するようにということを明らかにしている。今までは、「定」・「散」両門の利益《りやく》を説いてきたが仏の本願をおもんみれば、その心は、衆生《しゅじょう》をして一向にもっぱら阿弥陀仏の名を称せしむるという点にある。

私釈　私の了解をのべる。

『観経疏』の文をよく読むと、二つの行が説明されている。一つは「定・散」、二つは念仏である。

はじめに「定・散」であるが、これも二つに分かつ。一つは定善《じょうぜん》、二つは散善《さんぜん》。定善についてのべると、これには十三の行《ぎょう》がある。一つは日想《にっそう》観（日没を極楽のあるところとして心を集中し、浄土の光明等をイメージする）、二つは水想《すいそう》観（清らかな水を見て、浄土の瑠璃《るり》の大地をイメージする）、三つは地想《ちそう》観（極楽の大地を思い浮かべる）、四つは宝樹《ほうじゅ》観（浄土の宝樹を思う）、五つは宝池《ほうち》観（浄土の宝の池を思い浮かべる）、六つは宝楼閣《ほうろうかく》観（浄土の建物を思い浮かべる）、七つは華座《けざ》観（阿弥陀仏の坐す蓮華《れんげ》の座を思い浮かべる）、八つは像想《ぞうそう》観（阿弥陀《あみだ》仏《ぶつ》や観《かん》音《のん》などの姿を画像や木像を通してイメージする）、九つは阿弥陀仏観（全身金色《こんじき》の阿弥陀仏像を思い浮かべる）、十には観音観（観音の姿を思い浮かべる）、十一には勢至《せいし》観（勢至菩薩の姿を思い浮かべる）、十二は普《ふ》往生《おうじょう》観（自らが往生して蓮華座に坐《すわ》る姿などを思い浮かべる）、十三には雑《ざつ》想《そう》観（一丈六尺の阿弥陀仏像を思い浮かべる）である。それぞれ詳しくは『観無量寿経』に説かれている通りである。たとえ、ほかの行がなくても、これらの瞑想《めいそう》によって思い描く行のひとつ、あるいは多くをそれぞれの能力にしたがって修《しゅ》すれば、往生を得ることができる。その旨は経典にはっきりと説かれている。あえて疑う必要はない。

つぎに散善に関していえば、二つある。一つは三福《さんぷく》、二つは九品《くほん》、である。

はじめに「三福」とは、経典につぎのようにいう。「一つは父母に孝行すること、目上や師匠につかえること、慈しみの心をもって、生き物を殺さないこと。そして十善業《じゅうぜんごう》を実践する。二つは仏、法、僧の三宝に帰依《きえ》し、戒律《かいりつ》を守り、日常の規矩《きく》を犯さないこと。三つには、悟りを求める心を起こして、因果の理法を深く信じ、大乗《だいじょう》の経典を読誦《どくじゅ》し、修行者に善行をすすめること」（以上は経典の文章）、と。

「父母に孝行する」とは、これについても二つの意味がある。一つは、世俗の孝行、二つは世俗を超えた孝行、である。世俗の孝行とは、『孝経《こうきょう》』等に説く。世俗を超えた孝行とは、「律《りつ》」に説かれている。親子となった縁を大切に親に仏教をすすめてつかえること。目上の人や師匠につかえるとは、これにもまた二つの意味がある。一つは世間の師、二つは世俗を超えた師、である。世間の師とは、仁義《じんぎ》礼智《れいち》信《しん》等を教える師、世俗を超えた師とは、聖道《しょうどう》、浄土の二つの教えを説く師のこと。たとえほかの行が実践できなくとも、親に孝行することや師匠につかえることをもって、往生に役立つ行為とするのである。

「慈しみの心をもって、生き物を殺さないこと。十善業を実践する」ということについて、二つの意味がある。一つは、「初めに、慈しみの心をもって、生き物を殺さない」というのは、四《し》無量心《むりょうしん》（慈《じ》・悲《ひ》・喜《き》・捨《しゃ》）のなかのはじめの「慈無量」をいう。すなわちはじめの一つをあげて、あとの三つ、悲・喜・捨をふくませるのである。たとえほかの行を実践しなくとも、四無量心をもって往生の行為とすることができるのである。

つぎに「十善業を実践する」とは、一つに不《ふ》殺生《せっしょう》、二つに不《ふ》偸盗《ちゅうとう》、三つに不《ふ》邪淫《じゃいん》、四つに不《ふ》妄語《もうご》、五つに不《ふ》綺語《きご》、六つに不《ふ》悪口《あっく》、七つに不《ふ》両舌《りょうぜつ》、八つに不《ふ》貪《とん》、九つに不《ふ》瞋《しん》、十に不《ふ》邪見《じゃけん》である。二つには「慈しみの心でもって生き物を殺さないこと。そして十善業を実践する」と二つの文を合して一つの言葉とする場合、はじめの「慈しみの心をもって、生き物を殺さない」というのは、四無量心のなかの慈無量心の意味ではない。これは十善のはじめの不殺生を指す。つまり、この一文は十善の一句なのである。たとえほかの行を実践できなくとも、十善の実践が往生を可能とするのである。

「仏《ぶつ》・法《ぽう》・僧《そう》に帰依する」とは、これにも二つの意味がある。一つは大乗のそれ、二つは小乗《しょうじょう》のそれである。多くの戒を守るということにも、二つの意味がある。一つは大乗の戒を守ること、二つは小乗のそれを守ること、である。規矩を犯さないということも、二つの意味があり、大乗においては八万の規律を、小乗においては三千の規律を犯さないことをさす。

第三の、「悟りを求める心を起こす」とは、諸師の解釈には不同がある。天台宗では、四種の悟りを求める心を考える。第一は小乗でのそれ、第二は小乗と大乗を通じたそれ、第三は菩薩《ぼさつ》の段階におけるそれ、第四は完全なそれ、である。詳しくは『摩訶止観《まかしかん》』に説かれている。真言《しんごん》宗では、三種の区別をしている。第一は衆生をして悟らしめるという慈悲心、第二は悟りを得るための大いなる智慧《ちえ》のこと、第三は凡夫も聖人《しょうにん》も元来一つだと知る境地にもっぱら心を傾けること、である。詳しくは『菩提心論《ぼだいしんろん》』に説かれている。華厳《けごん》宗にも、また特別の解釈がある。『菩提心義《ぼだいしんぎ》』や『遊心安楽道《ゆしんあんらくどう》』等に説かれている。三論《さんろん》宗や法相《ほっそう》宗にもおのおのの解釈がある。詳しくはその宗派の論文類にのべられているとおりである。

また善導の解釈もある。詳しくは『観経疏』にあるとおりである。「悟りを求める心を起こす」といっても、宗派によってその意味するところは異なる。だから、「悟りを求める心を起こす」という言葉は、ひろく諸経にわたって説かれていて、顕教《けんぎょう》や密教《みっきょう》の場合もふくんでいる。それが意味するところは広くまた深い。その内容を推測しても、いわんとするところを把握することはきわめて難しい。そこで願う。諸々《もろもろ》の行者は一つの解釈に執着して、ほかの多くの見方を遮ってしまわないように。諸々の往生を求める人々は、それぞれに縁のある「悟りを求める心」を起こしてほしい。たとえ、ほかの行の実践がなくとも、「悟りを求める心」を起こせば、それが往生の行為となるのである。

「因果の理法を深く信じる」とは、これについても二種ある。一つは世間の因果について、二つは世俗を超えた因果について、である。世間の因果とは、人間を始め、地獄や餓鬼、畜生、修羅《しゅら》、天人の六つの世界に通じる因果であり、詳しくは『正法念《しょうぼうねん》経』に説かれているとおりである。世俗を超えた因果とは、小乗の聖者や大乗の仏たちが説くところで、諸々の小乗や大乗の教えにくわしい。しかし、因果の理法をもって諸経の解釈を試みるとすると、諸家の間に違いがある。たとえば天台宗からいうと（天台宗では全仏教の歴史を五つの時期に分かって理解するので）、最初に華厳宗が説かれ、そこでは仏と菩薩の二種の因果が説かれていると考える。そして第二の時期である阿含《あごん》の時期には小乗の聖者たちの二種に応じて因果にも二種あるとし、第三の大乗仏教経典の時代では、四種の因果論が、第四の般若《はんにゃ》経典の時代では、三つの因果論が、第五の『法華《ほっけ》経』と『涅槃《ねはん》経』の時代では、前者ではもっぱら仏となるための因果論が説かれ、後者では第三の時代と同じく四種の因果論が説かれている。このように、「因果の理法を深く信じる」という言葉は、釈尊の一代の教えに網羅《もうら》されている。したがって、諸々の往生を求める人々は、たとえほかの行の実践がなくとも、「因果の理法を深く信じ」れば、それが往生の行為となるのである。「読誦大乗《どくじゆだいじよう》」の解釈は、読誦と大乗に分けて考える。読誦とは法華経に説く、経典の五つの扱い方のうちの二つで、経典の文字を読むこと、それを暗唱すること、の二つのことであり、その二つをもって法華経の五つの扱い方を代表させている。もし、天親《てんじん》の、経典の伝える十種の方法に即して説明すれば、経典を開いて読むことと、諳《そら》んじて声を上げて読むことに相当し、この二種をもって十種を代表させている、といえる。

大乗の経典というのは、小乗経典とは異なるという選択の意味であり、特別に一つの経典を指すのではない。すべての大乗経典を指す。すべての、という意味は、仏の意図としては、一生涯に説いた諸々《もろもろ》の大乗経典を指すが、すでに経典としてまとめられたものもあるし、いまだまとめられていないものもある。また、すでにまとめられたものでも、竜宮に秘蔵されて、まだ人間世界に流布していないものもある。あるいはまだインドに留められていて、中国へ伝来していないものもある。今、中国へ翻訳してもたらされた経典は、『貞元入蔵録《ていげんにゆうぞうろく》』によれば、『大般若経《だいはんにや》』六百巻からはじまり、『法常住経《ほうじようじゆう》』にいたるまで、顕密の大乗経典がすべて六百三十七部、巻数にして二千八百八十三ある。これらすべてが「読誦大乗」という一句におさまっているのである。したがって、西方《さいほう》浄土への往生を願う行者は、おのおのその願うところにしたがって、法華経や華厳経を読誦して往生の行為とし、また大日如来《だいにちによらい》や密教の菩薩に関する教えをよく記憶して読誦し、往生の行為とする。

あるいは、般若経や大乗経典類、涅槃経等を説いて聞かせたり、書写して往生の行為とするがよい。

このように、往生のためには種々の行為があるということは、浄土宗の『観無量寿経』が説くところでもある。

では問う。顕教と密教では説くところがまったく違うが、どうして顕教のなかに密教をふくませているのか。

答える。ここでいうのは、仏教を顕と密に二大別する議論からではなく、『貞元入蔵録』が、顕密の区別なくことごとく大乗経典として編纂《へんさん》していることにちなむ。だから、「大乗読誦」の一句に収まるのである。

問う。『法華経』では、『法華経』以前に説かれた教典と『法華経』を厳密に区別しているが、『法華経』以前に説かれた『観無量寿経』に、どうして『法華経』をふくませるのであるか。

答える。今、ふくませるといったのは、天台教学上の議論をふまえてのことではない。ここでいう、大乗経典の読誦とは、大乗経典の諸経に通じることであり、以前といっても、『観無量寿経』以前に説かれた諸大乗経典のことであり、以後というのは、『観無量寿経』以後に説かれた教典のことである。ただ、大乗というだけで、天台宗が説く、「仮の教え」と「真実の教え」という区別を指しているのではない。だから、『華厳経』や諸大乗経典、『般若経』、『法華経』、『涅槃経』等のもろもろの大乗経典をいう。

「修行者に善行を勧める」というのは、定・散の諸善及び念仏一筋の道を勧めることをいう。

つぎに往生の階位に九種（「上品上生《じょうぼんじょうしょう》」から「下品下生《げぼんげしょう》」まで）あるということは、三つの福徳《ふくとく》（世福《せふく》・戒福《かいふく》・行福《ぎょうふく》）を詳しく開いてのべた場合のことである。

つまり、「上品上生」のなかにある、「慈しみの心をもって、生き物を殺さない」というのは、世俗の福徳（世福）のなかの第三の句（「慈心不殺《じしんふせつ》」）に相当する。つぎに、諸々《もろもろ》の戒《かい》行《ぎょう》を具《そな》えるということは、戒福のなかの第二の句である、「多くの戒を守る」（「具足衆戒《ぐそくしゅかい》」）に相当する。つぎに「大乗を読誦する」とは、行福のなかの第三の句、「大乗経典を読誦する」（「読誦大乗」）に相当する。つぎに「六念《ろくねん》を修行する（仏など、六つの対象を心静かに念じる）」とは、前に引用した第三の福徳である行福の、第三句（「読誦大乗」）にあたる。

「上品中生《ちゅうじょう》」にある、「善解義趣《ぜんげぎしゅ》（よく教えの意義を理解する）」は、行福のなかの第二（「深信因果《じんしんいんが》」）と第三（「読誦大乗」）に相当する。

「上品下生」にある、「深く因果を信じて道心を起こす」は、行福の第一（「発菩提心《ほつぼだいしん》」）、第二（「深信因果」）にあたる。

「中品《ちゅうぼん》上生」にある、「五戒《ごかい》を受持《じゅじ》する」とは、戒福の第二（「具足衆戒」）の意味である。

「中品中生」にある、「一日一夜、八戒を受持する」とは、戒福の三項すべてを指す。

「中品下生」にある、「父母に孝行し世間において仁慈《にんじ》を実践する」とは、世福の第一（「孝養父母《きょうようぶも》」）、第二（「奉事師長《ぶじしちょう》」）の意味である。

「下品上生」は十悪《じゅうあく》の人である。臨終に一度念仏して罪が滅び往生ができる。「下品中生」は破戒《はかい》の罪人である。臨終に仏とその国の勝《すぐ》れた性質を聞いて、罪が滅して往生ができる。「下品下生」は五逆《ごぎゃく》の罪人である。臨終に十回の念仏をして往生する。この下品に属する三種（上生・中生・下生）の人は普段はただ悪業をつくって往生を求めることもないが、臨終にいたって、初めてよき指導者と出逢《であ》い、その導きで往生することができる。もし三福にあてはめれば、行福の第三（「読誦大乗」）に相当する。定善、散善の意味も同様である。『観経疏』にある「上にのべきたように、定善、散善の利益《りやく》を説くといえども」という文章は、このことを示している。

（念仏の意味を明かす）

つぎに、念仏とは、もっぱら阿弥陀仏の名を称することである。ところが、念仏の意味については、常にはさまざまにいう。しかし、「今まさしく阿弥陀仏の名号をひろめる使命をもって、はるかな後代に流布することを明かす」と説かれたのは、『観無量寿経』のなかで、定善と散善の諸行を説くといえども、これらは、後世に流布することを求めず、ただ念仏一筋の道をもって阿難に付属し、はるかな後代に流通せしめる、とあることなのである。

問う。どうして釈尊は、定散の諸行を阿難に伝えて、後代に流布することを求められなかったのか。もし仏になるための行為に浅・深の違いがあるという観点から、浅い行為を斥《しりぞ》けて伝えられなかったとすれば、もともと三福にも、浅い行為もあれば、深い行為もあるのだから、つまり、浅い行為とは父母に孝行すること、目上の人や師につかえること、であり、深い行為とは、諸々の戒を守り、仏になろうという心を起こし、深く因果の道理を信じ、大乗経典を読誦する、ことであるから、浅い行為を捨てて深い行為を選ぶこともできたはずである。もし、瞑想《めいそう》して仏と浄土を思い浮かべるという行為にも、浅・深があるから、浅い行為を斥けるとすれば、十三観のなかにも、日想や水想という浅い瞑想があり、地観から雑観にいたる十一の瞑想方法は深い行であるから浅い瞑想方法を捨てて深い瞑想方法を後代のために選ぶことができるはずであろう。深い瞑想方法のなかでも、第九は阿弥陀仏を思い浮かべる方法で、「観仏三昧《かんぶつざんまい》」という。十二の瞑想方法を斥けても、この「観仏三昧」こそ、後代へ伝達すべきものではないのか。なかでも、『観経疏』の「玄《げん》義分《ぎぶん》」には、「この経は観仏三昧を大本とし、また念仏三昧を大本とする」、とある。すでに二つの行をもってこの経の大本としているのであるから、どうして「観仏三昧」を廃して念仏三昧を後代へ伝持するというのか。

答えよう。すでに、(『観経疏』には)「阿弥陀仏の本願にもとづいていえば、その心は衆生をして一向にもっぱら阿弥陀仏の名を称せしめようというところにある」、とのべられている。定・散の諸行は本願にはない。ゆえに、これらを後代に伝えようとはされなかったのである。また、いうところの「観仏三昧」は勝れた行ではあるが仏の本願にはない行である。ゆえに、後代に伝持させなかったのである。念仏一筋という行は、阿弥陀仏の本願である。だから、（釈尊は阿難に）後代へ伝えるのである。

「阿弥陀仏の本願にもとづいていえば」とは、『無量寿経』の四十八の本願のなかの第十八願を指す。「一向にもっぱら称する」とは、『無量寿経』の「三輩《さんぱい》」（浄土に往生する人を行によって三種に分かつ。「上輩《じょうはい》」は家と欲を棄てて沙門《しゃもん》となり阿弥陀仏を念じるもの・「中輩《ちゅうはい》」は沙門とはなれないが一向に阿弥陀仏を念じ、少々の善行を実践するもの・「下輩《げはい》」はただ阿弥陀仏を念じるもの）のなかの「一向にもっぱら称する」を指す。本願の意味については、第三章で詳細にのべたとおりである。

問う。もしそうであるならば、どうして、直《じか》に本願の念仏行を説かずに、わずらわしく本願にはない定・散の諸善行を説くのか。

答えよう。本願念仏については、『無量寿経』のなかに、すでに詳しく説かれている。だから重ねて説かないだけのこと。また、定・散を説くのは、念仏がそのほかの行に比べて、いかに勝れているかを明らかにするためである。もし定・散の説明がなければ、どうして念仏の勝れていることを明らかにできようか。たとえば、『法華経』が『大品般若経』、『無量義経』、『涅槃経』よりも勝れていることを説くのと同じである。もし、この三経がなければ、どうして『法華経』が第一であることを明らかにすることができたであろうか。ゆえに、定散は捨てるために説かれ、念仏一筋の行は（浄土宗を）確立するために説かれているのである（原文では、捨てるは「廃」、確立は「立」とある）。

ただし、定散の諸善は、すべてその働きを推測することはむつかしい。およそ「定善」

とは、たとえば阿弥陀仏とその国土を瞑想して想像することが鏡に映し出されるようになれば、往生の願いも、あたかも自分の掌を自分で指し示すように、速やかに実現する。あるいは、十三の観察方法の一つを実践しても、よくはるかな昔からの罪や咎《とが》をしりぞけることができる。あるいは、十三の観察方法を具《つぶさ》に実践し、記憶すれば、ついには悟りの境地に到達できる。だから、往生を求める人は、当然、「定」の瞑想を修行するのがよい。

就中、第九の「真身観《しんじんかん》」、つまり、無量寿仏（阿弥陀仏）の身体と光明をイメージするという方法は、仏を見る瞑想方法である。この行がもし成就《じょうじゅ》されれば、たちまちに、阿弥陀仏を見ることができる。阿弥陀仏を見奉るがゆえに、諸仏を見ることができる。諸仏を見るがゆえに、目の前で悟りを保証される。この「真身観」の利益はもっとも深い。

しかしながら、『観無量寿経』の教えを後世に流布させる段になると、釈迦《しゃか》如来は、阿難に命じて、往生の要《かなめ》となる方法として、仏を瞑想・想像する方法を斥けて、念仏だけを選んで、後世に伝えて流通するようにのべられたのである。すなわち、観仏三昧の教えをもって後世に伝えようとはされなかった。ましてや日想や水想等の瞑想方法を後世に残そうとはされなかったのである。したがって、十三の瞑想方法はすべて後世に相応《ふさわ》しい行ではない。もしも世の中の人が、仏を瞑想し思い浮かべる方法等を願い、念仏を修《おさ》めようとしなければ、それは遠くは阿弥陀仏の本願に背くばかりか、近くは釈尊の後世への伝持の教えにも違うことになろう。念仏の行者はよくよく引き比べて考えねばならない。

つぎに散善のなかに、大乗と小乗の戒を守るという行がある。世間では、戒を守る行は悟りに入る肝要な教えだとみなしている。したがって破戒のものは往生できない、と。

また、悟りを求める心を起こすという「菩提心《ぼだいしん》」の行もある。人々は、「菩提心」は浄土往生の要だと考えている。したがって、もし「菩提心」なきものは往生は不可能だ、と。

また、最高の智慧《ちえ》を理解するという行もある。これは真理を瞑想する教えである。人は、真理を瞑想する教えは、仏の源ともいうべき教えである、と考えている。すなわち、真理を離れて仏の国土を求めてはならない、と。もし、真理を瞑想する方法を実践しない者は、往生はできない、と。

また、「読誦大乗」という行もある。人はすべて、大乗経典を読誦すれば往生できると信じている。もし読誦の行を実践しなければ、往生はできない、と。就中、経典と呪文《じゅもん》を常に持して読誦・修行するという実践がある。経典を持するとは、般若《はんにゃ》、法華《ほっけ》等の大乗経典を持することであり、呪文を持するとは、随求《ずいぐ》、尊勝《そんじょう》、光明《こうみょう》、阿弥陀《あみだ》等の神呪《じんじゅ》を持するということである。

およそ、散善にある十一の行はすべて尊いが、なかでも、戒を保つこと、菩提心を起こすこと、最高の智慧を理解すること、大乗経典を読誦すること、という四つの行は、現代の人がとくに希望するところの行である。これらの行をもって念仏の実践を抑圧しているほどである。しかしよくよく経典の意図をたずねると、これらの諸行は後世に伝達されていない。ただ念仏一行だけが後世に流布するように伝達されているのである。

これで分かるであろう。釈尊が諸行を後世に伝えようとされなかったのは、阿弥陀仏の本願にないことだからである。また念仏だけを後世に残そうとされたのは、阿弥陀仏の本願によるからである。今、善導和尚が諸行を廃して人々を念仏に帰依せしめようとされた理由は、念仏が阿弥陀仏の本願である上に、釈尊が後世に伝持せよと、命じられた行だからである。

これゆえに明らかとなろう。諸行は、今の人に相応しくなく、実践の時期を失ってしまっているのである。念仏による往生は、今の人に相応しく、実践の時節としても適合している。阿弥陀仏と念仏の行者との心の通い具合は一つとなり、感応道交《かんのうどうこう》して、むなしく捨てる関係ではない。

これで分かるであろう。仏も、聞き手の要求に応じては、定・散の教えを説かれることがあっても、聞き手と関係なく、自らがのぞむままに説かれるときには、定・散の教えを閉じられて、以後それを再説されることはない。永久に閉じられることがない教えはただ念仏の教えだけである。阿弥陀仏の本願と釈尊の後世への配慮は、ただ念仏だけにある。念仏の行者よ、よく理解しなければならない。また経典に「はるか後の時代（「遐代《かだい》」）」とあるのは、『無量寿経』によれば、はるか未来の、末法《まっぽう》万年の後の百年を指す。これははるかな未来をあげて、近代をふくませているのだ。だから、仏教が消滅してしまう時代以後も、念仏は伝持されているのである。ましてや、それ以前の、末法の時代において念仏が有効であることはいうまでもない。末法の時代においても念仏が有効であるということは、正法《しょうぼう》や像法《ぞうほう》の時代において有効だということである。これで分かるであろう。念仏による往生の教えは、正・像・末の三つの時代はもとより、仏教が滅んだのちの百年間にも有効であることが。

〔訳者ノート〕

1.「無量寿仏」とは阿弥陀仏のこと。阿弥陀仏は無量の寿命と無量の光明をもつとされる。前者から無量寿仏とよばれる。

2.定善の「定」とは心を一定の対象にとどめてそれをイメージすること。瞑想によるイメージの獲得。『観無量寿経』によれば、一三種の瞑想が順序だって記されている。その順序を追って阿弥陀仏とその浄土をイメージすることを「定善」という。

3.「日想観」とは、経典によれば、つぎのように叙述されている。「想念を起こして正座して西に向ひ、はっきり、落日を見よ。心を堅くし想ひを一途にして移さざらしめずに、日の入らんとして懸鼓（天空にかかった鼓）のごとくなるのを見よ。既に日を見おわらば、目を閉じるも目を開くも、皆、日没の形を明かならしめよ。これを日想となし、名付けて初観という」（佐藤春夫訳『観無量寿経』、一部訳者によって補、変更する）。以下、「水想観」など、詳細は経典を参照されたい。

4.「散善」とは、瞑想によらない、日常の意識でも可能な善行。「散」は「定」に対する言葉。心を集中するという、瞑想が困難な人間に、次善の策として説かれた行の様々。その内容は、行の性質によって三つに分けられる。それを「三福」という。一方、実践者の心持ちによって九種にも分けられる。それを「九品」という。

5・「三福」は世間でいう善行、つまり人倫道徳をさす「世福」と、戒律に随ってうまれる善、つまり「戒福」と、大乗仏教の利他の行を実践することによって生まれる善、「行福」である。

6・「九品」の説明は、『観無量寿経』の本論に当たる。法然の解釈では、「三福」を行者の心持ちにしたがって詳細に展開すると「九品」(「上品上生」から「下品下生」まで)となる。

7・「諸行」は「念仏」の優越を説くために仮に説かれたに過ぎず、廃することが目的だとする「廃立」は、法然苦心の論法。また、同じことを、釈尊が自ら欲して説法された内容と、他人の要求に応じて説かれた内容とでは、真実味が異なるという、「随自意」(自らがのぞむままに説く)と「随他意」(聞き手の要求に応じて説く)の区別もまた、諸行に比して念仏の優越を説明する、苦心の論法である。「随自意」・「随他意」という考え方そのものは、『涅槃経』に既に見え、宗派が自らの根拠とする教説を「随自意」と称し、他派の教説を「随他意」と貶《おとし》めた。

第十三章

標章　念仏は多くの善をもたらすもとであり、ほかの諸行は少しの善しか生じない、と説く文。

引文第一　『阿弥陀経』にいう。

善を生み出すことが少ない功徳《くどく》をもってしては、浄土に生まれることはできない。舎利《しゃり》弗《ほつ》よ、男女を問わず、もし在家の信者がいたとして、阿弥陀仏の説法を聞いて、名号《みょうごう》を心にしっかりと刻みつけ、一日ないしは二日、三日、四日、五日、六日、七日の間、一心不乱に念仏すれば、その人が臨終にのぞんだとき、阿弥陀仏が諸々《もろもろ》の聖者たちとともに、その前に現れる。そして、この人が死ぬときには、心は乱れず、そのまま阿弥陀仏の国へ往生することができる。

引文第二　善導は、この文を解釈してつぎのようにのべている。

極楽は生滅・変化を超えた、煩悩《ぼんのう》から解脱《げだつ》した完全にして自由自在な世界であるから、修行者の縁に応じてなされる雑行《ぞうぎょう》では、そこへ生まれることは難しい。ゆえに如来は、もっとも肝要な教え、すなわち阿弥陀仏を念じることを教えて、それに専心するように説かれた。七日七夜、またもっと長い時間を、雑行などを交えて念仏が途絶えることがないように、心がけねばならない。そうすれば、臨終には浄土の聖者たちが蓮華《れんげ》の華をもって現れる。そのとき行者は、身も心も躍り上がらんばかりに喜び、ただちに金の蓮台に坐《すわ》る。坐ればたちまち悟りの境地に達することができ、瞬時に阿弥陀仏の前に迎えられるにいたる。また、仏道の仲間たちが法衣をもって競ってやって来て、行者にそれを着せる。こうしてもはや退失することのない位につき、菩薩《ぼさつ》となる。

私釈　私の了解をのべる。

経に、「善を生み出すことが少ない功徳をもってしては、浄土に生まれることはできない」とあるのは、諸々の雑行では、浄土に生まれることは難しいということであり、それゆえに善導は、「修行者の縁に応じてなされる雑行では、そこへ生まれることは難しい」とのべられたのである。

「善を生み出すことが少ない功徳」とは「多くの善を生み出すことができる功徳」に対する言葉である。したがって、雑善とは、「善を生み出すことが少ない功徳」のことであり、念仏は「多くの善を生み出すことができる功徳」のことである。

それゆえに、『竜舒浄土《りゅうじょじょうど》文《もん》』には、「襄陽《じょうよう》の石に刻んだ阿弥陀経は、隋《ずい》の陳仁稜《ちんじんりょう》の書いたものである。その字体は、きわめて清らかで美しく、多くの人が慕い、手本としている。この経文では、『一心不乱』より下に、『もっぱら名号を持すれば、御名《みな》を称するがゆえに諸罪が滅する。これは多くの善を生みだす功徳のしからしめるところである』、とある。今世に伝える阿弥陀経では、この、漢字にして二十一文字が脱落している。以上」、とある。

経文には、多くの善と少ない善との対比があるだけだが、また大小の意味もある。雑善は小さな功徳であり、念仏は大きな功徳である。また勝劣の意味もある。雑善は劣った功徳であり、念仏は勝《すぐ》れた功徳である。行者はよくこの意味を理解しなければならない。

第十四章

標章　六方にいます、ガンジス河の砂ほどの仏たちが、念仏以外の諸行を真実の行と証明せず、ただ念仏だけを真実の行として証明されることを明かす文。

引文第一　善導の『観念法門《かんねんほうもん》』につぎのようにのべられている。

阿弥陀経にのべられているように、六方に、おのおのガンジス河の砂ほどに仏が在《まし》まして、そのすべての仏たちがあまねく三千世界を覆い尽くすほどに舌をのべて（「舌をのべる」とは仏の特徴で、妄語をなさない、という象徴）、誠実な言葉を説かれた。仏が在世のときでも、仏が亡くなられた後の世でも、すべての造罪《ぞうざい》の凡夫が、ただ心を翻して阿弥陀仏を念じ、浄土に生まれたいと、上は百年間を尽くして、下は七日ないしは一日、あるいは十声、三声、一声等にいたるまで願えば、命が終わろうとするとき、阿弥陀仏が浄土の聖者とともに、自ら来たって浄土に迎え入れられる。すると、直ちに往生を遂げることができる。前の文にある、六方等の仏が舌をのばされたことは、かならずや凡夫のために証明をなされたのであり、行者はその罪が滅して浄土に往生できる。もしこの証明によって浄土に生まれることができなければ、六方の諸仏の、のばされた舌は、一度口から出て、二度と口にはもどらず、自然と朽ちてしまうであろう。

引文第二　同じく善導の『往生礼讃』には、『阿弥陀経』を引用してつぎのようにいう。東方の、ガンジス河の砂ほどの、無数の諸仏、また、南西北方、および上下の方角にいます諸仏は、それぞれの国において舌をのべひろげてあまねく三千世界を覆い尽くして、誠実な言葉を説かれた。汝等衆生《なんじらしゅじょう》よ、「すべてまさにこの一切諸仏が心をかけて守られる経典」を信じよ。

どうして「心をかけて守る」というかといえば、もしも、衆生が阿弥陀仏を、七日あるいは一日、さらに下って十声、一声、一瞬であっても、称念するならば、かならず往生を得ることができる、このことを真実として証明するがために『護念経《ごねんぎょう》』となづけるのである。

引文第三　またいう。

六方の如来は、舌をのべて証明される。もっぱら名号を称すれば、西方浄土へいたる、と。そこへゆけば、蓮華の華が開き、阿弥陀仏の教えを聞くことができる。そうすると「十地《じゅうじ》の菩薩《ぼさつ》」（最高位の菩薩）と同じ願いと行が自然にそなわる。

引文第四　同じく善導の『観経疏』に、『阿弥陀経』を引用してつぎのようにのべている。

また十方の仏等は、衆生が釈尊ひとりだけの説くところを信じないのではないかと心配して、ともに心を同じくして、また時を同じくして、おのおの舌をのべひろげて、あまねく三千世界を覆い尽くして、誠実な言葉を説かれた。汝等衆生よ、すべてみなまさに、この釈尊の説かれた、また讃歎《さんたん》された、また真実と証明された教えを信じるべきである。すべての凡夫は、罪と福徳の多少や、修行の期間の長短を問わずに、上は百年、下は一日、七日にいたるまで、一心にもっぱら阿弥陀仏の名号を念じれば、かならずや往生することができる。このことはまったく疑いがない。

引文第五　同じく、善導の『法事讃《ほうじさん》』にいう。

念仏を続けて疑いを生ずることなかれ。六方の如来は（念仏による解脱を）虚妄ではないと証明された。身《しん》・口《く》・意《い》ともにもってもっぱら念じて、称名以外のものが入り乱れることがなければ、百宝《ひゃっぽう》の蓮華も、時に応じて現れる。

引文第六　法照禅師《ほっしょうぜんじ》の『浄土五会法事讃《じょうどごえほうじさん》』にはつぎのようにのべられている。

悟りにいたる諸善、万行《まんぎょう》のなかで、もっとも急を要し、しかも迅速な行は、浄土門にすぎるものはない。それは、釈尊が直々に説かれた教えだというばかりか、十方の諸仏がともに伝承して、あやまりがないことを証明された教えなのである。

私釈　私の了解をのべる。

まず問う。どうして六方の諸仏の証明は、ただ念仏だけに限るのであるか。

答える。善導の考えによれば、念仏は阿弥陀仏の本願にもとづく。ゆえに、念仏は真実として証明されているのだ。ほかの行はそうではないから証明ということがないのである。

問う。もし本願であることによって諸仏が念仏の真実を証明したとすれば、『無量寿経』や『観無量寿経』等に念仏を説く際、どうして諸仏の証明がなされなかったのであるか。

答える。答えに二通りある。一つは、両経典において本願念仏を説いているが、同時にほかの行の説明もなされている。したがって諸仏の証明はなされなかったのである。しかし、『阿弥陀経』では、ひたすら念仏だけが説かれている。そのために諸仏が証明したのである。

二つには、『無量寿経』等のなかに諸仏の証明の言葉はないが、『阿弥陀経』にはすでに証明がなされている。この『阿弥陀経』をもって『無量寿経』等を考えると、両経に説かれている念仏もまたその真実性が証明されている。証明の文章は『阿弥陀経』にあるが、その意味は、両経に通じている。ゆえに、天台大師《てんだいだいし》の『十疑論《じゅうぎろん》』にいう。「また阿弥陀経、大無量寿経、鼓音声陀羅尼《くおんじょうだらに》経等にいう。釈迦仏《しゃかぶつ》この経を説かれるとき十方世界の諸仏が、それぞれ舌をのべひろげて、あまねく三千世界を覆い、一切衆生が阿弥陀仏を念じれば、仏の大悲《だいひ》による本願力によって、かならず極楽世界に生まれることができる、と証明されたのだ」、と。

第十五章

標章　六方の諸仏が念仏の行者を念じ護ることを説く文。

引文第一　『観念法門』につぎのようにのべられている。

また阿弥陀経に説かれているように、もし在家の男女が、往生を願って、七日七夜あるいは一生涯、一心に阿弥陀仏を念じ尽くせば、この人はつねに六方の、ガンジス河の砂ほどの無数の仏が、ともにやってきて心をかけて護《まも》ってくださるがゆえに、『護念経』となづける。

『護念経』には、諸々《もろもろ》の悪鬼神が行者に近づくこともできない、という意味もある。また、思いもかけない病気や不慮の死、災難に遭うこともなく、すべての災難は自然に消え去ってしまう。ただし、誠の心のないものは除く。

引文第二　『往生礼讃』にはつぎのように記されている。

もし、仏の名を称して往生するものは、つねに六方の無数の仏に護られているがゆえに『護念経』となづける。今すでに念仏者を護るという誓いがあるのだから、それを頼むべきであろう。諸々の仏弟子たちよ、どうしてこころを励まして浄土へ赴こうとしないのか。

私釈　私の了解をのべる。

問う。六方の如来だけが行者を護るのであろうか。

答える。六方の如来に限らず、阿弥陀仏、観音《かんのん》等、また来たりて護念される。ゆえに、『往生礼讃』につぎのようにのべられている。「『十往生《じゅうおうじょう》経』にいう。もし衆生が阿弥陀仏を念じて往生を願えば、阿弥陀仏は二十五の菩薩を派遣して行者を擁護されるであろう。歩いていようがじっと留まっていようが、あるいは、坐していても臥《ふ》していても、また、昼でも夜でも、いずれの時でも、またどこでも、悪鬼悪神が行者に近づく手だてがないように。

また『観無量寿経』にのべられているように、もし阿弥陀仏の名を称し、礼拝して、浄土へ往生できるように願う者には、阿弥陀仏は無数の化仏《けぶつ》（「化」は「真」に対する言葉。衆生の信心の程度に応じて現れた仏。以下の「化」も同じ意味）と無数の化《け》観音《かんのん》、勢至《せいし》菩薩を派遣して、念仏の行者を護念する。またさらに、前にのべた二十五菩薩等と一緒になって、百重、千重に行者を囲んで、歩くと留まると坐すと臥すとにかかわらず、一切の時処を選ばず、もしは昼、もしは夜、つねに行者を離れることはない。今すでにこうした勝れた利益《りやく》があるのであり、それを頼むべきであろう。願わくは、諸々の行者よ、おのおの誠の心をもって浄土へ行くことを求めてほしい。

また『観念法門』にはつぎのように説かれている。

「『観無量寿経』の終わりの文にあるように、もし人が真心こめてつねに阿弥陀仏および観音と勢至菩薩を念じれば、両菩薩はつねに行者のために、勝れた友、先輩となって影の形のごとくに護る」、と。

またのべる。

「『般舟三昧経《はんじゆさんまいきよう》』の行の章のなかに説かれている。仏は語られる。人がもっぱらこの阿弥陀仏を一筋に静かに念ずれば、つねに一切の諸天、四天大王《してんだいおう》、竜神八部《りゆうじんはちぶ》が、影の形のごとく護り、慈愛をもって行者と相まみえることを心から願うがゆえに、諸々の悪鬼神が災難や災厄を加えようとしても、永久に悩乱されることはない。詳しくは『護持品《ごじほん》』に説いてあるとおりである。」、と。

またいう。

「念仏の道場に入る時を除いて、日毎《ひごと》に、阿弥陀仏を念じること一万回にして、命終わるまで念仏を続けるものは、ただちに阿弥陀仏の護念を被《こうむ》り、罪障を除くことができる。また仏と浄土の聖者がつねに来たりて、護念したまう。すでに、護念を被れば、ただちに寿命を延ばし、長生きができる」、と。

第十六章

標章　釈迦如来が阿弥陀仏の名号を舎利弗に、後世に流布させるためにねんごろに伝持されたことを明かす文。

引文第一　『阿弥陀経』にいう。

仏がこの経典を説き終わるにあたって、舎利弗と諸々《もろもろ》の比丘《びく》、この世のすべての天や阿《あ》修羅《しゅら》等、仏の所説を聞いて、あふれるような喜びに包まれ、説かれたことを信じ、礼拝《らいはい》して去っていった。

引文第二　善導《ぜんどう》の『法事讃《ほうじさん》』には、この文を解釈してつぎのようにのべられている。

釈尊が説法を終わろうとされた、そのとき、ねんごろに阿弥陀仏の名を伝持《でんじ》された。思うに、末法《まっぽう》の世が深まり、五つの濁り（戦争など時代が濁り、思想が乱れ、煩悩《ぼんのう》がはびこり、人間の資質が低下し、寿命が短くなる）が増すなかで、念仏の教えに対する疑いや誹《そし》りが盛んとなり、出家・在家の如何《いかん》を問わず、念仏の教えを嫌って聞こうともしない。念仏を修《しゅ》するものがあるを見ては、怒りのこころを起こし、さまざまな手段を講じて教えを破壊しようとする。それだけではなく、競って怨恨《えんこん》のこころを起こす。このような、仏の教えを信じないニヒリストたちは、念仏の教えを破壊し、滅ぼす罪によって、永久に迷いの世界に沈むことになろう。そうなれば、大地を微塵《みじん》にしてそれを数えるという途方もない時間が過ぎても、迷いの世界から抜け出ることはできない。それゆえに、人々よ、心を同じくして、仏教を誹謗《ひぼう》するという罪を犯すにいたった、あらゆる因縁を懺悔《さんげ》しなければならない。

私釈 私の了解をのべたい。

（「選択」の意義を明かす）

そもそも浄土の三部経の心を思うに、諸行のなかから念仏を選択するという点に本旨がある。

まず『無量寿経』に三つの選択がある。一つは選択本願、二つは選択讃歎《さんだん》、三つは選択留教《るきょう》、である。第一の選択本願とは、念仏は、法蔵比丘《ほうぞうびく》が二百一十億の仏国土のなかから選択された往生のための行である。詳細はすでにのべた。このゆえに選択本願という。第二の選択讃歎とは、前に説明したように、浄土に往生するものには三種の資質の違いがあるが、そのなかで、悟りを求めるこころを発する、という菩提心《ぼだいしん》等の行が挙げられていても、釈尊はこれらを讃歎されず、ただ、念仏行だけを讃歎して最高の功徳だとのべられている。ゆえに選択讃歎という。三つの選択留教とは、上述のごとく、諸行や諸善に言及することがあっても、釈迦如来はただ念仏だけを選んで後世へ留められた。ゆえに選択留経という。

つぎに、『観無量寿経』のなかにまた三つの選択がある。一つは選択摂取《せっしゅ》、二つは選択化讃《けさん》、三つは選択付属、である。第一の選択摂取とは、『観無量寿経』のなかに、定《じょう》・散《さん》の諸行を説いてはあるが、阿弥陀仏の光明はただ念仏の行者だけを照らして、摂取して捨てない、とある。それゆえに選択摂取という。第二の選択化讃とは、下品上生《げぼんじょうしょう》の人に関して、経典を聞くことと、阿弥陀仏の名を称することの二行が説かれているが、阿弥陀仏は念仏を選択して、「汝、仏の名を称するがゆえに諸罪消滅する、私が来て汝を迎えよう」とある。このために選択化讃という。第三の選択付属とは、定・散の諸行を説明してはいるが、ただ念仏の一行だけを後世に伝達した。それ故に選択付属という。

つぎに『阿弥陀経』のなかに一つの選択がある。選択証誠《しょうじょう》である。すでに諸経には往生の諸行が多数説かれているが、六方《ろっぽう》の諸仏がこれらの諸行を真実なものとして証明することはしていない。『阿弥陀経』にいたってはじめて六方の無数の仏が、おのおの舌をのべひろげて世界を覆い、真実にして誠の言葉をもって、念仏行を証明された。ゆえに、選択証誠という。それだけではない。『般舟三昧《はんじゅさんまい》経』のなかにまた一つの選択がある。いわゆる選択我名《がみょう》である。阿弥陀仏が自ら説いていわれた。「我が国に来たり、生まれたいと願うものは、つねに我が名を称して休むことがあってはならない」、と。ゆえに選択我名という。本願、摂取、我名、化讃の四つは、阿弥陀仏の選択である。讃歎、留教、付属の三つは釈尊の選択である。証誠は六方の無数の仏の選択である。したがって、釈尊、阿弥陀仏、および十方の無数の諸仏は、こころを同じくして、念仏の一行を選択されたのである。ほかの諸行はそうではない。それゆえに分かる。浄土の三部経はともに念仏を選んで肝要とする、ということが。

(本書の要約)

よくよく考えてみるに、速やかに迷いの世界から逃れようとのぞむならば、二種の勝れた教えのなかから、まずは聖道門《しょうどうもん》をさしおいて、浄土門を選んで入れ。浄土門に入ろうとのぞむのであれば、正雑《しょうぞう》二行のなかで、まずは諸々の雑行《ぞうぎょう》をなげうって、正行を選んで従うがよい。正行を修めようとのぞむのであれば、正助《しょうじょ》二業のなかで、やはり助業をかたわらにして、正定業を選んでもっぱら修めよ。正定業とは阿弥陀仏の名を称することである。名を称すれば必ず浄土に生まれることができる。阿弥陀仏の本願によるがゆえに。

(ひとえに善導に依る)

問う。華厳《けごん》、天台《てんだい》、真言《しんごん》、禅門《ぜんもん》、三論《さんろん》、法相《ほっそう》の諸師は、おのおの浄土の教えに関する註釈書をつくってきた。どうして彼らの教えによらずに、ただ善導ひとりの考えを用いるのであるか。

答える。たしかに諸師は浄土の教えに関する註釈書をつくったが、浄土の教えをもって第一とはしなかった。ひたすら聖道の教えをもって第一としていた。そのために私は彼らの教えに従わなかったのである。それにひきかえ、善導和尚は、ひとえに浄土の教えをもって第一とし、その上、聖道の教えをもって第一とはしなかった。それゆえに、私、法然は、ひとえに善導一師に依るのである。

問う。浄土の教えを説いた師匠も数多い。たとえば、弘法寺《ぐほうじ》の迦才《かざい》、慈愍三蔵《じみんさんぞう》等である。

どうしてこれらの師匠に依らずに、ただ善導一師を用いるのであるか。

答える。これらの諸師は浄土を第一とはするが、いまだ深い瞑想《めいそう》の境地に到達していない。善導和尚は念仏の実践によって深い瞑想の境地に到達した人である。その実践において証拠がある。それゆえにまずもって善導和尚の説くところに従うのである。

問う。もし深い瞑想の境地に到達しているということならば、懐感禅師《えかんぜんじ》もまた同じ境地に到達した人である。どうして禅師を用いないのであるか。

答える。善導は師であり、懐感はその弟子である。ゆえに、師に依って、弟子に依らないのである。ましてや師とその弟子との間では解釈が異なることがきわめて多い。だから弟子の説は用いないのである。

問う。もし師に依って、弟子に依らないということであれば、道綽禅師は、善導和尚の師ではないか。また、道綽禅師は浄土門の創始者の一人である。どうして道綽禅師を用いないのであるか。

答える。道綽禅師は師ではあるが、いまだ深い瞑想の境地に到達されていない。だから自ら、往生を得たかどうかは分からなかった。道綽は善導に問うている。「私は、念仏するが往生を得ることができるのであろうか」、と。

そこで善導は一茎の蓮華《れんげ》をもってきて仏前に置き、道綽にいった。「仏像の周囲を回りながら礼拝供養すること七日を経て、華がしおれることがなければ、往生を得るであろう」、と。七日が過ぎると華はしおれて黄色くなることはなかった。

道綽は善導の深い造詣《ぞうけい》に感動した。そこで道綽は善導に頼んだ。「瞑想に入って、道綽が浄土に往生できるか否やを調べてほしい」、と。善導はただちに瞑想に入り、すぐさまに告げた。「師よ、あなたには三つの罪があるからそれを懺悔《さんげ》すれば往生できるであろう」、と。

三つの罪とはなにか。一つは、師がかつて仏像を軒下においたまま、自らは奥の安穏な部屋にいた。二つは、出家の人を走り使いにした。三つは、家を造作したとき虫を殺した。師よ、十方の仏の前で第一の罪を懺悔し、四方の多くの僧侶《そうりょ》の前で第二の罪を懺悔し、すべての衆生の前で第三の罪を懺悔しなければならない。

道綽は、静かに過去の咎《とが》を思うに、どれもみな嘘ではなかった。そこで心から懺悔しおわって、善導に面会した。善導は、道綽に告げた。「師の罪は滅び、この後、白光が照らすであろうが、それが師の往生を示す相である」、と（以上は『新修往生伝』に出ている）。

これではっきりと分かるであろう。善導和尚は、その念仏行が深い瞑想にまでいたり、その力は師匠の道綽禅師を上回っていたのである。智慧も実践も、普通の人ではなかったこと、これではっきりするであろう。

ましてや、当時の人々はつぎのように、言い習わしてきたのだ。仏教が中国へ伝来してきてから今日まで、いまだ善導和尚ほどの徳の高い人はいなかった、と。抜群の誉れは、いくら称賛しても称賛しきれるものではない。

それだけではない。『観無量寿経』の文意を箇条に分けて註釈書を制作する際、善導は盛んに霊瑞を感じて、しばしば聖者の教化と指導に預かったという。すでに仏の加護を受けて『観無量寿経』の内容を段落に分けた。このために世間では、こぞってこの註釈書を「証定疏《しょうじょうしょ》」、つまり聖者の証明を受けて作られた註釈書、と称し、人々がこの書を尊ぶこと経典と同じであった、という。

『観経疏』の第四巻にいう。

「敬《うやま》って一切の有縁《うえん》の先輩方等に申す。私は生死の世界を流転する凡夫で智慧は浅く短い。それにひきかえ、仏教は幽遠にして微妙であり、容易に新たな見解をのべることはむつかしい。そこでついに考えるところを書き表して、願いを立てて（私が考えるところの正否を）誠を捧《ささ》げて霊験に求める。虚空を尽くして法界にあまねく一切の三宝《さんぼう》、釈迦牟尼仏《しゃかむにぶつ》、阿弥陀仏、観音勢至、浄土の諸菩薩と諸聖人《しょうにん》、浄土の一切の厳かな装飾等に帰依したてまつる。私は今、この『観無量寿経』の要旨を明らかにして古今の解釈の正否を質したいと考えている。もし三世の諸仏、釈迦仏、阿弥陀仏等の大悲の願意にかなうならば、願わくは夢に、上に願った極楽浄土の諸相を見ることができますように、と。

そして仏像の前で願を結び終わって、日毎に阿弥陀経を誦《じゅ》すること三遍、阿弥陀仏を念じること三万遍、心を込めて願いを発した。するとその夜、西方の空中に浄土の諸相のすべてが現れた。種々の色の宝山《ほうせん》は百重、千重に重なり、種々の光明をもって大地を照らす。地面は金色《こんじき》のようである。なかに諸仏、諸菩薩がいらっしゃる。あるいは坐し、あるいは立ち、あるいは語り、あるいは黙って、あるいは身体や手を動かし、あるいはじっと動かない。

この様子を、合掌しながら立って見ているうちに、しばらくしてたちまち夢から覚めた。覚め終わると喜びにたえない。そこで考えていた筋道を記録するにいたった。これ以後、毎夜、夢のなかに一人の僧侶《そうりょ》があらわれて、『観無量寿経』の「玄義分《げんぎぶん》」の区分けを指示して授けた。終わってしまうともはや現れない。

やがて、註釈書を完成すると、またさらに真心こめて七日を期して、日毎に阿弥陀経を誦すること十遍、阿弥陀仏を念じること三万遍、夜の最初と夜明けに近い頃に、浄土の装飾等を瞑想して心に思い浮かべ、真心をもって帰依すること、前の通りにした。

その夜、三つの石臼《いしうす》が道ばたに転がっているのを見る。すると、白い駱駝《らくだ》に乗った一人の人間がやって来てつぎのように勧めた。「あなたは、当然のことだが、努力すればかならず往生するであろう。退くことなかれ。現世は穢《けが》れと悪に満ち、苦しみが多い。貪《むさぼ》りや楽しみに心を労するなかれ」、と。

そこで答えた。「賢者の懇切な教えをおおいに蒙《こうむ》る。私は、命終わるまで決して怠りや驕慢《きょうまん》の心を起こすことはしない」、と云々《うんぬん》。

そして、第二夜につぎのような光景を見た。阿弥陀仏の身は真金色《しんこんじき》で、七宝《しっぽう》の樹木のもと、金の蓮華の上に坐しておられる。それを十人の僧侶が取り囲んで、それぞれはまた宝《ほう》樹《じゅ》のもとに坐している。仏の坐しておられる樹木の上には天衣《てんね》が掛かって囲んでいる。善導は、面を正して西に向かい、合掌して坐してよく見奉った。

第三夜に見た光景は、二つの大きな旗竿《はたざお》が非常に高く、大きく現れて、そこに五色の幡《はた》がかかっている。道路は縦横で人が見るのに邪魔になることがない。

このような夢を見ること、三夜となったので、七日を期することなく休止した。

このように自分が見てきた不思議な様子を公表するのは、自分のためにあらず、人を念仏の教えに引き入れるためである。すでにこのような不思議な相を見たのであるから、あえて隠しておく必要もない。謹んでその意義を後に述べ、差し出して、末代にいたるまで聞かせたい。

願わくは、人々よ、この話を聞いて信を生じ、有識の人をして、西方浄土の教えに帰依せしめんことを。この功徳を衆生に回《めぐ》らし施したい。すべての人が悟りを求める心を発して、慈悲心をもって相向かい、仏の眼をもって互いによく見て、悟りにいたるまで親戚《しんせき》のごとく、信仰上の本当によい友人となって、同じように浄土に生まれて、ともに仏道を完成しよう。

この『観経疏』は、始めから終わりまで仏の証明を得て、定めたものである。一句一字も加減してはならない。書写しようとするものは、ひたすら経典の教えと同じようにせよ。よくよく理解せよ」。以上。

（結び）

静かに振り返れば、善導の『観経疏』は、西方浄土を求める人間にはかけがえのない指導書であり、行者に智慧と実践を教えるものである。それゆえに、西方浄土を目指す行人は、かならず尊い書として敬わねばならない。

　就中、毎夜夢に僧が現れて、幽玄な真理を手ずから授けたという。この僧はおそらく阿弥陀仏の化身であろう。そうであるならば、この註釈書は阿弥陀仏が伝えた教え、ということになる。ましてや、中国では善導は阿弥陀仏の化身だと言い伝えているのだ。しからば、この『観経疏』は阿弥陀仏が直接説かれたものといわねばならない。『観経疏』には、この書を書写しようとするものはことごとく、もっぱら経典の教えのようにせよ、とある。この言葉はまことに真実である。

　そもそも、念仏の教えを説かれたのは誰か、その本源をたずねるならば、四十八の願を立てられた阿弥陀仏である。阿弥陀仏がはるかな昔に悟りをひらかれて以来、主唱されてきたのは念仏であり、それゆえに、この念仏こそが頼みとなる。

　一方、現世に救いの姿を現された方を求めると、専修《せんじゅ》念仏の導師である善導和尚にほかならない。その言葉は、深い瞑想によって仏を観じられた上で生まれたものであり、それにしたがえば往生は疑いがない。本源と現世の姿とは異なるけれども、人を教化して悟りに導き入れるという点ではまったく同じなのである。

　私、法然は、昔この『観経疏』を（八度も）読んで、ほぼ善導の意図するところは理解できたので、たちどころに念仏以外の行を捨てて、念仏だけに帰依するにいたった。それ以来今日まで、自ら信じることはもちろん、他の人に勧める場合でも、ただ念仏だけをつとめとしてきた。

その間、たまに宗教的立脚点を求める人がいて、問いを発した際には、西方浄土への道を示してきた。また、西方浄土への道に相応《ふさわ》しい行をたずねる人には、念仏という特別の行だけを教えてきた。

この念仏の教えを信じるものは多く、信じないものは少ない。これで分かるであろう。浄土の教えは、時代と今日の人間の資質に相応しく、実践の機運に巡り会った、ということが。

念仏の行は、たとえれば、水に映る月のごとく、水は天に昇ることもなく、月は水面に降りることもなく、しかも互いに一致しているように、阿弥陀仏との間に間隙《かんげき》がない。

（本集述作の来由）

ところで、今、思いもかけず（九条兼実《かねざね》公の）仰せを蒙った。お断りする余地もなく、したがって今、気が進まないままに、念仏に関する大事な文を集めて、その上、念仏の大切な教えをのべるにいたった。ただ仰せの趣旨に合致しているかどうかだけを心配し、私の才能の有無を顧みてはいない。

これはまことに、無慚無愧《むざんむき》のはなはだしいことである。切にお願いしたい。一度ご覧になったあとは、壁底《へきてい》に埋めて机の上などに置かれないように。思うに、（この書を見ることによって）仏教を誹謗《ひぼう》する人が現れて、地獄などの悪道に堕ちることがないようにしておきたいのである。

（完）

〔訳者ノート〕

1．「（本書の要約）」とした部分は、書下し文では「それ速《すみや》かに生死を離れんと欲せば」から「仏の本願に依るが故なり」に相当するが、古来、この文章は『選択本願念仏集』一巻の趣旨を要約したものとして「略選択」と称されてきた。

7．「ひとえに善導一師に依る」は、漢文でいえば「偏依善導一師」になるが、この一句こそ、法然の立場を明快にあらわす言葉であり、法然の浄土宗がときに「善導宗」だといわれる所以《ゆえん》である。ちなみに、中国では、善導の浄土教は早くに滅びた。中国では、念仏は禅と兼用されるのが普通であり、善導のごとき、念仏一行を選択するということは大方の賛同を得ることができなかったようである。朝鮮においても事情は同じである。

（終わり）

原文（書下し）

選択《せんちゃく》本願《ほんがん》念仏集《ねんぶつしゅう》

南《な》無《む》阿《あ》弥《み》陀《だ》仏《ぶつ》

往生《おうじょう》の業《ごう》には念仏《ねんぶつ》を先《さき》とす。

第一章

標章　道綽《どうしゃく》禅師《ぜんじ》聖道《しょうどう》浄土《じょうど》の二《に》門《もん》を立《た》てて、しかも聖道《しょうどう》を捨《す》てて正《まさ》しく浄土《じょうど》に帰《き》するの文《もん》。

引文第一　『安楽集《あんらくしゅう》』の上《じょう》に云《い》わく、問《と》うて曰《いわ》く、一切衆生《いっさいしゅじょう》は皆仏性《みなぶっしょう》有《あ》り。遠劫《おんごう》より以来《このかた》まさに多仏《たぶつ》に値《あ》えるなるべし。何《なに》に因《よ》ってか今《いま》に至《いた》るまで、なお自《みずか》ら生死《しょうじ》に輪回《りんね》して、火宅《かたく》を出《い》でざるや。答《こた》えて曰《いわ》く、大乗《だいじょう》の聖教《しょうぎょう》に依《よ》るに、良《まこと》に二種《にしゅ》の勝法《しょうぼう》を得《え》て、以《もっ》て生死《しょうじ》を排《はら》はざるに由《よ》る。ここを以《もっ》て火宅《かたく》を出《い》でざるなり。何《なに》をか二《ふたつ》と為《な》す。一《ひとつ》には謂《いわ》く聖道《しょうどう》、二《ふたつ》には謂《いわ》く往生浄土《おうじょうじょうど》なり。その聖道《しょうどう》の一種《いっしゅ》は、今《いま》の時証《ときしょう》し難《がた》し。一《ひとつ》には大聖《だいしょう》を去《さ》ること遥遠《ようおん》なるに由《よ》る。二《ふたつ》には理《り》は深《ふか》く解《げ》は微《み》なるに由《よ》る。この故《ゆえ》に『大集月蔵経《だいしゅうがつぞうきょう》』に云《いわ》く、「我《わ》が末法《まっぽう》の時《とき》の中《なか》に、億億《おくおく》の衆生《しゅじょう》、行《ぎょう》を起《おこ》し道《どう》を修《しゅ》せんに、いまだ一人《いちにん》も得《う》るもの有《あ》らじ」。当今《とうこん》は末法《まっぽう》、現《げん》にこれ五濁悪世《ごじょくあくせ》なり。ただ浄土《じょうど》の一門《いちもん》のみ有《あ》って通入《つうにゅう》すべき路《みち》なり。この故《ゆえ》に『大経《だいきょう》』に云《のたま》わく、「もし衆生《しゅじょう》有《あ》って、たとい一生悪《いっしょうあく》を造《つく》るとも、命終《みょうじゅう》の時《とき》に臨《のぞ》んで、十念相続《じゅうねんそうぞく》して、我《わ》が名字《みょうじ》を称《しょう》せんに、もし生《しょう》ぜずば正覚《しょうがく》を取《と》らじ」と。またまた一切《いっさい》の衆生《しゅじょう》はすべて自《みずか》ら量《はか》らず。もし大乗《だいじょう》に拠《よ》らば、真如実相第一義空《しんにょじっそうだいいちぎくう》、かっていまだ心《こころ》を惜《お》かず、もし小乗《しょうじょう》を論《ろん》ぜば、見諦修道《けんたいしゅどう》に修入《しゅにゅう》し、乃至《ないし》那含羅漢《なごんらかん》に、五下《ごげ》を断《だん》じ五上《ごじょう》を除《のぞ》くこと、道俗《どうぞく》を問《と》うこと無《な》く、いまだその分有《ぶんあ》らず、たとい人天《にんでん》の果報《かほう》有《あ》れども、皆五戒十善《みなごかいじゅうぜん》に為《よ》って、能《よ》くこの報《ほう》を招《まね》く。然《しか》るに持《たも》ち得《う》る者《もの》は、はなはだ希《まれ》なり。もし起悪造罪《きあくぞうざい》を論《ろん》ぜば、何《なん》ぞ暴風駛雨《ぼうふうしう》に異《こと》ならん。ここを以《もっ》て諸仏《しょぶつ》の大慈《だいじ》、勧《すす》めて浄土《じょうど》に帰《き》せしむ。たとい一形悪《いちぎょうあく》を造《つく》るともただ能《よ》く意《こころ》を繋《か》けて、専精《せんしょう》に常《つね》に能《よ》く念仏《ねんぶつ》すれば、一切《いっさい》の諸障《しょしょう》、自然《じねん》に消除《しょうじょ》して、定《さだ》んで往生《おうじょう》を得《う》。何《なん》ぞ思量《しりょう》せずして、すべて去《さ》る心無《こころな》きや。

私釈　私《わたくし》に云《い》わく、密《ひそか》に計《おもんみ》れば、それ立教《りっきょう》の多少《たしょう》は宗《しゅう》に随《したが》って不同《ふどう》なり。且《しばら》く有相宗《うそうじゅう》のごときは、三時教《さんじきょう》を立《た》てて一代《いちだい》の聖教《しょうぎょう》を判《はん》ず。いわゆる有《う》・空《くう》・中《じゅう》これなり。無相宗《むそうじゅう》のごときは、二蔵教《にぞうきょう》を立《た》てて以《もっ》て一代《いちだい》の聖教《しょうぎょう》を判《はん》ず。いわゆる菩薩蔵《ぼさつぞう》・声聞蔵《しょうもんぞう》これなり。華厳宗《けごんじゅう》のごときは、五教《ごきょう》を立《た》てて一切《いっさい》の仏教《ぶっきょう》を摂《せっ》す。いわゆる小乗教《しょうじょうきょう》・始教《しきょう》・終教《しゅうぎょう》・頓教《とんぎょう》・円教《えんぎょう》これなり。法華宗《ほっけしゅう》のごときは、四教五味《しきょうごみ》を立《た》てて以《もっ》て一切《いっさい》の仏教《ぶっきょう》を摂《せっ》す。四《し》教《きょう》とはいわゆる蔵《ぞう》・通《つう》・別《べち》・円《えん》これなり。五味《ごみ》とはいわゆる乳《にゅう》・酪《らく》・生《しょう》・熟《じゅく》・醍醐《だいご》これなり。真言宗《しんごんじゅう》のごときは、二教《にきょう》を立《た》てて一切《いっさい》を摂《せっ》す。いわゆる顕教《けんぎょう》・密教《みっきょう》これなり。今《いま》この浄土宗《じょうどしゅう》は、もし道綽禅師《どうしゃくぜんじ》の意《こころ》に依《よ》らば二門《にもん》を立《た》てて一切《いっさい》を摂《せっ》す。いわゆる聖道門《しょうどうもん》・浄《じょう》土門《どもん》これなり。問《と》うて曰《いわ》く、それ宗《しゅう》の名《な》を立《た》てることは本《もと》、華厳《けごん》・天台等《てんだいとう》の八宗《はっしゅう》九宗《くしゅう》に在《あ》り。いまだ浄土《じょうど》の家《いえ》において、その宗《しゅう》の名《な》を立《た》てることを聞《き》かず。然《しか》るに今《いま》、浄土宗《じょうどしゅう》と号《ごう》すること何《なん》の証拠《しょうこ》有《あ》るや。答《こた》えて曰《いわ》く、浄土宗《じょうどしゅう》の名《な》その証《しょう》一《いっ》に非《あら》ず。元暁《がんぎょう》の『遊《ゆ》心安楽道《しんあんらくどう》』に云《いわ》く、「浄土宗《じょうどしゅう》の意《こころ》は本《もと》、凡夫《ぼんぶ》の為《ため》にし兼《か》ねて聖人《しょうにん》の為《ため》にす」と。また慈恩《じおん》の『西方要決《さいほうようけつ》』に云《いわ》く、「この一宗《いっしゅう》に依《よ》る」と。また迦才《かざい》の『浄土論《じょうどろん》』に云《いわ》く、「この一宗《いっしゅう》、密《ひそ》かに要路《ようろ》たり」と。その証《しょう》かくのごとし。疑端《ぎたん》に足《た》らず。ただし諸宗《しょしゅう》の立教《りっきょう》は正《まさ》しく今《いま》の意《こころ》に非《あら》ず。且《しばら》く浄土宗《じょうどしゅう》に就《つ》いて、略《りゃく》して二門《にもん》を明《あか》さば、一《ひとつ》には聖道門《しょうどうもん》、二《ふたつ》には浄土門《じょうどもん》なり。初《はじ》めに聖道門《しょうどうもん》とは、これに就《つ》いて二有《ふたつあ》り。一《ひとつ》には大乗《だいじょう》、二《ふたつ》には小乗《しょうじょう》なり。大乗《だいじょう》の中《なか》に就《つ》いて顕密権実等《けんみつごんじっとう》の不同有《ふどうあ》りといえども、今《いま》この『集《しゅう》』の意《こころ》はただ顕大《けんだい》および権大《ごんだい》を存《ぞん》す。故《ゆえ》に歴劫迂回《りゃっこううえ》の行《ぎょう》に当《あた》る。これに准《じゅん》じてこれを思《おも》うに、まさに密大《みつだい》および実大《じつだい》を存《ぞん》すべし。然《しか》ればすなわち今《いま》、真言《しんごん》・仏心《ぶっしん》・天台《てんだい》・華厳《けごん》・三論《さんろん》・法相《ほっそう》・地論《じろん》・摂論《しょうろん》これらの八家《はっけ》の意《こころ》、正《まさ》しくここに在《あ》り。まさに知《し》るべし。次《つぎ》に小乗《しょうじょう》とは、すべてこれ小乗《しょうじょう》の経律論《きょうりつろん》の中《なか》に明《あか》す所《ところ》の声聞《しょうもん》・縁覚《えんがく》・断惑証理入聖得果《だんなくしょうりにっしょうとっか》の道《どう》なり。上《かみ》に准《じゅん》じてこれを思《おも》うに、また倶舎《くしゃ》・成実《じょうじつ》・諸部《しょぶ》の律宗《りっしゅう》を摂《せっ》すべきのみ。およそこの聖道門《しょうどうもん》の大意《たいい》は、大乗《だいじょう》および小乗《しょうじょう》を論《ろん》ぜず、この娑婆世界《しゃばせかい》の中《なか》において、四乗《しじょう》の道《どう》を修《しゅ》して、四乗《しじょう》の果《か》を得《う》るなり。四乗《しじょう》とは、三乗《さんじょう》の外《ほか》に仏乗《ぶつじょう》を加《くわ》う。

次《つぎ》に往生浄土門《おうじょうじょうどもん》とは、これに就《つ》いて二有《ふたつあ》り。一《ひとつ》には正《しょう》に往生浄土《おうじょうじょうど》を明《あか》すの教《きょう》、二《ふたつ》には傍《ぼう》に往生浄土《おうじょうじょうど》を明《あか》すの教《きょう》なり。初《はじ》めに正《しょう》に往生浄土《おうじょうじょうど》を明《あか》すの教《きょう》とは、謂《いわ》く三経《さんぎょう》一論《いちろん》これなり。三経《さんぎょう》とは一《ひとつ》には『無量寿経《むりょうじゅきょう》』、二《ふたつ》には『観無量寿経《かんむりょうじゅきょう》』、三《みつ》には『阿弥陀《あみだ》経《きょう》』なり。一論《いちろん》とは天親《てんじん》の『往生論《おうじょうろん》』これなり。あるいはこの三経《さんぎょう》を指《さ》して浄土《じょうど》の三部《さんぶ》経《きょう》と号《ごう》す。

問《と》うて曰《いわ》く、三部経《さんぶきょう》の名《な》、またその例有《れいあ》りや。答《こた》えて曰《いわ》く、三部経《さんぶきょう》の名《な》その例一《れいいっ》に非《あら》ず。一《ひとつ》には法華《ほっけ》の三部《さんぶ》、謂《いわ》く『無量義経《むりょうぎきょう》』・『法華経《ほけきょう》』・『普賢観経《ふげんかんぎょう》』これなり。二《ふたつ》には大日《だいにち》の三部《さんぶ》、謂《いわ》く『大日経《だいにちきょう》』・『金剛頂経《こんごうちょうぎょう》』・『蘇悉地経《そしつじきょう》』これなり。三《みつ》には鎮護国家《ちんごこっか》の三部《さんぶ》、謂《いわ》く『法華経《ほけきょう》』・『仁王経《にんのうぎょう》』・『金光明経《こんこうみょうぎょう》』これなり。四《よっ》には弥勒《みろく》の三部《さんぶ》、謂《いわ》く『上生経《じょうしょうぎょう》』・『下生経《げしょうぎょう》』・『成仏経《じょうぶつきょう》』これなり。今《いま》はただこれ弥陀《みだ》の三部《さんぶ》なり。故《ゆえ》に浄土《じょうど》の三部経《さんぶきょう》と名《な》づく。弥陀《みだ》の三部《さんぶ》とはこれ浄土《じょうど》正依《しょうえ》の経《きょう》なり。

次《つぎ》に傍《ぼう》に往生浄土《おうじょうじょうど》を明《あか》すの教《きょう》とは、『華厳《けごん》』・『法華《ほっけ》』・『随求《ずいぐ》』・『尊勝《そんじょう》』等《とう》の、諸《もろ》の往生浄土《おうじょうじょうど》を明《あか》すの諸経《しょきょう》これなり。また『起信論《きしんろん》』・『宝性論《ほうしょうろん》』・『十住毘婆沙論《じゅうじゅうびばしゃろん》』・『摂《しょう》大乗論《だいじょうろん》』等《とう》の、諸《もろ》の往生浄土《おうじょうじょうど》を明《あか》すの諸論《しょろん》これなり。

およそこの『集《しゅう》』の中《なか》に、聖道浄土《しょうどうじょうど》の二門《にもん》を立《た》てる意《こころ》は、聖道《しょうどう》を捨《す》てて、浄土門《じょうどもん》に入《い》らしめんが為《ため》なり。これに就《つ》いて二《ふた》つの由有《ゆえあ》り。一《ひとつ》には大聖《だいしょう》を去《さ》ること遥遠《ようおん》なるに由《よ》る。二《ふたつ》には理《り》深《ふか》く、解《げ》微《み》なるに由《よ》る。この宗《しゅう》の中《なか》に二門《にもん》を立《た》てることは、独《ひと》り道綽《どうしゃく》のみに非《あら》ず。

曇鸞《どんらん》・天台《てんだい》・迦才《かざい》・慈恩等《じおんとう》の諸師《しょし》、皆《みな》この意《こころ》有《あ》り。且《しばら》く、曇鸞法師《どんらんほっし》の『往生論《おうじょうろん》の註《ちゅう》』に云《いわ》く、「謹《つつし》んで案《あん》ずるに、龍樹菩薩《りゅうじゅぼさつ》の『十住毘婆沙《じゅうじゅうびばしゃ》』に云《いわ》く、菩薩阿毘跋致《ぼさつあびばっち》を求《もと》めるに、二種《にしゅ》の道有《どうあ》り。一《ひとつ》には難行道《なんぎょうどう》、二《ふたつ》には易行道《いぎょうどう》なり。難行道《なんぎょうどう》とは、謂《いわ》く五濁《ごじょく》の世《よ》、無仏《むぶつ》の時《とき》において、阿毘跋致《あびばっち》を求《もと》めるを難《なん》とす。この難《なん》にすなわち多途有《たづあ》り。ほぼ五三《ごさん》を言《い》いて、以《もっ》て義意《ぎい》を示《しめ》さん。一《ひとつ》には外道《げどう》の相善《そうぜん》、菩薩《ぼさつ》の法《ほう》を乱《みだ》る。二《ふたつ》には声聞《しょうもん》の自利《じり》、大慈《だいじ》悲《ひ》を障《ささ》う。三《みっつ》には無顧《むこ》の悪人《あくにん》、他《た》の勝徳《しょうとく》を破《は》す。四《よっつ》には顛倒《てんどう》の善果《ぜんか》、能《よ》く梵行《ぼんぎょう》を壊《え》す。五《いつつ》にはただこれ自力《じりき》にして他力《たりき》の持《じ》無《な》し。かくのごとき等《ら》の事《じ》、目《め》に触《ふ》れて皆《みな》、是《ぜ》なり。譬《たと》えば陸路《りくろ》の歩行《ぶぎょう》はすなわち苦《くる》しきがごとし。易行道《いぎょうどう》とは、謂《いわ》くただ信仏《しんぶつ》の因縁《いんねん》を以《もっ》て、浄土《じょうど》に生《しょう》ぜんと願《がん》ずれば、仏《ほとけ》の願力《がんりき》に乗《じょう》じて、すなわち彼《か》の清浄《しょうじょう》の土《ど》に往生《おうじょう》することを得《う》。仏力住持《ぶつりきじゅうじ》して、すなわち大乗正定《だいじょうしょうじょう》の聚《じゅ》に入《い》らしむ。正定《しょうじょう》はすなわちこれ阿毘跋致《あびばっち》なり。譬《たと》えば水路《すいろ》の乗船《じょうせん》はすなわち楽《たの》しきがごとし」已上 この中《なか》の難行道《なんぎょうどう》とはすなわちこれ聖道門《しょうどうもん》なり。易行道《いぎょうどう》とは、すなわちこれ浄土門《じょうどもん》なり。難行《なんぎょう》・易行《いぎょう》と、聖道《しょうどう》・浄土《じょうど》と、その言《ことば》は異《こと》なりといえども、その意《こころ》これ同《おな》じ。天台《てんだい》・迦才《かざい》これに同《おな》じ。まさに知《し》るべし。また『西方要決《さいほうようけつ》』に云《いわ》く、「仰《あお》ぎ惟《おもんみ》れば、釈迦《しゃか》、運《うん》を啓《ひら》いて、弘《ひろ》く有縁《うえん》を益《やく》す。教《きょう》、随方《ずいほう》に闡《ひら》けてならびに法潤《ほうにん》に霑《うるお》う。親《まのあた》り聖化《しょうけ》に逢《あ》えるは、道《どう》、三乗《さんじょう》を悟《さと》りき。福薄《ふくうす》く、因疎《いんそ》なるは、勧《すす》めて浄土《じょうど》に帰《き》せしむ。この業《ごう》を作《な》す者《もの》は、専《もっぱ》ら弥陀《みだ》を念《ねん》じ、一切《いっさい》の善根《ぜんごん》、回《え》して彼《か》の国《くに》に生《しょう》ず。弥陀《みだ》の本願《ほんがん》、誓《ちか》って娑婆《しゃば》を度《ど》したまう。上現生《かみげんしょう》の一形《いちぎょう》を尽《つく》し、下臨《しもりん》終《じゅう》の十念《じゅうねん》に至《いた》るまで、ともに能《よ》く決定《けつじょう》して皆往生《みなおうじょう》を得《う》」。已上　また同《おな》じき後序《ごじょ》に云《いわ》く、「それ以《おもん》みれば、生《うま》れて像季《ぞうき》に居《こ》して、聖《しょう》を去《さ》ることこれ遥《はる》かなり。道《どう》、三乗《さんじょう》に預《あず》かれども、契悟《かいご》するに方無《みちな》し。人天《にんでん》の両位《りょうい》は、躁動《そうどう》にして安《やす》からず。智博《ちひろ》く、情弘《じょうひろ》きは、能《よ》く久《ひさ》しく処《しょ》するに堪《た》えたり。もし識癡《しきおろか》に、行浅《ぎょうあさ》きは、恐《おそ》らくは幽途《ゆうず》に溺《おぼ》れん。必《かなら》ずすべからく跡《あと》を娑婆《しゃば》に遠《とお》ざけ心《こころ》を浄域《じょういき》に栖《す》ましむべし」。已上　この中《なか》に三乗《さんじょう》とはすなわちこれ聖道《しょうどう》門《もん》の意《こころ》なり。浄土《じょうど》とはすなわちこれ浄土門《じょうどもん》の意《こころ》なり。三乗浄土《さんじょうじょうど》と、聖道浄土《しょうどうじょうど》とは、その名異《なこと》なりといえども、その意《こころ》また同《おな》じ。浄土宗《じょうどしゅう》の学者《がくしゃ》、まずすべからくこの旨《むね》を知《し》るべし。たとい先《さき》に聖道門《しょうどうもん》を学《がく》せる人《ひと》といえども、もし浄土門《じょうどもん》において、その志《こころざし》有《あ》らば、すべからく聖道《しょうどう》を棄《す》てて、浄土《じょうど》に帰《き》すべし。例《れい》せば彼《か》の曇鸞法師《どんらんほっし》は、四論《しろん》の講説《こうぜつ》を捨《す》てて、一向《いっこう》に浄土《じょうど》に帰《き》し、道綽禅師《どうしゃくぜんじ》は涅槃《ねはん》の広業《こうぎょう》を閣《さしお》いて、偏《ひとえ》に西方《さいほう》の行《ぎょう》を弘《ひろ》めしがごとし。上古《じょうこ》の賢哲《げんてつ》なお以《もっ》てかくのごとし。末代《まつだい》の愚魯《ぐろ》、むしろこれに遵《したが》わざらんや。

問《と》うて曰《いわ》く、聖道家《しょうどうけ》の諸宗《しょしゅう》、各《おのおの》師資相承《ししそうじょう》有《あ》り。謂《いわ》く、天台宗《てんだいしゅう》のごときは慧文《えもん》・南《なん》岳《がく》・天台《てんだい》・章安《しょうあん》・智威《ちい》・慧威《えい》・玄朗《げんろう》・湛然《たんねん》、次第相承《しだいそうじょう》す。真言宗《しんごんじゅう》のごときは、大日如《だいにちにょ》来《らい》・金剛薩埵《こんごうさつた》・龍樹《りゅうじゅ》・龍智《りゅうち》・金智《こんち》・不空《ふくう》、次第相承《しだいそうじょう》す。自余《じよ》の諸宗《しょしゅう》、また各《おのおの》相承《そうじょう》の血脈《けちみゃく》有《あ》り。而《しか》るに今《いま》言う所《ところ》の浄土宗《じょうどしゅう》に師資相承《ししそうじょう》血脈《けちみゃく》の譜《ふ》有《あ》りや。答《こた》えて曰《いわ》く、聖道家《しょうどうけ》の血脈《けちみゃく》のごとく、浄土宗《じょうどしゅう》にもまた血脈《けちみゃく》有《あ》り。ただし浄土《じょうど》一宗《いっしゅう》において、諸家《しょけ》また同《おな》じからず。いわゆる盧山《ろさん》の慧遠法師《えおんほっし》と、慈愍三蔵《じみんさんぞう》と、道綽《どうしゃく》・善導《ぜんどう》等《とう》とこれなり。今且《いましばら》く道綽《どうしゃく》・善導《ぜんどう》の一家《いっけ》に依《よ》って、師資相承《ししそうじょう》の血脈《けちみゃく》を論《ろん》ぜば、これにまた両説《りょうせつ》有《あ》り。一《ひとつ》には菩提流支《ぼだいるし》三蔵《さんぞう》・慧寵法師《えちょうほっし》・道場法師《どうじょうほっし》・曇鸞法師《どんらんほっし》・大海禅師《だいかいぜんじ》・法上法師《ほうじょうほっし》なり。已上『安楽集』に出づ。二《ふたつ》には菩提流支三蔵《ぼだいるしさんぞう》・曇鸞法師《どんらんほっし》・道綽禅師《どうしゃくぜんじ》・善導禅師《ぜんどうぜんじ》・懐感法師《えかんほっし》・少康法師《しょうこうほっし》なり。已上唐宋両伝に出づ。

第二章

標章 善導和尚《ぜんどうかしょう》正雑二行《しょうぞうにぎょう》を立《た》てて、雑行《ぞうぎょう》を捨《す》てて正行《しょうぎょう》に帰《き》するの文《もん》。

引文第一 『観経の疏《かんぎょうのしょ》』の第四《だいし》に云《いわ》く、行《ぎょう》に就《つ》いて信《しん》を立《た》つとは、然《しか》るに行《ぎょう》に二種《にしゅ》有《あ》り。一《ひとつ》には正行《しょうぎょう》、二《ふたつ》には雑行《ぞうぎょう》なり。正行《しょうぎょう》と言《い》うは専《もっぱ》ら往生経《おうじょうきょう》に依《よ》って行《ぎょう》を行《ぎょう》ずる者《もの》、これを正行《しょうぎょう》と名《な》づく。何《なん》の者《もの》か是《ぜ》なる。一心《いっしん》に専《もっぱ》らこの『観経《かんぎょう》』・『弥陀経《みだきょう》』・『無量寿経《むりょうじゅきょう》』等《とう》を読誦《どくじゅ》し、一心《いっしん》に専注《せんじゅう》して、彼《か》の国《くに》の二報荘厳《にほうしょうごん》を思想《しそう》し観察《かんざつ》し憶念《おくねん》し、もし礼《らい》するには、すなわち一心《いっしん》に専《もっぱ》ら彼《か》の仏《ほとけ》を礼《らい》し、もし口称《くしょう》するには、すなわち一心《いっしん》に専《もっぱ》ら彼《か》の仏《ほとけ》を称《しょう》し、もし讃歎供養《さんだんくよう》するには、すなわち一心《いっしん》に専《もっぱ》ら讃歎供養《さんだんくよう》す。これを名《な》づけて正《しょう》とす。またこの正《しょう》の中《なか》に就《つ》いてまた二種《にしゅ》有《あ》り。一《ひとつ》には一心《いっしん》に専《もっぱ》ら弥陀《みだ》の名号《みょうごう》を念《ねん》じ、行住坐臥《ぎょうじゅうざが》に時《じ》節《せつ》の久近《くごん》を問《と》わず、念念《ねんねん》に捨《す》てざる者《もの》、これを正定《しょうじょう》の業《ごう》と名《な》づく。彼《か》の仏《ほとけ》の願《がん》に順《じゅん》ずるが故《ゆえ》に。もし礼誦等《らいじゅとう》に依《よ》るをば、すなわち名《な》づけて助業《じょごう》と為《な》す。この正助二行《しょうじょにぎょう》を除《のぞ》いて已外《いげ》の自余《じよ》の諸善《しょぜん》をことごとく雑行《ぞうぎょう》と名《な》づく。もし前《さき》の正助二行《しょうじょにぎょう》を修《しゅ》すれば、心常《しんつね》に親《しん》近《ごん》し憶念《おくねん》して断《た》えざるを、名《な》づけて無間《むけん》とす。もし後《のち》の雑行《ぞうぎょう》を行《ぎょう》ずれば、すなわち心《しん》常《つね》に間断《けんだん》す。回向《えこう》して生《しょう》ずることを得《う》べしといえども、すべて疎雑《そぞう》の行《ぎょう》と名《な》づく。

私釈 私《わたくし》に云《いわ》く、この文《もん》に就《つ》いて二《ふたつ》の意有《こころあ》り。一《ひとつ》には往生《おうじょう》の行相《ぎょうそう》を明《あか》し、二《ふたつ》には二《に》行《ぎょう》の得失《とくしつ》を判《はん》ず。

初《はじ》めに往生《おうじょう》の行相《ぎょうそう》を明《あか》すとは、善導和尚《ぜんどうかしょう》の意《こころ》に依《よ》るに往生《おうじょう》の行多《ぎょうおお》しといえども、大《おおい》に分《わか》ちて二《ふたつ》と為《な》す。一《ひとつ》には正行《しょうぎょう》、二《ふたつ》には雑行《ぞうぎょう》なり。初《はじ》めに正行《しょうぎょう》とは、これに付《つ》いて開合《かいごう》の二義《にぎ》有《あ》り。初《はじ》めには開《かい》して五種《ごしゅ》とし、後《のち》には合《がっ》して二種《にしゅ》とす。初《はじ》めの開《かい》して五種《ごしゅ》とすとは、一《ひとつ》には読誦正行《どくじゅしょうぎょう》、二《ふたつ》には観察正行《かんざつしょうぎょう》、三《みっつ》には礼拝正行《らいはいしょうぎょう》、四《よっつ》には称名正行《しょうみょうしょうぎょう》、五《いつつ》には讃歎《さんだん》供養正行《くようしょうぎょう》なり。第一《だいいち》に読誦正行《どくじゅしょうぎょう》とは専《もっぱ》ら『観経《かんぎょう》』等《とう》を読誦《どくじゅ》する。すなわち文《もん》に、「一心《いっしん》に専《もっぱ》らこの『観経《かんぎょう》』・『弥陀経《みだきょう》』・『無量寿経《むりょうじゅきょう》』等《とう》を読誦《どくじゅ》す」と云《い》えるこれなり。第二《だいに》に観察正行《かんざつしょうぎょう》とは専《もっぱ》ら彼《か》の国《くに》の依正二《えしょうに》報《ほう》を観察《かんざつ》する。すなわち文《もん》に、「一心《いっしん》に専注《せんじゅう》して彼《か》の国《くに》の二報荘厳《にほうしょうごん》を思想《しそう》し観察《かんざつ》し憶念《おくねん》す」と言《い》えるこれなり。第三《だいさん》に礼拝正行《らいはいしょうぎょう》とは、専《もっぱ》ら弥陀《みだ》を礼《らい》する。すなわち文《もん》に、「もし礼《らい》するには、すなわち一心《いっしん》に専《もっぱ》ら彼《か》の仏《ほとけ》を礼《らい》す」と言《い》えるこれなり。第四《だいし》に称名正行《しょうみょうしょうぎょう》とは、専《もっぱ》ら弥陀《みだ》の名号《みょうごう》を称《しょう》する。すなわち文《もん》に、「もし口称《くしょう》するには、すなわち一心《いっしん》に専《もっぱ》ら彼《か》の仏《ほとけ》を称《しょう》す」と云《い》えるこれなり。第五《だいご》に讃歎供養《さんだんくよう》正行《しょうぎょう》とは、専《もっぱ》ら弥陀《みだ》を讃歎供養《さんだんくよう》する。すなわち文《もん》に、「もし讃歎供養《さんだんくよう》するには、すなわち一心《いっしん》に専《もっぱ》ら讃歎供養《さんだんくよう》す。これを名《な》づけて正《しょう》と為《な》す」と云《い》えるこれなり。もし讃歎《さんだん》と供養《くよう》とを開《かい》して二《に》と為《な》せば、六種正行《ろくしゅしょうぎょう》と名《な》づくべし。今合《いまごう》の義《ぎ》に依《よ》るが故《ゆえ》に五種《ごしゅ》と言《い》う。次《つぎ》に合《がっ》して二種《にしゅ》とすとは、一《ひとつ》には正業《しょうごう》、二《ふたつ》には助業《じょごう》なり。初《はじ》めに正業《しょうごう》とは、上《かみ》の五種《ごしゅ》の中《なか》の第四《だいし》の称名《しょうみょう》を以《もっ》て正定《しょうじょう》の業《ごう》とす。すなわち文《もん》に、「一心《いっしん》に専《もっぱ》ら弥陀《みだ》の名号《みょうごう》を念《ねん》じて、行《ぎょう》住坐臥《じゅうざが》に時節《じせつ》の久近《くごん》を問《と》わず、念念《ねんねん》に捨《す》てざる者《もの》、これを正定《しょうじょう》の業《ごう》と名《な》づく、彼《か》の仏《ほとけ》の願《がん》に順《じゅん》ずるが故《ゆえ》に」と云《い》えるこれなり。次《つぎ》に助業《じょごう》とは、第四《だいし》の口称《くしょう》を除《のぞ》いて外《ほか》、読誦等《どくじゅとう》の四種《ししゅ》を以《もっ》て助業《じょごう》とす。すなわち文《もん》に、「もし礼誦等《らいじゅとう》に依《よ》らば、すなわち名《な》づけて助業《じょごう》とす」と云《い》えるこれなり。

問《と》うて曰《いわ》く、何《なん》が故《ゆえ》ぞ、五種《ごしゅ》の中《なか》に独《ひと》り称名念仏《しょうみょうねんぶつ》を以《もっ》て、正定業《しょうじょうごう》と為《な》するや。答《こた》えて曰《いわ》く、彼《か》の仏《ほとけ》の願《がん》に順《じゅん》ずるが故《ゆえ》に。意《こころ》の云《いわ》く、称名念仏《しょうみょうねんぶつ》は、これ彼《か》の仏《ほとけ》の本願《ほんがん》の行《ぎょう》なり。故《ゆえ》にこれを修《しゅ》する者《もの》は、彼《か》の仏《ほとけ》の願《がん》に乗《じょう》じて必《かなら》ず往生《おうじょう》することを得《う》るなり。その仏《ほとけ》の本願《ほんがん》の義《ぎ》は、下《しも》に至《いた》って知《し》るべし。次《つぎ》に雑行《ぞうぎょう》とは、すなわち文《もん》に、「この正助《しょうじょ》二行《にぎょう》を除《のぞ》いて已外《いげ》の自余《じよ》の諸善《しょぜん》をことごとく雑行《ぞうぎょう》と名《な》づく」と云《い》えるこれなり。意《こころ》の云《いわ》く、雑行無《ぞうぎょうむ》量《りょう》なり。つぶさに述《の》べるに遑《いとま》あらず。ただし今且《いましばら》く五種《ごしゅ》の正行《しょうぎょう》に翻対《ほんたい》して、以《もっ》て五種《ごしゅ》の雑行《ぞうぎょう》を明《あか》さん。一《ひとつ》には読誦雑行《どくじゅぞうぎょう》、二《ふたつ》には観察雑行《かんざつぞうぎょう》、三《みっ》には礼拝雑行《らいはいぞうぎょう》、四《よっ》には称名雑行《しょうみょうぞうぎょう》、五《いつつ》には讃歎供養雑行《さんだんくようぞうぎょう》なり。第一《だいいち》に読誦雑行《どくじゅぞうぎょう》とは、上《かみ》の『観経《かんぎょう》』等《とう》の往生浄土《おうじょうじょうど》の経《きょう》を除《のぞ》いて已外《いげ》の大小乗《だいしょうじょう》顕密《けんみつ》の諸経《しょきょう》において、受持《じゅじ》し読誦《どくじゅ》するを、ことごとく読誦雑行《どくじゅぞうぎょう》と名《な》づく。第二《だいに》に観察雑行《かんざつぞうぎょう》とは、上《かみ》の極楽《ごくらく》の依正《えしょう》を除《のぞ》いて已外《いげ》の大小《だいしょう》、顕密《けんみつ》、事理《じり》の観行《かんぎょう》、皆《みな》ことごとく観察雑行《かんざつぞうぎょう》と名《な》づく。第三《だいさん》に礼拝雑行《らいはいぞうぎょう》とは、上《かみ》の弥陀《みだ》を礼拝《らいはい》するを除《のぞ》いて已外《いげ》の、一切《いっさい》の諸余《しょよ》の仏菩薩《ぶつぼさつ》等《とう》、および諸《もろく》の世天《せてん》等《とう》において、礼拝恭敬《らいはいくぎょう》するを、ことごとく礼拝雑行《らいはいぞうぎょう》と名《な》づく。第四《だいし》に称名雑行《しょうみょうぞうぎょう》とは、上《かみ》の弥陀《みだ》の名号《みょうごう》を称《しょう》するを除《のぞ》いて已外《いげ》の自余《じよ》の一切《いっさい》の仏菩薩《ぶつぼさつ》等《とう》、および諸《もろく》の世天《せてん》等《とう》の名号《みょうごう》を称《しょう》するを、ことごとく称名雑行《しょうみょうぞうぎょう》と名《な》づく。第五《だいご》に讃歎供養雑行《さんだんくようぞうぎょう》とは、上《かみ》の弥陀仏《みだぶつ》を除《のぞ》いて已外《いげ》の一切《いっさい》の諸余《しょよ》の仏菩薩《ぶつぼさつ》等《とう》、および諸《もろく》の世天《せてん》等《とう》において、讃歎供養《さんだんくよう》するを、ことごとく讃歎供養雑行《さんだんくようぞうぎょう》と名《な》づく。この外《ほか》にまた布施《ふせ》・持戒《じかい》等《とう》の無量《むりょう》の行《ぎょう》有《あ》り。皆雑行《みなぞうぎょう》の言《ごん》に摂尽《しょうじん》すべし。次《つぎ》に二行《にぎょう》の得失《とくしつ》を判《はん》せば、「もし前《さき》の正助二行《しょうじょにぎょう》を修《しゅ》すれば、心常《しんつね》に親近《しんごん》し、憶念《おくねん》して断《た》へざるを名《な》づけて無間《むけん》と為《な》す。もし後《のち》の雑行《ぞうぎょう》を行《ぎょう》ずれば、すなわち心常《しんつね》に間断《けんだん》す。回向《えこう》して生《しょう》ずることを得《う》べしといえども、すべて疎雑《そぞう》の行《ぎょう》と名《な》づく」と、すなわちその文《もん》なり。

この文《もん》の意《こころ》を案《あん》ずるに、正雑二《しょうぞうに》行《ぎょう》に就《つ》いて、五番《ごばん》の相対有《そうだいあ》り。一《ひとつ》には親疎《しんぞ》対《たい》、二《ふたつ》には近遠対《ごんのんたい》、三《みつ》には有間無間対《うけんむけんたい》、四《よつ》には回向不回向対《えこうふえこうたい》、五《いつつ》には純雑対《じゅんぞうたい》なり。第一《だいいち》に親疎対《しんぞたい》とは、まず親《しん》とは正助二《しょうじょに》行《ぎょう》を修《しゅ》する者《もの》は、阿弥陀仏《あみだぶつ》においてはなはだ以《もっ》て親昵《しんじつ》とす。故《ゆえ》に『疏《しょ》』の上《かみ》の文《もん》に云《いわ》く、「衆生《しゅじょう》、行《ぎょう》を起《おこ》して、口常《くちつね》に仏《ほとけ》を称《しょう》すれば、仏《ほとけ》すなわちこれを聞《き》きたまう。身常《みつね》に仏《ほとけ》を礼敬《らいきょう》すれば、仏《ほとけ》すなわちこれを見《み》たまう。心常《こころつね》に仏《ほとけ》を念《ねん》ずれば、仏《ほとけ》すなわちこれを知《し》りたまう。衆生仏《しゅじょうほとけ》を憶念《おくねん》すれば、仏《ほとけ》また衆生《しゅじょう》を憶念《おくねん》したまう。彼此《ひし》の三業《さんごう》相《あ》い捨離《しゃり》せず。故《ゆえ》に親縁《しんねん》と名《な》づく」と。次《つぎ》に疎《そ》とは雑行《ぞうぎょう》なり。衆生仏《しゅじょうほとけ》を称《しょう》せざれば、仏《ほとけ》すなわちこれを聞《き》きたまわず。身仏《みほとけ》を礼《らい》せざれば、仏《ほとけ》すなわちこれを見《み》たまわず。心仏《こころほとけ》を念《ねん》ぜざれば、仏《ほとけ》すなわちこれを知《し》りたまわず。衆生仏《しゅじょうほとけ》を憶念《おくねん》せざれば、仏衆生《ほとけしゅじょう》を憶念《おくねん》したまわず。彼此《ひし》の三業常《さんごうつね》に捨離《しゃり》す。故《ゆえ》に疎行《そぎょう》と名《な》づく。第二《だいに》に近遠対《ごんのんたい》とは、まず近《ごん》とは、正助二《しょうじょに》行《ぎょう》を修《しゅ》する者《もの》は、阿弥陀仏《あみだぶつ》においてはなはだ以《もっ》て隣近《りんごん》とす。故《ゆえ》に『疏《しょ》』の上《かみ》の文《もん》に云《いわ》く、「衆生仏《しゅじょうほとけ》を見《み》んと願《ねが》わば、仏《ほとけ》すなわち念《ねん》に応《おう》じて、目《め》の前《まえ》に現在《げんざい》したまう。故《ゆえ》に近縁《ごんねん》と名《な》づく」と。次《つぎ》に遠《おん》とは雑行《ぞうぎょう》。衆生仏《しゅじょうほとけ》を見《み》んと願《ねが》わざれば、仏《ほとけ》すなわち念《ねん》に応《おう》ぜず。目《め》の前《まえ》に現《げん》じたまわず、故《ゆえ》に遠《おん》と名《な》づく。ただし親近《しんごん》の義《ぎ》これ一《いっ》なるに似《に》たりといえども、善導《ぜんどう》の意分《こころわか》ちて二《に》とす。その旨《むね》、『疏《しょ》』の文《もん》に見《み》えたり。故《ゆえ》に今引釈《いまいんしゃく》する所《ところ》なり。

第三《だいさん》に無間有間対《むけんうけんたい》とは、まず無間《むけん》とは、正助《しょうじょ》の二《に》行《ぎょう》を修《しゅ》する者《もの》は、弥陀仏《みだぶつ》において憶念《おくねん》間断《けんだん》せず。故《ゆえ》に名《な》づけて無間《むけん》とすと云《い》えるこれなり。次《つぎ》に有間《うけん》とは、雑行《ぞうぎょう》を修《しゅ》する者《もの》は、弥陀仏《みだぶつ》において憶念常《おくねんつね》に間断《けんだん》す。故《ゆえ》に心常《しんつね》に間断《けんだん》すと云《い》えるこれなり。第四《だいし》に不回向回向《ふえこうえこう》対《たい》とは、正助二《しょうじょに》行《ぎょう》を修《しゅ》する者《もの》は、たとい別《べつ》に回向《えこう》を用《もち》いざれども、自然《じねん》に往生《おうじょう》の業《ごう》と成《な》る。故《ゆえ》に『疏《しょ》』の上《かみ》の文《もん》に云《いわ》く、「今《いま》この『観経《かんぎょう》』の中《なか》の十声《じっしょう》称仏《しょうぶつ》はすなわち十願十《じゅうがんじゅう》行有《ぎょうあ》って具足《ぐそく》す。云何《いかん》が具足《ぐそく》する。南無《なむ》と言《い》うはすなわちこれ帰命《きみょう》、またこれ発願回向《ほつがんえこう》の義《ぎ》なり。阿弥陀仏《あみだぶつ》と言《い》うはすなわちこれその行《ぎょう》なり。この義《ぎ》を以《もっ》て故《ゆえ》に必《かなら》ず往生《おうじょう》することを得《う》」。已上 次《つぎ》に回向《えこう》とは、雑行《ぞうぎょう》を修《しゅ》する者《もの》は必《かなら》ず回向《えこう》を用《もち》うる時《とき》、往生《おうじょう》の因《いん》と成《な》る。もし回向《えこう》を用《もち》いざる時《とき》は、往生《おうじょう》の因《いん》と成《な》らず。故《ゆえ》に回向《えこう》して、生《しょう》ずることを得《う》べしといえども曰《い》えるこれなり。第五《だいご》に純雑対《じゅんぞうたい》とは、まず純《じゅん》とは正助二《しょうじょに》行《ぎょう》を修《しゅ》する者《もの》は、純《もっぱ》らこれ極楽《ごくらく》の行《ぎょう》なり。次《つぎ》に雑《ぞう》とは、これ純《もっぱ》ら極楽《ごくらく》の行《ぎょう》に非《あら》ず。人天《にんでん》および三乗《さんじょう》に通《つう》じ、また十方《ぼう》の浄土《じょうど》に通《つう》ず。故《ゆえ》に雑《ぞう》と云《い》うなり。然《しか》れば西方《さいほう》の行者《ぎょうじゃ》すべからく雑行《ぞうぎょう》を捨《す》てて正行《しょうぎょう》を修《しゅ》すべし。

問《と》うて曰《いわ》く、この純雑《じゅんぞう》の義《ぎ》、経論《きょうろん》の中《なか》において、その証拠《しょうこ》有《あ》りや。答《こた》えて曰《いわ》く、大《だい》小乗《しょうじょう》の経律論《きょうりつろん》の中《なか》において、純雑《じゅんぞう》の二門《にもん》を立《た》てること、その例一《れいいつ》に非《あら》ず。大乗《だいじょう》には、すなわち八蔵《はちぞう》の中《なか》において、雑蔵《ぞうぞう》を立《た》つ。まさに知《し》るべし。七蔵《しちぞう》はこれ純《じゅん》、一蔵《いちぞう》はこれ雑《ぞう》なり。小乗《しょうじょう》はすなわち四含《しごん》の中《なか》において、雑含《ぞうごん》を立《た》つ。まさに知《し》るべし。三含《さんごん》はこれ純《じゅん》、一含《いちごん》はこれ雑《ぞう》なり。律《りつ》にはすなわち二《に》十犍度《じゅうけんど》を立《た》てて、以《もっ》て戒行《かいぎょう》を明《あか》す。その中《なか》に前《さき》の十九《じゅうく》はこれ純《じゅん》、後《のち》の一《ひとつ》はこれ雑犍度《ぞうけんど》なり。論《ろん》にはすなわち八犍度《はっけんど》を立《た》てて、諸法《しょほう》の性相《しょうぞう》を明《あか》す。前《さき》の七犍度《しちけんど》はこれ純《じゅん》、後《のち》の一《ひとつ》はこれ雑犍度《ぞうけんど》なり。『賢聖集《げんじょうしゅう》』の中《なか》の唐宋両伝《とうそうりょうでん》には、十科《じゅっか》の法《ほう》を立《た》てて、高僧《こうそう》の行徳《ぎょうとく》を明《あか》す。その中《なか》に前《さき》の九《く》はこれ純《じゅん》、後《のち》の一《いっ》はこれ雑《ぞう》科《か》なり。乃至《ないし》『大乗義章《だいじょうぎしょう》』に五聚法門《ごじゅほうもん》有《あ》り。前《さき》の四聚《しじゅ》はこれ純《じゅん》、後《のち》の一《いっ》はこれ雑聚《ぞうじゅ》なり。また顕教《けんぎょう》のみに非《あら》ず、密教《みっきょう》の中《なか》に純雑《じゅんぞう》の法《ほう》有《あ》り。謂《いわ》く『山家《さんげ》の仏法血脈《ぶっぽうけちみゃく》の譜《ふ》』に云《いわ》く、「一《ひとつ》には胎蔵界《たいぞうかい》の曼陀羅《まんだら》血脈《けちみゃく》の譜《ふ》一首《いっしゅ》、二《ふたつ》には金剛界《こんごうかい》の曼陀羅《まんだら》血脈《けちみゃく》の譜《ふ》一首《いっしゅ》、三《みっつ》には雑曼《ぞうまん》陀羅《だら》の血脈《けちみゃく》の譜《ふ》一首《いっしゅ》」前《さき》の二首《にしゅ》はこれ純《じゅん》、後《のち》の一首《いっしゅ》はこれ雑《ぞう》なり。純雑《じゅんぞう》の義《ぎ》多《おお》しといえども、今《いま》略《りゃく》して小分《しょうぶん》を挙《あ》ぐるのみ。まさに知《し》るべし。純雑《じゅんぞう》の義《ぎ》、法《ほう》に随《したが》って不定《ふじょう》なり。これに因《よ》って今《いま》善導和尚《ぜんどうかしょう》の意《こころ》、且《しばら》く浄土《じょうど》の行《ぎょう》において、純雑《じゅんぞう》を論《ろん》ずる。この純雑《じゅんぞう》の義《ぎ》、内典《ないでん》のみかぎらず。外典《げでん》の中《なか》に、その例《れい》はなはだ多《おお》し。繁《ばん》を恐《おそ》れて出《いだ》さず。ただし往生《おうじょう》の行《ぎょう》において、二行《にぎょう》を分《わか》つこと善導《ぜんどう》一師《いっし》に限《かぎ》らず。もし道綽禅師《どうしゃくぜんじ》の意《こころ》に依《よ》らば、往生《おうじょう》の行《ぎょう》多《おお》しといえども、束《つか》ねて二《ふたつ》とす。一《ひとつ》には謂《いわ》く念仏往生《ねんぶつおうじょう》、二《ふたつ》には謂《いわ》く万行往生《まんぎょうおうじょう》。もし懐感《えかん》禅師《ぜんじ》の意《こころ》に依《よ》らば、往生《おうじょう》の行《ぎょう》多《おお》しといえども束《つか》ねて二《ふたつ》とす。一《ひとつ》には謂《いわ》く念仏往生《ねんぶつおうじょう》、二《ふたつ》には謂《いわ》く諸行往生《しょぎょうおうじょう》なり。慧心これに同じ。かくのごときの三師《さんし》各《おのおの》二行《ぎょう》を立《た》てて往生《おうじょう》の行《ぎょう》を摂《せっ》すること、はなはだその旨《むね》を得《え》たり。自余《じょ》の諸師《しょし》は然《しか》らず。行者《ぎょうじゃ》まさにこれを思《おも》うべし。

引文第二　『往生礼讃《おうじょうらいさん》』に云《いわ》く、もし能《よ》く上《かみ》のごとく念念相続《ねんねんそうぞく》して、畢命《ひつみょう》を期《ご》とする者《もの》は、十《じゅう》はすなわち十生《じゅうしょう》じ、百《ひゃく》はすなわち百生《ひゃくしょう》ず。何《なに》を以《もっ》ての故《ゆえ》に。外《げ》の雑縁《ぞうえん》無《な》く、正念《しょうねん》を得《う》るが故《ゆえ》に。仏《ほとけ》の本願《ほんがん》と相応《そうおう》することを得《う》るが故《ゆえ》に。教《きょう》に違《たが》わざるが故《ゆえ》に。仏語《ぶつご》に随順《ずいじゅん》するが故《ゆえ》なり。もし専《せん》を捨《す》て、雑業《ぞうごう》を修《しゅ》せんと欲《ほっ》する者《もの》は、百時《ひゃくじ》希《まれ》に一二《いちに》を得《え》、千時《せんじ》希《まれ》に五三《ごさん》を得《う》。何《なに》を以《もっ》ての故《ゆえ》に。すなわち雑縁乱動《ぞうえんらんどう》して、正念《しょうねん》を失《うしな》うに由《よ》るが故《ゆえ》に。仏《ほとけ》の本願《ほんがん》と相応《そうおう》せざるが故《ゆえ》に。教《きょう》と相違《そうい》するが故《ゆえ》に。仏語《ぶつご》に順《じゅん》ぜざるが故《ゆえ》に。係念相続《けねんそうぞく》せざるが故《ゆえ》に。憶想間断《おくそうけんだん》するが故《ゆえ》に。回願慇重《えがんおんじゅう》真実《しんじつ》ならざるが故《ゆえ》に。貪瞋諸見《とんじんしょけん》の煩悩《ぼんのう》、来《きた》って間断《けんだん》するが故《ゆえ》に。慚愧懺悔《ざんぎさんげ》の心《しんあ》有ること無《な》きが故《ゆえ》に。また相続《そうぞく》して彼《か》の仏恩《ぶっとん》を念報《ねんぽう》せざるが故《ゆえ》に。心《こころ》に軽慢《きょうまん》を生《しょう》じて、業行《ごうぎょう》を作《な》すといえども、常《つね》に名利《みょうり》と相応《そうおう》するが故《ゆえ》に。人《にん》我《が》自《みずか》ら覆《おお》うて、同行善知識《どうぎょうぜんじしき》に親近《しんごん》せざるが故《ゆえ》に。楽《ねご》うて雑縁《ぞうえん》に近《ちか》づいて、往生《おうじょう》の正行《しょうぎょう》を自障障他《じしょうしょうた》するが故《ゆえ》なり。何《なに》を以《もっ》ての故《ゆえ》に。余《よ》このごろ自《みずか》ら諸方《しょほう》の道俗《どうぞく》を見聞《けんもん》するに、解《げ》行不同《ぎょうふどう》にして専雑異《せんぞうこと》なり有《あ》り。ただ意《こころ》を専《もっぱ》らにして、作《な》さしめる者《もの》は、十《じゅう》はすなわち十《じゅう》生《しょう》ず。雑《ぞう》を修《しゅ》して至心《ししん》ならざる者《もの》は、千《せん》の中《なか》に一《いっ》も無《な》し。この二行《にぎょう》の得失《とくしつ》前《さき》にすでに弁《べん》ずるがごとし。仰《あお》ぎ願《ねが》わくは一切《いっさい》の往生人等《おうじょうにんとう》、善《よ》く自《みずか》ら思量《しりょう》せよ。すでに能《よ》く今身《こんじん》に彼《か》の国《くに》に生《しょう》ぜんと願《がん》ずる者《もの》は、行住坐臥《ぎょうじゅうざが》に必《かなら》ずすべからく心《こころ》を励《はげ》まし己《おのれ》を剋《せ》めて、昼夜《ちゅうや》に廃《はい》すること莫《な》く、畢命《ひつみょう》を期《ご》とすべし。上一形《かみいちぎょう》に在《あ》るは、少苦《しょうく》なるに似《に》たれども、前念《ぜんねん》に命終《みょうじゅう》して、後念《ごねん》にすなわち彼《か》の国《くに》に生《うま》れて、長時永劫《じょうじようこう》に常《つね》に無為《むい》の法楽《ほうらく》を受《う》く。乃至成《ないしじょう》仏《ぶつ》まで生死《しょうじ》を経《へ》ず。あに快《こころよ》きに非《あら》ずや。まさに知《し》るべし。

私釈　私《わたくし》に云《いわ》く、この文《もん》を見《み》るに、いよいよすべからく雑《ぞう》を捨《す》てて専《せん》を修《しゅ》すべし。あに百即百生《ひゃくそくひゃくしょう》の専修正行《せんじゅしょうぎょう》を捨《す》てて、堅《かた》く千中無一《せんじゅうむいっ》の雑修雑行《ざっしゅぞうぎょう》を執《しゅう》せんや。行者《ぎょうじゃ》能《よ》くこれを思量《しりょう》せよ。

第三章

標章 弥陀如来余行《みだにょらいよぎょう》を以《もっ》て往生《おうじょう》の本願《ほんがん》とせず、ただ念仏《ねんぶつ》を以《もっ》て往生《おうじょう》の本願《ほんがん》と為《し》たまえるの文《もん》。

引文第一 『無量寿経《むりょうじゅきょう》』の上《じょう》に云《のたま》わく、もし我《わ》れ仏《ほとけ》を得《え》たらんに、十方《じっぽう》の衆生《しゅじょう》、至心《ししん》に信楽《しんぎょう》して、我《わ》が国《くに》に生《しょう》ぜんと欲《ほっ》して、乃至《ないし》十念《じゅうねん》せんに、もし生《しょう》ぜずんば正覚《しょうがく》を取《と》らじ。

引文第二 『観念法門《かんねんほうもん》』に上《かみ》の文《もん》を引《ひ》いて云《いわ》く、もし我《わ》れ成仏《じょうぶつ》せんに、十方《じっぽう》の衆生《しゅじょう》、我《わ》が国《くに》に生《しょう》ぜんと願《がん》じて、我《わ》が名字《みょうじ》を称《しょう》すること、下十声《しもじっしょう》に至《いた》るまで、我《わ》が願力《がんりき》に乗《じょう》じて、もし生《しょう》ぜずば正覚《しょうがく》を取《と》らじ。

引文第三 『往生礼讃《おうじょうらいさん》』に同《おな》じく上《かみ》の文《もん》を引《ひ》いて云《いわ》く、もし我《わ》れ成仏《じょうぶつ》せんに、十方《じっぽう》の衆《しゅ》生《じょう》、我《わ》が名号《みょうごう》を称《しょう》すること、下十声《しもじっしょう》に至《いた》るまで、もし生《しょう》ぜずば正覚《しょうがく》を取《と》らじ。彼《か》の仏《ほとけ》、今現《いまげん》に世《よ》に在《ましま》して成仏《じょうぶつ》したまえり。まさに知《し》るべし。本誓《ほんぜい》の重願虚《じゅうがんむな》しからず、衆生《しゅじょう》称《しょう》念《ねん》すれば必《かなら》ず往生《おうじょう》することを得《う》。

私釈 私《わたくし》に云《いわ》く、一切《いっさい》の諸仏各《しょぶつおの〱》総別二《そうべつに》種《しゅ》の願有《がんあ》り。総《そう》とは四弘誓願《しぐぜいがん》これなり。別《べつ》とは釈迦《しゃか》の五百《ごひゃく》の大願《だいがん》、薬師《やくし》の十二《じゅうに》の上願等《じょうがんとう》のごときこれなり。今《いま》この四十八願《しじゅうはちがん》は、これ弥陀《みだ》の別願《べつがん》なり。問《と》うて曰《いわ》く、弥陀如来《みだにょらい》、何《いず》れの時《とき》、何《いず》れの仏《ほとけ》の所《みもと》において、この願《がん》を発《おこ》したまえるや。答《こた》えて曰《いわ》く、『寿経《じゅきょう》』に云《のたま》わく、「仏《ほとけ》阿難《あなん》に告《つ》げたまわく、乃往過去久《ないおうかこく》遠無量《おんむりょう》不可思議《ふかしぎ》無央数劫《むおうしゅこう》に錠光如来《じょうこうにょらい》、世《よ》に興出《こうしゅつ》して、無量《むりょう》の衆生《しゅじょう》を教化《きょうけ》し度脱《どだつ》して、皆道《みなどう》を得《え》せしめて、すなわち滅度《めつど》を取《と》りたまえり。次《つぎ》に如来有《にょらいま》します。名《な》づけて光遠《こうおん》と曰《い》う。乃至 次《つぎ》を処世《しょせ》と名《な》づく。かくのごときの諸仏《しょぶつ》五十三仏なり。皆《みな》ことごとくすでに過《す》ぎたまえり。その時《とき》、次《つぎ》に仏有《ほとけま》します。世自在王如来《せじざいおうにょらい》と名《な》づく。時《とき》に国王有《こくおうあ》り。仏《ほとけ》の説法《せっぽう》を聞《き》いて、心《こころ》に悦予《えっちょ》を懐《いだ》いて、ついで無上正真《むじょうしょうしん》の道意《どうい》を発《おこ》し、国《くに》を棄《す》て王《おう》を捐《す》て、行《ぎょう》じて沙門《しゃもん》と作《な》り、号《ごう》して法蔵《ほうぞう》と曰《い》う。高才勇哲《こうざいゆうてつ》にして世《よ》と超異《ちょうい》せり。世自在王如来《せじざいおうにょらい》の所《みもと》に詣《もう》で乃至 ここにおいて世自在王仏《せじざいおうぶつ》すなわち為《ため》に広《ひろ》く二百一十億《にひゃくいちじゅうおく》の諸仏刹土《しょぶつせつど》の天人《てんにん》の善悪国土《ぜんあくこくど》の粗妙《そみょう》を説《と》いて、その心願《しんがん》に応《おう》じて、ことごとく現《げん》じてこれを与《あた》えたまう。時《とき》に彼《か》の比丘《びく》、仏《ほとけ》の所説《しょせつ》の厳浄《ごんじょう》の国土《こくど》を聞《き》き、皆《みな》ことごとく覩見《とけん》して、無上殊勝《むじょうしゅしょう》の願《がん》を超発《ちょうほっ》す。その心寂静《こころじゃくじょう》にして、志所著無《こころざししょじゃくな》く、一切世間《いっさいせけん》に能《よ》く及《およ》ぶ者無《ものな》し。五劫《ごこう》を具足《ぐそく》して、荘厳仏国清浄《しょうごんぶっこくしょうじょう》の行《ぎょう》を思惟《しゆい》し摂取《せっしゅ》す。阿難仏《あなんほとけ》に白《もう》さく、彼《か》の仏《ほとけ》の国土《こくど》の寿量幾何《じゅりょういくばく》ぞや。仏《ほとけ》の言《のたま》わく、その仏《ほとけ》の寿命四十二劫《じゅみょうしじゅうにこう》なり。時《とき》に法蔵比丘《ほうぞうびく》二百一十億《にひゃくいちじゅうおく》の諸仏《しょぶつ》の妙土《みょうど》の清浄《しょうじょう》の行《ぎょう》を摂取《せっしゅ》す」。已上

『大阿弥陀経《だいあみだきょう》』に云《のたま》わく、「その仏《ほとけ》すなわち二百一十億《にひゃくいちじゅうおく》の仏国土《ぶつこくど》の中《なか》の諸天人民《しょてんにんみん》の善悪《ぜんあく》国土《こくど》の好醜《こうしゅう》を選択《せんちゃく》し、為《ため》に心中所欲《しんじゅうしょよく》の願《がん》を選択《せんちゃく》す。楼夷亙羅仏《るいごうらぶつ》ここに世自在王仏と云う。経《きょう》を説《と》き畢《おわ》って曇摩迦《どんまか》ここに法蔵と云う。すなわちその心《こころ》を一《もっぱ》らにして、すなわち天眼《てんげん》を得《え》、徹視《てつじ》してことごとく自《みずか》ら二百一十億《にひゃくいちじゅうおく》の諸仏《しょぶつ》の国土《こくど》の中《なか》の諸天人民《しょてんにんみん》の善悪国土《ぜんあくこくど》の好醜《こうしゅう》を見《み》て、すなわち心中《しんじゅう》の所願《しょがん》を選択《せんちゃく》して、すなわちこの二十四願《にじゅうしがん》の経《きょう》を結得《けっとく》す」。『平等覚経』またまたこれに同じ。この中《なか》の選択《せんちゃく》とは、すなわちこれ取捨《しゅしゃ》の義《ぎ》なり。謂《いわ》く、二百一十億《にひゃくいちじゅうおく》の諸仏《しょぶつ》の浄土《じょうど》の中《なか》において、人天《にんでん》の悪《あく》を捨《す》てて、人天《にんでん》の善《ぜん》を取《と》り、国土《こくど》の醜《しゅう》を捨《す》てて、国土《こくど》の好《こう》を取《と》るなり。『大阿弥陀経《だいあみだきょう》』の選択《せんちゃく》の義《ぎ》かくのごとし。『双巻経《そうかんぎょう》』の意《こころ》また選択《せんちゃく》の義《ぎ》有《あ》り。謂《いわ》く、二百一十億《にひゃくいちじゅうおく》の諸仏《しょぶつ》の妙土《みょうど》の清浄《しょうじょう》の行《ぎょう》を摂取《せっしゅ》すと云《い》えるこれなり。選択《せんちゃく》と摂取《せっしゅ》とその言《ことば》は異《こと》なりといえども、その意《こころ》これ同《おな》じ。然《しか》れば不清浄《ふしょうじょう》の行《ぎょう》を捨《す》てて、清浄《しょうじょう》の行《ぎょう》を取《と》るなり。上《かみ》の天人《てんにん》の善悪《ぜんあく》、国土《こくど》の粗妙《そみょう》その義《ぎ》また然《しか》なり。これに准《じゅん》じてまさに知《し》るべし。それ四十八願《しじゅうはちがん》に約《やく》して、一往各《いちおうおのおの》選択摂取《せんちゃくせっしゅ》の義《ぎ》を論《ろん》ぜば、第一《だいいち》に無三悪趣《むさんあくしゅ》の願《がん》とは、覩見《とけん》する所《ところ》の二百《にひゃく》

一十億《いちじゅうおく》の土《ど》の中《なか》において、あるいは三悪趣有《さんあくしゅあ》るの国土《こくど》有《あ》り、あるいは三悪趣無《さんあくしゅな》きの国土《こくど》有《あ》り。すなわち、その三悪趣有《さんあくしゅあ》る粗悪《そあく》の国土《こくど》を選捨《せんしゃ》して、その三悪趣無《さんあくしゅな》き善妙《ぜんみょう》の国土《こくど》を選取《せんしゅ》するが故《ゆえ》に選択《せんちゃく》と云《い》うなり。第二《だいに》に不《ふ》更悪趣《きょうあくしゅ》の願《がん》とは、彼《か》の諸仏《しょぶつ》の土《ど》の中《なか》において、あるいはたとい国《くに》の中《なか》に三悪道無《さんあくどうな》しといえども、その国《くに》の人天寿終《にんでんじゅじゅう》の後《のち》、その国《くに》より去《さ》って、また三悪趣《さんあくしゅ》に更《かえ》るの土《ど》有《あ》り。あるいは悪道《あくどう》に更《かえ》らざるの土《ど》有《あ》り。すなわちその悪道《あくどう》に更《かえ》る粗悪《そあく》の国土《こくど》を選捨《せんしゃ》して、その悪道《あくどう》に更《かえ》らざる善妙《ぜんみょう》の国土《こくど》を選取《せんしゅ》するが故《ゆえ》に選択《せんちゃく》と云《い》うなり。第三《だいさん》に悉皆金色《しっかいこんじき》の願《がん》とは、彼《か》の諸《もろ》〱の仏《ほとけ》の土《ど》の中《なか》において、あるいは一土《いちど》の中《なか》に黄白二《おうびゃくに》類《るい》の人天有《にんでんあ》るの国土《こくど》有《あ》り。あるいは純黄金色《じゅんおうこんじき》の国土《こくど》有《あ》り。すなわち黄白二《おうびゃくに》類《るい》の粗悪《そあく》の国土《こくど》を選捨《せんしゃ》して、黄金一色《おうごんいっじき》の善妙《ぜんみょう》の国土《こくど》を選取《せんしゅ》するが故《ゆえ》に選択《せんちゃく》と云《い》うなり。第四《だいし》に無《む》有《う》好醜《こうしゅう》の願《がん》とは、彼《か》の諸仏《しょぶつ》の土《ど》の中《なか》において、あるいは人天《にんでん》の形色好醜不《ぎょうしきこうしゅうふ》同《どう》の国土《こくど》有《あ》り。あるいは形色一類《ぎょうしきいちるい》にして好醜有《こうしゅうあ》ること無《な》きの国土《こくど》有《あ》り。すなわち好醜不《こうしゅうふ》同《どう》の粗悪《しょあく》の国土《こくど》を選捨《せんしゃ》して、好醜有《こうしゅうあ》ること無《な》き善妙《ぜんみょう》の国土《こくど》を選取《せんしゅ》するが故《ゆえ》に選択《せんちゃく》と云《い》うなり。乃至《ないし》第《だい》十八《じゅうはち》の念仏往生《ねんぶつおうじょう》の願《がん》とは、彼《か》の諸仏《しょぶつ》の土《ど》の中《なか》において、あるいは布施《ふせ》を以《もっ》て往生《おうじょう》の行《ぎょう》とするの土《ど》有《あ》り。あるいは持戒《じかい》を以《もっ》て往生《おうじょう》の行《ぎょう》と為《す》るの土《ど》有《あ》り。あるいは忍辱《にんにく》を以《もっ》て往生《おうじょう》の行《ぎょう》とするの土《ど》有《あ》り。あるいは精進《しょうじん》を以《もっ》て往生《おうじょう》の行《ぎょう》とするの土《ど》有《あ》り。あるいは禅定《ぜんじょう》を以《もっ》て往生《おうじょう》の行《ぎょう》とするの土《ど》有《あ》り。あるいは般若《はんにゃ》を以《もっ》て第一義を信ずる等これなり。往生《おうじょう》の行《ぎょう》とするの土《ど》有《あ》り。あるいは菩提心《ぼだいしん》を以《もっ》て往生《おうじょう》の行《ぎょう》とするの土《ど》有《あ》り。あるいは六念《ろくねん》を以《もっ》て往生《おうじょう》の行《ぎょう》とするの土《ど》有《あ》り。あるいは持経《じきょう》を以《もっ》て往生《おうじょう》の行《ぎょう》とするの土《ど》有《あ》り。あるいは持呪《じしゅ》を以《もっ》て往生《おうじょう》の行《ぎょう》とするの土《ど》有《あ》り。あるいは起立《きりゅう》塔像《とうぞう》、飯食《ぼんじき》沙門《しゃもん》および孝養《きょうよう》父母《ぶも》、奉事《ぶじ》師長《しちょう》等の種種《しゅじゅ》の行《ぎょう》を以《もっ》て、各《おのおの》往生《おうじょう》の行《ぎょう》とするの国土《こくど》等《とう》有《あ》り。あるいは専《もっぱ》らその国《くに》の仏名《ぶつみょう》を称《しょう》して往生《おうじょう》の行《ぎょう》とするの土《ど》有《あ》り。かくのごとく一行《いちぎょう》を以《もっ》て一仏《いちぶつ》の土《ど》に配《はい》することは、これ且《しばら》く一往《いちおう》の義《ぎ》なり。再往《さいおう》これを論《ろん》ぜばその義《ぎ》不定《ふじょう》なり。あるいは一仏《いちぶつ》の土《ど》の中《なか》に、多行《たぎょう》を以《もっ》て往生《おうじょう》の行《ぎょう》とするの土《ど》有《あ》り。あるいは多仏《たぶつ》の土《ど》の中《なか》に、一行《いちぎょう》を以《もっ》て通《つう》じて往生《おうじょう》の行《ぎょう》とするの土《ど》有《あ》り。かくのごとく往生《おうじょう》の行《ぎょう》種種《しゅじゅ》不同《ふどう》なり。つぶさに述《の》ぶべからず。すなわち今《いま》は前《さき》の布施《ふせ》持戒《じかい》乃至《ないし》孝養《きょうよう》父母《ぶも》等《とう》の諸行《しょぎょう》を選捨《せんしゃ》して専称《せんしょう》仏号《ぶつごう》を選取《せんしゅ》す。故《ゆえ》に選択《せんちゃく》と云《い》うなり。且《しばら》く五《いつつ》の願《がん》に約《やく》して、略《りゃく》して選択《せんちゃく》を論《ろん》ずることその義《ぎ》かくのごとし。自余《じよ》の諸願《しょがん》はこれに准《じゅん》じてまさに知《し》るべし。

問《と》うて曰《いわ》く、普《あまね》く諸願《しょがん》に約《やく》するに粗悪《そあく》を選捨《せんしゃ》し善妙《ぜんみょう》を選取《せんしゅ》すること、その理然《りしか》るべし。何《なん》が故《ゆえ》ぞ第十八《だいじゅうはち》の願《がん》に一切《いっさい》の諸行《しょぎょう》を選捨《せんしゃ》し、ただ偏《ひとえ》に念仏《ねんぶつ》の一行《いちぎょう》を選取《せんしゅ》して往生《おうじょう》の本願《ほんがん》とするや。答《こた》えて曰《いわ》く、聖意《しょうい》測《はか》り難《がた》し、輒《たやす》く解《げ》すること能《あた》わず。然《しか》りといえども、今試《いまこころ》みに二義《にぎ》を以《もっ》てこれを解《げ》せば、一《ひとつ》には勝劣《しょうれつ》の義《ぎ》、二《ふたつ》には難易《なんい》の義《ぎ》なり。初《はじ》めに勝劣《しょうれつ》とは念仏《ねんぶつ》はこれ勝《しょう》、余行《よぎょう》はこれ劣《れつ》なり。所以《ゆえ》は何《いかん》となれば、名号《みょうごう》はこれ万徳《まんどく》の帰《き》する所《ところ》なり。然《しか》ればすなわち弥陀《みだ》一仏《いちぶつ》の所有《あらゆ》る四智《しち》・三身《さんじん》・十力《じゅうりき》・四無畏《しむい》等《とう》の一切《いっさい》の内証《ないしょう》の功徳《くどく》、相好《そうごう》・光明《こうみょう》・説法《せっぽう》・利生《りしょう》等《とう》の一切《いっさい》の外用《げゆう》の功徳《くどく》、皆《みな》ことごとく阿弥陀仏《あみだぶつ》の名号《みょうごう》の中《なか》に摂在《しょうざい》せり。故《ゆえ》に名号《みょうごう》の功徳《くどく》最《もっと》も勝《しょう》とす。余行《よぎょう》は然《しか》らず、各《おのおの》一隅《いちぐう》を守《まも》る。ここを以《もっ》て劣《れつ》とす。譬《たと》えば世間《せけん》の屋舎《おくしゃ》のごとし。その屋舎《おくしゃ》の名字《みょうじ》の中《なか》には棟梁《とうりょう》椽柱《てんちゅう》等《とう》の一切《いっさい》の家具《けぐ》を摂《せっ》すれども、棟梁《とうりょう》等《とう》の一一《いちいち》の名字《みょうじ》の中《なか》には一切《いっさい》を摂《せっ》すること能《あた》わず。これを以《もっ》てまさに知《し》るべし。然《しか》ればすなわち仏《ほとけ》の名号《みょうごう》の功徳《くどく》は余《よ》の一切《いっさい》の功徳《くどく》に勝《すぐ》れたり。故《ゆえ》に劣《れつ》を捨《す》て勝《しょう》を取《と》って、以《もっ》て本願《ほんがん》としたまうか。次《つぎ》に難易《なんい》の義《ぎ》とは念仏《ねんぶつ》は修《しゅ》し易《やす》く、諸行《しょぎょう》は修《しゅ》し難《がた》し。この故《ゆえ》に『往生礼讃《おうじょうらいさん》』に云《いわ》く、「問《と》うて曰《いわ》く、何《なん》が故《ゆえ》ぞ観《かん》を作《な》さしめずして、ただちに専《もっぱ》ら名字《みょうじ》を称《しょう》せしむるは何《なん》の意有《こころあ》るや。答《こた》えて曰《いわ》く、すなわち衆生《しゅじょう》障重《さわりおも》く、境細《きょうこま》かく、心粗《しんあら》く、識颺《しきあが》り、神飛《たましいと》びて観成就《かんじょうじゅ》し難《がた》きに由《よ》ってなり。ここを以《もっ》て大聖《だいしょう》悲憐《ひれん》して、ただちに勧《すす》めて専《もっぱ》ら名字《みょうじ》を称《しょう》せしむ。正《まさ》しく称名《しょうみょう》の易《やす》きが故《ゆえ》に相続《そうぞく》してすなわち生《しょう》ずるに由《よ》る」已上

また『往生要集《おうじょうようしゅう》』に「問《と》うて曰《いわ》く、一切《いっさい》の善業《ぜんごう》各《おのおの》利益有《りやくあ》って、各《おのおの》往生《おうじょう》を得《う》。何《なん》が故《ゆえ》ぞただ念仏《ねんぶつ》の一門《いちもん》を勧《すす》むるや。答《こた》えて曰《いわ》く、今念仏《いまねんぶつ》を勧《すす》めることは、これ余《よ》の種種《しゅじゅ》の妙《みょう》

行《ぎょう》を遮《しゃ》するには非《あら》ず。ただこれ男女貴賤《なんにょきせん》行往坐臥《ぎょうじゅうざが》を簡《えら》ばず、時処諸縁《じしょしょえん》を論《ろん》ぜず、これを修《しゅ》するに難《かた》からず。乃至《ないし》、臨終《りんじゅう》に往生《おうじょう》を願求《がんぐ》するに、その便宜《べんぎ》を得《う》ること念仏《ねんぶつ》に如《し》かず」。已上

故《ゆえ》に知《し》んぬ、念仏《ねんぶつ》は易《やす》きが故《ゆえ》に一切《いっさい》に通《つう》ず。諸行《しょぎょう》は難《かた》きが故《ゆえ》に諸機《しょき》に通《つう》ぜず。然《しか》ればすなわち、一切衆生《いっさいしゅじょう》をして平等《びょうどう》に往生《おうじょう》せしめんが為《ため》に、難《なん》を捨《す》て易《い》を取《と》って本願《ほんがん》としたまえるか。もしそれ造像起塔《ぞうぞうきとう》を以《もっ》て、本願《ほんがん》としたまわば、貧窮困乏《びんぐこんぼう》の類《るい》は定《さだ》んで往生《おうじょう》の望《のぞみ》を絶《た》たん。然《しか》るに富貴《ふき》の者《もの》は少《すく》なく、貧賤《ひんせん》の者《もの》ははなはだ多《おお》し。もし智慧高才《ちえこうざい》を以《もっ》て本願《ほんがん》としたまわば、愚鈍下智《ぐどんげち》の者《もの》は定《さだ》んで往生《おうじょう》の望《のぞみ》を絶《た》たん。然《しか》るに智慧《ちえ》ある者《もの》は少《すく》なく、愚癡《ぐち》なる者《もの》ははなはだ多《おお》し。もし多聞多見《たもんたけん》を以《もっ》て本願《ほんがん》としたまわば、少聞少見《しょうもんしょうけん》の輩《やから》は定《さだ》んで往生《おうじょう》の望《のぞみ》を絶《た》たん。然《しか》るに多聞《たもん》の者《もの》は少《すく》なく、少聞《しょうもん》の者《もの》ははなはだ多《おお》し。もし持戒《じかい》持律《じりつ》を以《もっ》て本願《ほんがん》としたまわば、破戒無戒《はかいむかい》の人《ひと》は定《さだ》んで往生《おうじょう》の望《のぞみ》を絶《た》たん。然《しか》るに持戒《じかい》の者《もの》は少《すく》なく、破戒《はかい》の者《もの》ははなはだ多《おお》し。自余《じよ》の諸行《しょぎょう》これに准《じゅん》じてまさに知《し》るべし。まさに知《し》るべし、上《かみ》の諸行等《しょぎょうとう》を以《もっ》て本願《ほんがん》としたまわば、往生《おうじょう》を得《う》る者《もの》は少《すく》なく、往生《おうじょう》せざる者《もの》は多《おお》からん。然《しか》ればすなわち弥陀如来《みだにょらい》、法蔵比丘《ほうぞうびく》の昔《むかし》、平等《びょうどう》の慈悲《じひ》に催《もよお》され、普《あまね》く一切《いっさい》を摂《せっ》せんが為《ため》に、造像起塔《ぞうぞうきとう》等《とう》の諸行《しょぎょう》を以《もっ》て、往生《おうじょう》の本願《ほんがん》としたまわず、ただ称名念仏《しょうみょうねんぶつ》の一《いち》行《ぎょう》を以《もっ》て、その本願《ほんがん》としたまえる。故《ゆえ》に法照禅師《ほっしょうぜんじ》の『五会法事讃《ごえほうじさん》』に云《いわ》く、「彼《か》の仏《ほとけ》の因《いん》

中《じゅう》に弘誓《ぐぜい》を立《た》つ。名《な》を聞《き》いて我《わ》れを念《ねん》ぜばすべて迎来《こうらい》せん。貧窮《びんぐ》と富貴《ふき》とを簡《えら》ばず、下智《げち》と高才《こうざい》とを簡《えら》ばず、多聞《たもん》と浄戒《じょうかい》を持《たも》つとを簡《えら》ばず、破戒《はかい》と罪根《ざいこん》の深《ふか》きとを簡《えら》ばず、ただ心《こころ》を回《え》して多《おお》く念仏《ねんぶつ》せしむれば、能《よ》く瓦礫《がりゃく》をして変《へん》じて金《こん》と成《な》さしむ」。已上
問《と》うて曰《いわ》く、一切《いっさい》の菩薩《ぼさつ》はその願《がん》を立《た》つといえども、あるいはすでに成就《じょうじゅ》せる有《あ》り、またいまだ成就《じょうじゅ》せざる有《あ》り。未審《いぶか》し、法蔵菩薩《ほうぞうぼさつ》の四十八願《しじゅうはちがん》はすでに成就《じょうじゅ》したまうとやせん、はたいまだ成就《じょうじゅ》したまわずとやせん。答《こた》えて曰《いわ》く、法蔵《ほうぞう》の誓願一一《せいがんいちいち》に成就《じょうじゅ》したまえり。何《なん》となれば、極楽界《ごくらくかい》の中《なか》にすでに三悪趣《さんあくしゅ》無《な》し。まさに知《し》るべし。これすなわち無三《むさん》悪趣《あくしゅ》の願《がん》を成就《じょうじゅ》するなり。何《なに》を以《もっ》てか知《し》ることを得《え》たる。すなわち願成就《がんじょうじゅ》の文《もん》にまた地《じ》獄《ごく》、餓鬼《がき》、畜生《ちくしょう》諸難《しょなん》の趣《しゅ》無《な》しと云《い》えるこれなり。また彼《か》の国《くに》の人天寿《にんでんいのち》終《おわ》って後《のち》、三悪趣《さんあくしゅ》に更《かえ》ること無《な》し。まさに知《し》るべし、これすなわち不更悪趣《ふきょうあくしゅ》の願《がん》を成就《じょうじゅ》するなり。何《なに》を以《もっ》てか知《し》ることを得《え》たる。すなわち願成就《がんじょうじゅ》の文《もん》に、また彼《か》の菩薩乃至成仏《ぼさつないしじょうぶつ》まで悪趣《あくしゅ》に更《かえ》らずと云《い》えるこれなり。また極楽《ごくらく》の人天《にんでん》すでに以《もっ》て一人《いちにん》として三十二相《さんじゅうにそう》を具《ぐ》せざること有《あ》ること無《な》し。まさに知《し》るべし、これすなわち具三十二相《ぐさんじゅうにそう》の願《がん》を成就《じょうじゅ》するなり。何《なに》を以《もっ》てか知《し》ることを得《え》たる。すなわち願成就《がんじょうじゅ》の文《もん》に、彼《か》の国《くに》に生《うま》るる者《もの》は皆《みな》ことごとく三十二《さんじゅうに》相《そう》を具足《ぐそく》すと云《い》えるこれなり。かくのごとく初《はじ》め無三悪趣《むさんあくしゅ》の願《がん》より終《おわ》り得三法忍《とくさんぼうにん》の願《がん》に至《いた》

るまで、一一《いちいち》の誓願皆以《せいがんみなもつ》て成就《じょうじゅ》せり。第十八《だいじゅうはち》の念仏往生《ねんぶつおうじょう》の願《がん》、あに孤《ひと》り以《もっ》て成就《じょうじゅ》したまわざらんや。然《しか》ればすなわち念仏《ねんぶつ》の人皆以《ひとみなもつ》て往生《おうじょう》す。何《なに》を以《もっ》てか知《し》ることを得《え》たる。すなわち念仏往生《ねんぶつおうじょう》の願成就《がんじょうじゅ》の文《もん》に、諸有《あらゆ》る衆生《しゅじょう》その名号《みょうごう》を聞《き》いて信心歓喜《しんじんかんぎ》して、乃至一念《ないしいちねん》至心《ししん》に回向《えこう》して、彼《か》の国《くに》に生《しょう》ぜんと願《がん》ずれば、すなわち往生《おうじょう》を得《え》て不退転《ふたいてん》に住《じゅう》すと云《い》えるこれなり。およそ四十八願《しじゅうはちがん》、浄土《じょうど》を荘厳《しょうごん》す。華池宝閣《けちほうかく》、願力《がんりき》に非《あら》ずということ無《な》し。何《なん》ぞその中《なか》において独《ひと》り念仏往生《ねんぶつおうじょう》の願《がん》を疑惑《ぎわく》すべきや。加之《しかのみならず》、一一《いちいち》の願《がん》の終《おわ》りに、もし爾《しか》らずば正覚《しょうがく》を取《と》らじと云《い》えり。而《しか》るに阿弥陀仏成仏《あみだぶつじょうぶつ》したまいてより已来《このかた》、今《いま》において十劫《じっこう》なり。成仏《じょうぶつ》の誓《ちか》いすでに以《もっ》て成就《じょうじゅ》せり。まさに知《し》るべし、一一《いちいち》の願虚《がんむな》しく設《もう》くべからず。故《ゆえ》に善導《ぜんどう》の云《いわ》く、「彼《か》の仏今現《ほとけいまげん》に世《よ》に在《まし》まして成仏《じょうぶつ》したまえり。まさに知《し》るべし、本誓《ほんぜい》の重願虚《じゅうがんむな》しからず、衆生称念《しゅじょうしょうねん》すれば必《かなら》ず往生《おうじょう》を得《う》」。已上

問《と》うて曰《いわ》く、『経《きょう》』に十念《じゅうねん》と云《い》い『釈《しゃく》』に十声《じっしょう》と云《い》う。念声《ねんしょう》の義云何《ぎいかん》。答《こた》えて曰《いわ》く、念《ねん》声《しょう》はこれ一《いっ》なり。何《なに》を以《もっ》てか知《し》ることを得《え》たる。『観経《かんぎょう》』の下品下生《げほんげしょう》に云《のたま》わく、「声《こえ》をして絶《た》えざらしめ、十念《じゅうねん》を具足《ぐそく》して南無阿弥陀仏《なむあみだぶつ》と称《しょう》せしむ。仏名《ぶつみょう》を称《しょう》するが故《ゆえ》に念念《ねんねん》の中《なか》において八十億劫《はちじゅうおくこう》の生死《しょうじ》の罪《ざい》を除《のぞ》く」と。今《いま》この文《もん》に依《よ》るに、声《しょう》はこれ念《ねん》なり、念《ねん》はすなわちこれ声《しょう》なること、その意明《こころあき》らけし。加之《しかのみならず》、『大集月蔵経《だいしゅうがつぞうきょう》』に云《いわ》く、「大念《だいねん》は大仏《だいぶつ》

を見《み》、小念《しょうねん》は小仏《しょうぶつ》を見《み》る」と。感師《かんし》釈《しゃく》して云《いわ》く、「大念《だいねん》とは大声《だいしょう》の念仏《ねんぶつ》、小念《しょうねん》とは小《しょう》声《しょう》の念仏《ねんぶつ》なり」と。故《ゆえ》に知《し》んぬ、念《ねん》はすなわちこれ唱《しょう》なり。

問《と》うて曰《いわ》く、『経《きょう》』に乃至《ないし》と云《い》い、『釈《しゃく》』に下至《げし》と云《い》う。その意云何《こころいかん》。答《こた》えて曰《いわ》く、乃《ない》至《し》と下至《げし》とその意《こころ》これ一《いっ》なり。『経《きょう》』に乃至《ないし》と云《い》えるは、多《た》より少《しょう》に向《む》かうの言《ごん》なり。多《た》とは上一形《かみいちぎょう》を尽《つ》くす。少《しょう》とは下十声《しもじっしょう》一声《いっしょう》等《とう》に至《いた》るなり。『釈《しゃく》』に下至《げし》と云《い》えるは、下《げ》とは上《じょう》に対《たい》するの言《ごん》なり。下《げ》とは下十声《しもじっしょう》一声《いっしょう》等《とう》に至《いた》るなり。上《じょう》とは上一形《かみいちぎょう》を尽《つ》くす。上下《じょうげ》相《そう》対《だい》の文《もん》、その例《れい》これ多《おお》し。宿命通《しゅくみょうつう》の願《がん》に云《のたま》わく、「もし我《わ》れ仏《ほとけ》を得《え》たらんに、国中《こくちゅう》の人《にん》天宿命《でんしゅくみょう》を識《し》らずして、下百千億那由他《しもひゃくせんおくなゆた》諸劫《しょこう》の事《じ》を知《し》らざるに至《いた》らば、正覚《しょうがく》を取《と》らじ」と。かくのごとく五神通《ごじんずう》および光明《こうみょう》寿命《じゅみょう》等《とう》の願《がん》の中《なか》に、一一《いちいち》に下至《げし》の言《ごん》を置《お》く。これすなわち多《た》より少《しょう》に至《いた》り、下《げ》を以《もっ》て上《じょう》に対《たい》するの義《ぎ》なり。上《かみ》の八種《はっしゅ》の願《がん》に例《れい》するに、今《いま》この願《がん》の乃至《ないし》とは、すなわちこれ下至《げし》なり。この故《ゆえ》に今《いま》善導《ぜんどう》の引釈《いんしゃく》する所《ところ》の下至《げし》の言《ごん》、その意《こころ》相違《そうい》せず。ただし善導《ぜんどう》と諸師《しょし》とその意《こころ》不同《ふどう》なり。諸師《しょし》の釈《しゃく》には別《べっ》して十念往生《じゅうねんおうじょう》の願《がん》と云《い》う。善導《ぜんどう》独《ひと》り総《そう》じて念仏往生《ねんぶつおうじょう》の願《がん》と云《い》えり。諸師《しょし》の別《べっ》して十念往生《じゅうねんおうじょう》の願《がん》と云《い》えるは、その意《こころ》すなわち周《あまね》からず。然《しか》る所以《ゆえ》は、上一形《かみいちぎょう》を捨《す》て、下一念《しもいちねん》を捨《す》つるが故《ゆえ》。善導《ぜんどう》の総《そう》じて念仏往生《ねんぶつおうじょう》の願《がん》と云《い》えるは、その意《こころ》すなわち周《あまね》し。然《しか》る所以《ゆえ》は、上一形《かみいちぎょう》を取《と》り、下一念《しもいちねん》を取《と》るが故《ゆえ》。

第四章

標章　三輩念仏往生《さんぱいねんぶつおうじょう》の文《もん》

引文第一　仏《ほとけ》、阿難《あなん》に告《つ》げたまわく、十方世界《じっぽうせかい》の諸天人民《しょてんにんみん》、それ至心有《ししんあ》って彼《か》の国《くに》に生《しょう》ぜんと願《がん》ずるに、およそ三輩有《さんぱいあ》り。その上輩《じょうはい》とは、家《いえ》を捨《す》て欲《よく》を棄《す》てしかも沙門《しゃもん》と作《な》り、菩提心《ぼだいしん》を発《おこ》して、一向《いっこう》に専《もっぱ》ら無量寿仏《むりょうじゅぶつ》を念《ねん》じ、諸《もろ》〱の功徳《くどく》を修《しゅ》して彼《か》の国《くに》に生《しょう》ぜんと願《がん》ず。これ等《ら》の衆生《しゅじょう》寿終《じゅじゅう》の時《とき》に臨《のぞ》んで、無量寿仏《むりょうじゅぶつ》、諸《もろ》〱の大衆《だいしゅう》とともに、その人《ひと》の前《まえ》に現《げん》ず。すなわち彼《か》の仏《ほとけ》に随《したが》ってその国《くに》に往生《おうじょう》し、すなわち七宝華《しっぽうけ》の中《なか》において自然《じねん》に化生《けしょう》して不退転《ふたいてん》に住《じゅう》す。智慧勇猛《ちえゆうみょう》、神通自在《じんずうじざい》なり。この故《ゆえ》に阿難《あなん》、それ衆生有《しゅじょうあ》って、今世《こんぜ》において無量寿仏《むりょうじゅぶつ》を見《み》たてまつらんと欲《ほっ》せば、まさに無上菩提《むじょうぼだい》の心《しん》を発《おこ》し、功徳《くどく》を修行《しゅぎょう》し、彼《か》の国《くに》に生《しょう》ぜんと願《がん》ずべし。

仏《ほとけ》、阿難《あなん》に語《つ》げたまわく、その中輩《ちゅうはい》とは、十方世界《じっぽうせかい》の諸天人民《しょてんにんみん》、それ至心有《ししんあ》って、彼《か》の国《くに》に生《しょう》ぜんと願《がん》ずるに、行《ぎょう》じて沙門《しゃもん》と作《な》り、大《おお》いに功徳《くどく》を修《しゅ》すること能《あた》わずといえども、まさに無上菩提《むじょうぼだい》の心《しん》を発《おこ》して、一向《いっこう》に専《もっぱ》ら無量寿仏《むりょうじゅぶつ》を念《ねん》ずべし。多少《たしょう》に善《ぜん》を修《しゅ》し、斎戒《さいかい》を奉持《ぶじ》し、塔像《とうぞう》を起立《きりゅう》し、沙門《しゃもん》に飯食《ぼんじき》せしめ、繒《かとり》を懸《か》け、燈《ともしび》を燃《と》し、華《はな》を散《ち》らし、香《こう》を焼《た》き、これを以《もっ》て回向《えこう》して彼《か》の国《くに》に生《しょう》ぜんと願《がん》ず。その人終《ひとおわ》りに臨《のぞ》んで、無量寿仏《むりょうじゅぶつ》その身《み》を化現《けげん》したまう。光明相好《こうみょうそうごう》、つぶさに真仏《しんぶつ》のごとし。諸《もろく》の大衆《だいしゅう》とともに、その人《ひと》の前《まえ》に現《げん》ず。すなわち化仏《けぶつ》に随《したが》ってその国《くに》に往生《おうじょう》して、不退転《ふたいてん》に住《じゅう》す。功徳智慧《くどくちえ》ついで上《じょう》輩《はい》の者《もの》のごとし。

仏《ほとけ》、阿難《あなん》に告《つ》げたまわく、その下輩《げはい》とは、十方世界《じっぽうせかい》の諸天人民《しょてんにんみん》、それ至心《ししん》有《あ》って、彼《か》の国《くに》に生《しょう》ぜんと欲《ほっ》せんに、たとい諸《もろく》の功徳《くどく》を作《な》すこと能《あた》わざるも、まさに無上菩提《むじょうぼだい》の心《しん》を発《おこ》して、一向《いっこう》に意《こころ》を専《もっぱ》らにして、乃至十念《ないしじゅうねん》、無量寿仏《むりょうじゅぶつ》を念《ねん》じて、その国《くに》に生《しょう》ぜんと願《がん》ずべし。もし深法《じんぼう》を聞《き》いて歓喜信楽《かんぎしんぎょう》して疑惑《ぎわく》を生《しょう》ぜず、乃至一念《ないしいちねん》彼《か》の仏《ほとけ》を念《ねん》じ、至誠心《しじょうしん》を以《もっ》て、その国《くに》に生《しょう》ぜんと願《がん》ぜば、この人終《ひとおわ》りに臨《のぞ》んで、夢《ゆめ》に彼《か》の仏《ほとけ》を見《み》たてまつりて、また往生《おうじょう》を得《う》。功徳智慧《くどくちえ》、ついで中輩《ちゅうはい》の者《もの》のごとし。

私釈

私《わたくし》に問《と》うて曰《いわ》く、上輩《じょうはい》の文《もん》の中《なか》に、念仏《ねんぶつ》の外《ほか》にまた捨家棄欲等《しゃけきよくとう》の余行《よぎょう》有《あ》り。中輩《ちゅうはい》の文《もん》の中《なか》に、また起立塔像等《きりゅうとうぞうとう》の余行《よぎょう》有《あ》り。下輩《げはい》の文《もん》の中《なか》に、また菩提心等《ぼだいしんとう》の余行《よぎょう》有《あ》り。何《なん》が故《ゆえ》ぞただ念仏往生《ねんぶつおうじょう》と云《い》うや。答《こた》えて曰《いわ》く、善導和尚《ぜんどうかしょう》の『観念法門《かんねんほうもん》』に云《いわ》く、「またこの『経《きょう》』の下巻《げかん》の初《はじ》めに云《いわ》く、仏《ほとけ》説《と》きたまうに、一切衆生《いっさいしゅじょう》の根性《こんじょう》は不同《ふどう》にして上《じょう》中下《ちゅうげ》有《あ》り。その根性《こんじょう》に随《したが》って、仏《ほとけ》皆勧《みなすす》めて専《もっぱ》ら無量寿仏《むりょうじゅぶつ》の名《みな》を念《ねん》ぜしむ。その人命《ひといのち》終《おわ》らんと欲《ほっ》する時《とき》、仏聖衆《ほとけしょうじゅう》とともに自《みずか》ら来《きた》って迎接《こうじょう》してことごとく往生《おうじょう》を得《え》せしめたまう」と。この釈《しゃく》の意《こころ》に依《よ》るに、三輩《さんぱい》ともに念仏往生《ねんぶつおうじょう》と云《い》うなり。問《と》うて曰《いわ》く、この釈《しゃく》いまだ前《さき》の難《なん》を遮《しゃ》せず。何《なん》ぞ余行《よぎょう》を棄《す》てて、ただ念仏《ねんぶつ》と云《い》うや。答《こた》えて曰《いわ》く、これに三《みっ》の意《こころ》有《あ》り。一《ひとつ》には諸行《しょぎょう》を廃《はい》して、念仏《ねんぶつ》に帰《き》せしめんが為《ため》に、諸行《しょぎょう》を説《と》く。二《ふたつ》には念仏《ねんぶつ》を助成《じょじょう》せしめんが為《ため》に、諸行《しょぎょう》を説《と》く。三《みっ》には念仏《ねんぶつ》と諸行《しょぎょう》との二《に》門《もん》に約《やく》して各《おのおの》三品《さんぼん》を立《た》てんが為《ため》に、諸行《しょぎょう》を説《と》く。一《ひとつ》に諸行《しょぎょう》を廃《はい》して念仏《ねんぶつ》に帰《き》せしめんが為《ため》に、諸行《しょぎょう》を説《と》くとは、善導《ぜんどう》の『観《かん》経《ぎょう》の疏《しょ》』の中《なか》に、「上来定散両門《じょうらいじょうさんりょうもん》の益《やく》を説《と》くといえども、仏《ほとけ》の本願《ほんがん》に望《のぞ》むれば、意《こころ》衆《しゅ》生《じょう》をして、一向《いっこう》に専《もっぱ》ら弥陀仏《みだぶつ》の名《みな》を称《しょう》せしむるに在《あ》り」と云《い》う釈《しゃく》の意《こころ》に准《じゅん》じて、且《しばら》くこれを解《げ》せば、上輩《じょうはい》の中《なか》に、菩提心等《ぼだいしんとう》の余行《よぎょう》を説《と》くといえども、上《かみ》の本願《ほんがん》に望《のぞ》むれば、意《こころ》ただ衆生《しゅじょう》をして専《もっぱ》ら弥陀仏《みだぶつ》の名《みな》を称《しょう》せしむるに在《あ》り。而《しか》るに本願《ほんがん》の中《なか》には、更《さら》に余行《よぎょう》無《な》し。三輩《さんぱい》ともに上《かみ》の本願《ほんがん》に依《よ》るが故《ゆえ》に一向専念無量寿仏《いっこうせんねんむりょうじゅぶつ》と云《い》う。一向《いっこう》とは、二向三向等《にこうさんこうとう》に対《たい》する言《ごん》なり。例《れい》せば、彼《か》の五竺《ごちく》に三寺《さんじ》有《あ》るがごとし。一《ひとつ》には一向大乗寺《いっこうだいじょうじ》、この寺《てら》の中《なか》には小乗《しょうじょう》を学《がく》すること無《な》し。二《ふた》つには一向小乗寺《いっこうしょうじょうじ》、この寺《てら》の中《なか》には大乗《だいじょう》を学《がく》すること無《な》し。三《みっ》つには大小兼行寺《だいしょうけんぎょうじ》、この寺《てら》の中《なか》には大小兼《だいしょうか》ね学《がく》す。故《ゆえ》に兼行寺《けんぎょうじ》と云《い》う。まさに知《し》るべし。大小《だいしょう》の両寺《りょうじ》には一向《いっこう》の言有《ごんあ》り。兼行《けんぎょう》の寺《てら》には一向《いっこう》の言無《ごんな》し。今《いま》この『経《きょう》』の中《なか》の一向《いっこう》もまた然《しか》なり。もし念仏《ねんぶつ》の外《ほか》にまた余行《よぎょう》を加《くわ》えばすなわち一向《いっこう》に非《あら》ず。もし寺《てら》に准《じゅん》ぜば、兼行《けんぎょう》と云《い》うべし。すでに一向《いっこう》と云《い》う、余《よ》を兼《か》ねざること明《あき》らけし。すでに先《さき》に余行《よぎょう》を説《と》くといえども、後《のち》に一向専念《いっこうせんねん》と云《い》う。明《あき》らかに知《し》んぬ、諸行《しょぎょう》を廃《はい》してただ念仏《ねんぶつ》を用《もち》いるが故《ゆえ》に一向《いっこう》と云《い》う。もし爾《しか》らずば一向《いっこう》の言《ごん》、最《もっと》も以《もっ》て消《しょう》し叵《がた》きか。二《ふた》つには念仏《ねんぶつ》を助成《じょじょう》せしめんが為《ため》に、この諸行《しょぎょう》を説《と》くとは、これにまた二《ふた》の意有《こころあ》り。一《ひと》つには同類《どうるい》の善根《ぜんごん》を以《もっ》て念仏《ねんぶつ》を助成《じょじょう》し、二《ふた》つには異類《いるい》の善根《ぜんごん》を以《もっ》て念仏《ねんぶつ》を助成《じょじょう》す。初《はじ》めに同類《どうるい》の助成《じょじょう》とは、善導和尚《ぜんどうかしょう》の『観《かん》経《ぎょう》の疏《しょ》』の中《なか》に、五種《ごしゅ》の助行《じょぎょう》を挙《あ》げて念仏《ねんぶつ》の一行《いちぎょう》を助成《じょじょう》すこれなり。つぶさには上《かみ》の正《しょう》雑二行《ぞうにぎょう》の中《なか》に説《と》くがごとし。次《つぎ》に異類《いるい》の助成《じょじょう》とは、まず上輩《じょうはい》に就《つ》いて正助《しょうじょ》を論《ろん》ぜば、一向専念無量寿仏《いっこうせんねんむりょうじゅぶつ》とはこれ正行《しょうぎょう》なり。またこれ所助《しょじょ》なり。捨家棄欲《しゃけきよく》、而作沙門《にさしゃもん》、発菩提心《ほつぼだいしん》等《とう》とは、これ助行《じょぎょう》なり。またこれ能助《のうじょ》なり。謂《いわ》く往生《おうじょう》の業《ごう》には、念仏《ねんぶつ》を本《ほん》とす。故《ゆえ》に一向《いっこう》に念仏《ねんぶつ》を修《しゅ》せんが為《ため》に、家《いえ》を捨《す》て欲《よく》を棄《す》てて沙門《しゃもん》と作《な》り、また菩提心《ぼだいしん》を発《おこ》す等《とう》なり。中《なか》に就《つ》いて出家発心等《しゅっけほっしんとう》とは、且《しばら》く初出《しょしゅつ》および初発《しょほつ》を指《さ》す。念仏《ねんぶつ》はこれ長時不退《じょうじふたい》の行《ぎょう》なり。むしろ念仏《ねんぶつ》を妨礙《ほうげ》すべけんや。中輩《ちゅうはい》の中《なか》に、また起立《きりゅう》塔像《とうぞう》、懸繒《けんぞう》、燃燈《ねんどう》、散華《さんげ》、焼香《しょうこう》等《とう》の諸行《しょぎょう》有《あ》り。これすなわち念仏《ねんぶつ》の助成《じょじょう》なりその旨《むね》『往生要集《おうじょうようしゅう》』に見《み》えたり。謂《いわ》く助念方法《じょねんほうぼう》の中《なか》の、方処供具《ほうじょくぐ》等《とう》これなり。下輩《げはい》の中《なか》に、また発心《ほっしん》有《あ》り、また念仏《ねんぶつ》有《あ》り。助正《じょしょう》の義《ぎ》、前《さき》に准《じゅん》じて知《し》るべし。三《みっ》に念仏諸行《ねんぶつしょぎょう》に約《やく》して、各《おの〱》三品《さんぼん》を立《た》てんが為《ため》に、諸行《しょぎょう》を説《と》くとは、まず念仏《ねんぶつ》に約《やく》して三品《さんぼん》を立《た》つとは、謂《いわ》くこの三輩《さんぱい》の中《なか》に、通《つう》じて皆一向専念無量寿仏《みないっこうせんねんむりょうじゅぶつ》と云《い》う。これすなわち念仏門《ねんぶつもん》に約《やく》して、その三品《さんぼん》を立《た》つるなり。故《ゆえ》に『往生要集《おうじょうようしゅう》』の念仏《ねんぶつ》証拠門《しょうこもん》に云《いわ》く、「『双巻経《そうかんぎょう》』の三輩《さんぱい》の業《ごう》、浅深《せんじん》有《あ》りといえども、しかも通《つう》じて皆一向専念《みないっこうせんねん》無量寿仏《むりょうじゅぶつ》と云《い》う」。感師これに同じ。次《つぎ》に諸行門《しょぎょうもん》に約《やく》して、三品《さんぼん》を立《た》つとは、謂《いわ》くこの三輩《さんぱい》の中《なか》に、通《つう》じて皆菩提心《みなぼだいしん》等《とう》の諸行《しょぎょう》有《あ》り。これすなわち諸行《しょぎょう》に約《やく》して、その三品《さんぼん》を立《た》つるなり。故《ゆえ》に『往生要集《おうじょうようしゅう》』の諸行往生門《しょぎょうおうじょうもん》に云《いわ》く、「『双巻経《そうかんぎょう》』の三輩《さんぱい》も、またこれを出《い》でず」。

已上

およそかくのごときの三義《さんぎ》、不同《ふどう》有《あ》りといえども、ともにこれ一向念仏《いっこうねんぶつ》の為《ため》にする所以《ゆえ》なり。初《はじ》めの義《ぎ》は、すなわちこれ廃立《はいりゅう》の為《ため》に説《と》く。謂《いわ》く諸行《しょぎょう》は廃《はい》の為《ため》に説《と》き、念仏《ねんぶつ》は立《りゅう》の為《ため》に説《と》く。次《つぎ》の義《ぎ》は、すなわちこれ助正《じょしょう》の為《ため》に説《と》く。謂《いわ》く念仏《ねんぶつ》の正業《しょうごう》を助《たす》けんが為《ため》に諸《しょ》行《ぎょう》の助業《じょごう》を説《と》く。後《のち》の義《ぎ》は、すなわちこれ傍正《ぼうしょう》の為《ため》に説《と》く。謂《いわ》く、念仏諸行《ねんぶつしょぎょう》の二門《にもん》を説《と》くといえども、念仏《ねんぶつ》を以《もっ》て正《しょう》と為《な》し、諸行《しょぎょう》を以《もっ》て傍《ぼう》と為《な》す。故《ゆえ》に三輩通《さんぱいつう》じて皆念仏《みなねんぶつ》と云《い》うなり。ただしこれ等《ら》の三義《さんぎ》、殿最《でんさい》知《し》り難《がた》し。請《こ》う、諸《もろもろ》の学者《がくしゃ》、取捨《しゅしゃ》心《こころ》に在《あ》るべし。今《いま》もし善導《ぜんどう》に依《よ》らば、初《はじ》めを以《もっ》て正《しょう》と為《な》すのみ。

問《と》うて曰《いわ》く、三輩《さんぱい》の業《ごう》皆念仏《みなねんぶつ》と云《い》う。その義《ぎ》然《しか》るべし。ただし『観経《かんぎょう》』の九品《くほん》と、『寿経《じゅきょう》』の三輩《さんぱい》とは、本《もと》これ開合《かいごう》の異《い》なり。もし爾《しか》らば何《なん》ぞ『寿経《じゅきょう》』の三輩《さんぱい》の中《なか》には皆念仏《みなねんぶつ》と云《い》い、『観経《かんぎょう》』の九品《くほん》に至《いた》って上中《じょうちゅう》二品《にほん》に念仏《ねんぶつ》を説《と》かず、下品《げほん》に至《いた》って始《はじ》めて念仏《ねんぶつ》を説《と》くや。答《こた》えて曰《いわ》く、これに二《ふたつ》の義《ぎ》有《あ》り。一《ひとつ》には問端《もんたん》に云《い》うがごとく、『双巻《そうかん》』の三輩《さんぱい》と『観経《かんぎょう》』の九品《くほん》と開合《かいごう》の異《い》とは、これを以《もっ》てまさに知《し》るべし。九品《くほん》の中《なか》に、皆念仏《みなねんぶつ》有《あ》るべし。云何《いかん》が知《し》ることを得《え》たる。三輩《さんぱい》の中《なか》に皆念仏《みなねんぶつ》有《あ》り。九品《くほん》の中《なか》、盍《なん》ぞ念仏《ねんぶつ》無《な》からんや。故《ゆえ》に『往生要集《おうじょうようしゅう》』に云《いわ》く、「問《と》う、念仏《ねんぶつ》の行《ぎょう》は、九品《くほん》の中《なか》において、これ何《いず》れの品《ほん》の摂《しょう》ぞや。答《こた》う、もし説《せつ》のごとく行《ぎょう》ぜば、理《り》、上上《じょうじょう》に当《あた》れり。かくのごとくその勝劣《しょうれつ》に随《したが》ってまさに九品《くほん》を分《わか》つべし。然《しか》るに『経《きょう》』の説《と》く所《ところ》の九品《くほん》の行業《ぎょうごう》は、これ一端《いったん》を示《しめ》す。理《ことわり》、実《じつ》には無量《むりょう》なり」と。已上

故《ゆえ》に知《し》んぬ、念仏《ねんぶつ》また九品《くほん》に通《つう》ずべし。二《ふたつ》には『観経《かんぎょう》』の意《こころ》、初《はじ》めには広《ひろ》く定散《じょうさん》の行《ぎょう》を説《と》いて普《あまね》く衆機《しゅうき》に逗《とう》し、後《のち》には定散二善《じょうさんにぜん》を廃《はい》して、念仏《ねんぶつ》の一行《いちぎょう》に帰《き》せしむ。いわゆる

「汝好持是語《によこうじぜご》」等《とう》の文《もん》これなり、その義《ぎ》下《しも》につぶさに述《の》べるがごとし。故《ゆえ》に知《し》んぬ、九品《くほん》の行《ぎょう》は、ただ念仏《ねんぶつ》に在《あ》ることを。

第五章

標章　念仏利益《ねんぶつりやく》の文《もん》

引文第一　『無量寿経《むりょうじゅきょう》』の下《げ》に云《のたま》わく、仏《ほとけ》、弥勒《みろく》に語《つ》げたまわく、それ彼《か》の仏《ほとけ》の名号《みょうごう》を聞《き》くことを得《う》ること有《あ》って、歓喜踊躍《かんぎゆやく》して乃至《ないし》一念《いちねん》せん。まさに知《し》るべし、この人《ひと》は大利《だいり》を得《う》と為《な》す。すなわちこれ無上《むじょう》の功徳《くどく》を具足《ぐそく》す。

引文第二　善導《ぜんどう》の『礼讃《らいさん》』に云《いわ》く、それ彼《か》の弥陀仏《みだぶつ》の名号《みょうごう》を聞《き》くことを得《う》ること有《あ》って、歓喜《かんぎ》して一念《いちねん》に至《いた》るまで、皆《みな》かしこに生《しょう》ずることを得《う》べし。

私釈　私《わたくし》に問《と》うて曰《いわ》く、上《かみ》の三輩《さんぱい》の文《もん》に准《じゅん》ずるに、念仏《ねんぶつ》の外《ほか》に菩提心等《ぼだいしんとう》の功徳《くどく》を挙《あ》ぐ。何《なん》ぞ彼等《かれら》の功徳《くどく》を歎《たん》ぜずして、ただ独《ひと》り念仏《ねんぶつ》の功徳《くどく》を讃《さん》ずるや。答《こた》えて曰《いわ》く、聖意《しょうい》測《はか》り難《がた》し。定《さだ》んで深意《じんい》有《あ》らん。且《しばら》く善導《ぜんどう》の一意《いちい》に依《よ》ってこれを謂《い》わば、原《たず》ぬるにそれ仏意《ぶっち》は、正直《しょうじき》にただ念仏《ねんぶつ》の行《ぎょう》を説《と》かんと欲《ほっ》すといえども、機《き》に随《したが》って、一往《いちおう》、菩提心等《ぼだいしんとう》の諸行《しょぎょう》を説《と》いて、三輩《さんぱい》の浅深不同《せんじんふどう》を分別《ふんべつ》す。然《しか》るに今諸行《いましょぎょう》においては、すでに捨《す》てて歎《たん》ぜず、置《お》いて論《ろん》ずべからざる者《もの》なり。ただ念仏《ねんぶつ》の一行《いちぎょう》に就《つ》いて、すでに選《えら》んで讃歎《さんだん》したまう。思《おも》って分別《ふんべつ》すべき者《もの》なり。もし念仏《ねんぶつ》に約《やく》して、三輩《さんぱい》を分別《ふんべつ》せば、これに二《ふたつ》の意有《こころあ》り。一《ひとつ》には観《かん》念《ねん》の浅深《せんじん》に随《したが》ってこれを分別《ふんべつ》し、二《ふたつ》には念仏《ねんぶつ》の多少《たしょう》を以《もっ》てこれを分別《ふんべつ》す。浅深《せんじん》とは、上《かみ》に引《ひ》く所《ところ》のごとし。もし説《せつ》のごとく行《ぎょう》ぜば、理《り》、上上《じょうじょう》に当《あた》るというこれなり。次《つぎ》に多少《たしょう》とは、下輩《げはい》の文《もん》の中《なか》に、すでに十念乃至《じゅうねんないし》一念《いちねん》の数《かず》有《あ》り。上中《じょうちゅう》の両輩《りょうはい》、これに准《じゅん》じて随《したが》って増《ぞう》すべし。『観念法門《かんねんほうもん》』に云《いわ》く、「日別《にちべつ》に一万遍仏《いちまんべんほとけ》を念《ねん》じ、またすべからく時《とき》に依《よ》って、浄土《じょうど》の荘厳事《しょうごんじ》を礼讃《らいさん》すべし。大《おお》いに精進《しょうじん》すべし。あるいは三万六万十万《さんまんろくまんじゅうまん》を得《う》る者《もの》は、皆《みな》これ上品上生《じょうぼんじょうしょう》の人《ひと》なり」と。まさに知《し》るべし。三万已上《さんまんいじょう》はこれ上品上生《じょうぼんじょうしょう》の業《ごう》、三万《さんまん》已去《いこ》は上品已下《じょうぼんいげ》の業《ごう》なり。すでに念数《ねんじゅ》の多少《たしょう》に随《したが》って、品位《ほんい》を分別《ふんべつ》することこれ明《あき》らけし。今《いま》ここに一念《いちねん》と言《い》うは、これ上《かみ》の念仏《ねんぶつ》の願成就《がんじょうじゅ》の中《なか》に言《い》う所《ところ》の一念《いちねん》と、下輩《げはい》の中《なか》に明《あか》す所《ところ》の一念《いちねん》とを指《さ》す。願成就《がんじょうじゅ》の文《もん》の中《なか》に、一念《いちねん》と云《い》うといえども、いまだ功徳《くどく》の大利《だいり》を説《と》かず。また下輩《げはい》の文《もん》の中《なか》に、一念《いちねん》と云《い》うといえども、また功徳《くどく》の大利《だいり》を説《と》かず。この一念《いちねん》に至《いた》って、説《と》いて大利《だいり》と為《な》し、歎《たん》じて無上《むじょう》と為《な》す。まさに知《し》るべし、これ上《かみ》の一念《いちねん》を指《さ》すなり。この大利《だいり》とは、これ小利《しょうり》に対《たい》するの言《ごん》なり。然《しか》ればすなわち菩提心等《ぼだいしんとう》の諸行《しょぎょう》を以《もっ》て小利《しょうり》と為《な》し、乃至《ないし》一念《いちねん》を以《もっ》て大利《だいり》と為《な》す。また無上功徳《むじょうくどく》とは、これ有上《うじょう》に対《たい》する言《ごん》なり。余行《よぎょう》を以《もっ》て有上《うじょう》と為《な》し、念仏《ねんぶつ》を以《もっ》て無上《むじょう》と為《な》す。すでに一念《いちねん》を以《もっ》て一《ひとつ》の無上《むじょう》と為《な》す。まさに知《し》るべし。十念《じゅうねん》を以《もっ》て十《じゅう》の無上《むじょう》と為《な》し、また百念《ひゃくねん》を以《もっ》て百《ひゃく》の無上《むじょう》と為《な》し、また千念《せんねん》を以《もっ》て千《せん》の無上《むじょう》と為《な》す。かくのごとく展転《てんでん》して、少《しょう》より多《た》に至《いた》り、念仏恒沙《ねんぶつごうじゃ》ならば、無上《むじょう》の功徳《くどく》もまた恒沙《ごうじゃ》なるべし。かくのごとくまさに知《し》るべし。然《しか》れば諸《もろく》の往生《おうじょう》を願求《がんぐ》せん人《ひと》、何《なん》ぞ無上大利《むじょうだいり》の念仏《ねんぶつ》を廃《はい》して、強《し》いて有上小利《うじょうしょうり》の余行《よぎょう》を修《しゅ》せんや。

第六章

標章　末法万年《まつぽうまんねん》の後《のち》に余行《よぎょう》ことごとく滅《めつ》し、特《ひと》り念仏《ねんぶつ》を留《とど》むるの文《もん》。

引文第一　『無量寿経《むりょうじゅきょう》』の下巻《げかん》に云《のたま》わく、当来《とうらい》の世《よ》に経道滅尽《きょうどうめつじん》せんに、我《わ》れ慈悲哀愍《じひあいみん》を以《もっ》て、特《ひと》りこの『経《きょう》』を留《とど》めて、止住《しじゅう》すること百歳《ひゃくさい》ならん。それ衆生《しゅじょう》有《あ》って、この『経《きょう》』に値《あ》わん者《もの》は、意《こころ》の所願《しょがん》に随《したが》って、皆得度《みなとくど》すべし。

私釈　私《わたくし》に問《と》うて曰《いわ》く、『経《きょう》』にただ「特留此経《どくるしきょうし》止住百歳《じゅうひゃくさい》」と云《い》って、全《まった》くいまだ「特留念仏《どくるねんぶつし》止住《じゅう》百歳《ひゃくさい》」と云《い》わず。然《しか》るに今何《いまなん》ぞ特留念仏《どくるねんぶつ》と云《い》うや。答《こた》えて曰《いわ》く、この『経《きょう》』の所詮《しょせん》は全《まった》く念仏《ねんぶつ》に在《あ》り。その旨前《むねさき》に見《み》えたり。再《ふた》び出《い》だす能《あた》わず。善導《ぜんどう》・懐感《えかん》・慧心等《えしんとう》の意《こころ》も、またまたかくのごとし。然《しか》ればすなわちこの『経《きょう》』の止住《しじゅう》は、すなわち念《ね》仏《ぶつ》の止住《しじゅう》なり。然《しか》る所以《ゆえ》は、この『経《きょう》』に菩提心《ぼだいしん》の言有《ごんあ》りといえども、いまだ菩提心《ぼだいしん》の行《ぎょう》相《そう》を説《と》かず。また持戒《じかい》の言有《ごんあ》りといえども、いまだ持戒《じかい》の行相《ぎょうそう》を説《と》かず。而《しか》るに菩提心《ぼだいしん》の行相《ぎょうそう》を説《と》くことは、広《ひろ》く『菩提心経《ぼだいしんぎょう》』等《とう》に在《あ》り。彼《か》の『経《きょう》』先《さき》に滅《めつ》しなば菩提心《ぼだいしん》の行《ぎょう》、彼《か》何《なに》に因《よ》ってかこれを修《しゅ》せん。また持戒《じかい》の行相《ぎょうそう》を説《と》くことは、広《ひろ》く大小《だいしょう》の戒律《かいりつ》に在《あ》り。彼《か》の戒律先《かいりつさき》に滅《めつ》しなば、持戒《じかい》の行《ぎょう》、何《なに》に因《よ》ってかこれを修《しゅ》せん。自余《じよ》の諸行《しょぎょう》これに準《じゅん》じてまさに知《し》るべし。故《ゆえ》に善導和尚《ぜんどうかしょう》の『往生礼讃《おうじょうらいさん》』にこの文《もん》を釈《しゃく》して云《いわ》く、「万年《まんねん》に三宝滅《さんぼうめつ》せんに、この『経《きょう》』、住《じゅう》すること百年《ひゃくねん》ならん。その時聞《ときき》いて一念《いちねん》せば、皆《みな》まさにかしこに生《しょう》ずることを得《う》べし」。またこの文《もん》を釈《しゃく》するに、略《りゃく》して四《よつ》の意《こころ》有《あ》り。一《ひとつ》には聖道浄土《しょうどうじょうど》二教《にきょう》住滅《じゅうめつ》の前後《ぜんご》。二《ふたつ》には十方西方《じっぽうさいほう》二教《にきょう》住滅《じゅうめつ》の前後《ぜんご》。三《みつ》には兜率西方《とそつさいほう》二教《にきょう》住滅《じゅうめつ》の前後《ぜんご》。四《よつ》には念仏諸行《ねんぶつしょぎょう》二行《にぎょう》住滅《じゅうめつ》の前後《ぜんご》なり。一《ひとつ》に聖道浄土《しょうどうじょうど》二教《にきょう》住滅《じゅうめつ》の前後《ぜんご》とは、謂《いわ》く聖道《しょうどう》門《もん》の諸経《しょきょう》は先《さき》に滅《めつ》す、故《ゆえ》に「経道滅尽《きょうどうめつじん》」と云《い》う。浄土門《じょうどもん》のこの『経《きょう》』特《ひと》り留《とど》まる。故《ゆえ》に「止住百歳《しじゅうひゃくさい》」と云《い》う。まさに知《し》るべし、聖道《しょうどう》は機縁浅薄《きえんせんぱく》にして、浄土《じょうど》は機縁深厚《きえんじんこう》なり。二《ふたつ》に十方西方《じっぽうさいほう》二教《にきょう》住滅《じゅうめつ》の前後《ぜんご》とは、謂《いわ》く十方浄土往生《じっぽうじょうどおうじょう》の諸教《しょきょう》、先《さき》に滅《めつ》す。故《ゆえ》に「経道滅尽《きょうどうめつじん》」と云《い》う。西方浄土往生《さいほうじょうどおうじょう》のこの『経《きょう》』特《ひと》り留《とど》まる。故《ゆえ》に「止住百歳《しじゅうひゃくさい》」と云《い》う。まさに知《し》るべし、十方《じっぽう》の浄土《じょうど》は機縁浅薄《きえんせんぱく》にして、西方浄土《さいほうじょうど》は機縁深厚《きえんじんこう》なり。三《みつ》に兜率西方《とそつさいほう》二教《にきょう》住滅《じゅうめつ》の前後《ぜんご》とは、謂《いわ》く『上生《じょうしょう》』、『心地《しんじ》』等《とう》の上生兜率《じょうしょうとそつ》の諸教《しょきょう》、先《さき》に滅《めつ》す。故《ゆえ》に「経道滅尽《きょうどうめつじん》」と云《い》う。往生西方《おうじょうさいほう》のこの『経《きょう》』特《ひと》り留《とど》まる。故《ゆえ》に「止住百歳《しじゅうひゃくさい》」と云《い》う。

まさに知《し》るべし、兜率《とそつ》は近《ちか》しといえども縁浅《えんあさ》く、極楽《ごくらく》は遠《とお》しといえども縁深《えんふか》し。四《よっ》に念仏《ねんぶつ》諸行二行住滅《しょぎょうにぎょうじゅうめつ》の前後《ぜんご》とは、諸行往生《しょぎょうおうじょう》の諸教《しょきょう》、先《さき》に滅《めっ》す。故《ゆえ》に「経道滅尽《きょうどうめつじん》」と云《い》う。念仏往生《ねんぶつおうじょう》のこの『経《きょう》』特《ひと》り留《とど》まる。故《ゆえ》に「止住百歳《しじゅうひゃくさい》」と云《い》う。まさに知《し》るべし、諸行《しょぎょう》往生《おうじょう》は、機縁《きえん》最《もっと》も浅《あさ》く、念仏往生《ねんぶつおうじょう》は、機縁《きえん》はなはだ深《ふか》し。加之《しかのみならず》、諸行往生《しょぎょうおうじょう》は縁少《えんすくな》く、念仏往生《ねんぶつおうじょう》は縁多《えんおお》し。また諸行往生《しょぎょうおうじょう》は、近《ちか》く末法万年《まっぽうまんねん》の時《とき》に局《かぎ》れり。念仏往生《ねんぶつおうじょう》は、遠《とお》く法《ほう》滅百歳《めつひゃくさい》の代《よ》を霑《うるお》す。問《と》うて曰《いわ》く、すでに「我《わ》れ慈悲哀愍《じひあいみん》を以《もっ》て、特《ひと》りこの『経《きょう》』を留《とど》めて、止住《しじゅう》すること百歳《ひゃくさい》ならん」と云《い》う。もし爾《しか》らば釈尊慈悲《しゃくそんじひ》を以《もっ》て、経教《きょうぎょう》を留《とど》めたまわば、何《いず》れの経《きょう》、何《いず》れの教《きょう》か留《とど》まらざらん。而《しか》るに何《なん》ぞ余経《よきょう》を留《とど》めずして、ただこの『経《きょう》』を留《とど》めたまうや。答《こた》えて曰《いわ》く、たとい何《いず》れの経《きょう》を留《とど》むといえども、別《べっ》して一経《いっきょう》を指《さ》せば、またこの難《なん》を避《さ》けず。ただし特《ひと》りこの『経《きょう》』を留《とど》める、その深意《じんい》有《あ》るか。もし善導《ぜんどう》和尚《かしょう》の意《こころ》に依《よ》らば、この『経《きょう》』の中《なか》に、すでに弥陀如来《みだにょらい》の念仏往生《ねんぶつおうじょう》の本願《ほんがん》を説《と》けり。釈迦《しゃか》の慈悲《じひ》、念仏《ねんぶつ》を留《とど》めんが為《ため》に、殊《こと》にこの『経《きょう》』を留《とど》む。余経《よきょう》の中《なか》には、いまだ弥陀如来《みだにょらい》の念仏往生《ねんぶつおうじょう》の本願《ほんがん》を説《と》かず。故《ゆえ》に釈尊《しゃくそん》の慈悲《じひ》、以《もっ》てこれを留《とど》めたまわず。およそ四十八願《しじゅうはちがん》、皆本願《みなほんがん》なりといえども、殊《こと》に念仏《ねんぶつ》を以《もっ》て、往生《おうじょう》の規《のり》と為《な》す。故《ゆえ》に善導《ぜんどう》の『釈《しゃく》』に云《いわ》く、「弘誓多門《ぐぜいたもん》にして四十八《しじゅうはち》なれども、偏《ひとえ》に念仏《ねんぶつ》を標《ひょう》して、最《もっと》も親《した》しとす。人能《ひとよ》く仏《ほとけ》を念《ねん》ずれ

ば、仏《ほとけ》また念《ねん》じたまう。専心《せんじん》に仏《ほとけ》を想《おも》えば、仏《ほとけ》人《ひと》を知《し》りたまう」。已上
故《ゆえ》に知《し》んぬ。四十八願《しじゅうはちがん》の中《なか》に、すでに念仏往生《ねんぶつおうじょう》の願《がん》を以《もっ》て、本願《ほんがん》の中《なか》の王《おう》と為《な》す。ここを以《もっ》て釈迦《しゃか》の慈悲《じひ》、特《ひと》りこの『経《きょう》』を以《もっ》て、止住《しじゅう》すること百歳《ひゃくさい》なり。例《れい》せば彼《か》の『観《かん》無量寿経《むりょうじゅきょう》』の中《なか》に、定散《じょうさん》の行《ぎょう》を付属《ふぞく》せずして、ただ孤《ひと》り念仏《ねんぶつ》の行《ぎょう》を付属《ふぞく》するがごとし。これすなわち彼《か》の仏願《ぶつがん》に順《じゅん》ずるが故《ゆえ》に、念仏《ねんぶつ》の一行《いちぎょう》を付属《ふぞく》するなり。問《と》うて曰《いわ》く、百歳《ひゃくさい》の間《あいだ》、念仏《ねんぶつ》を留《とど》むべきこと、その理然《りしか》るべし。この念仏《ねんぶつ》の行《ぎょう》は、ただ彼《か》の時機《じき》に被《こうむ》るとやせん。はた正像末《しょうぞうまつ》の機《き》に通《つう》ずとやせん。答《こた》えて曰《いわ》く、広《ひろ》く正像末法《しょうぞうまっぽう》に通《つう》ずべし。後《のち》を挙《あ》げて今《いま》を勧《すす》む。その義《ぎ》まさに知《し》るべし。

第七章

標章　弥陀《みだ》の光明《こうみょう》余行《よぎょう》の者《もの》を照《てら》さず、ただ念仏《ねんぶつ》の行者《ぎょうじゃ》を摂取《せっしゅ》したまうの文《もん》。

引文第一　『観無量寿経《かんむりょうじゅきょう》』に云《のたま》わく、無量寿仏《むりょうじゅぶつ》に八万四千《はちまんしせん》の相《そう》有《あ》り。一一《いちいち》の相《そう》に、各《おのおの》八万四千随形好《はちまんしせんずいぎょうこう》有《あ》り。一一《いちいち》の好《こう》に、また八万四千《はちまんしせん》の光明《こうみょう》有《あ》り。一一《いちいち》の光明《こうみょう》、遍《あまね》く十方《じっぽう》の世界《せかい》を照《てら》して、念仏《ねんぶつ》の衆生《しゅじょう》を摂取《せっしゅ》して捨《す》てたまわず。

引文第二　同経《どうきょう》の『疏《しょ》』に云《いわ》く、「無量寿仏《むりょうじゅぶつ》」より、下《しも》「摂取不捨《せっしゅふしゃ》」に至《いた》る已来《いらい》は、正《まさ》しく身《しん》の別相《べっそう》を観《かん》ずるに、光《ひかり》有縁《うえん》を益《やく》することを明《あか》す。すなわちその五《いつつ》有《あ》り。一《ひとつ》には相《そう》の多少《たしょう》を明《あか》し、二《ふたつ》には好《こう》の多少《たしょう》を明《あか》し、三《みっつ》には光《こう》の多少《たしょう》を明《あか》し、四《よっつ》には光照《こうしょう》の遠近《おんごん》を明《あか》し、五《いつつ》には光《こう》の及《およ》ぶ所《ところ》の処《ところ》、偏《ひとえ》に摂益《しょうやく》を蒙《こうむ》ることを明《あか》す。

問《と》うて曰《いわ》く、つぶさに衆行《しゅぎょう》を修《しゅ》して、ただ能《よ》く回向《えこう》すれば、皆往生《みなおうじょう》を得《う》。何《なに》を以《もっ》てか、仏光普《ぶっこうあまね》く照《て》らすにただ念仏《ねんぶつ》の者《もの》のみを摂《せっ》する、何《なに》に意有《こころあ》るや。答《こた》えて曰《いわ》く、これに三義《さんぎ》有《あ》り。一《ひとつ》に親縁《しんねん》を明《あか》す。衆生《しゅじょう》、行《ぎょう》を起《おこ》して口常《くちつね》に仏《ほとけ》を称《しょう》すれば、仏《ほとけ》すなわちこれを聞《き》きたまう。身常《みつね》に仏《ほとけ》を礼敬《らいきょう》すれば、仏《ほとけ》すなわちこれを見《み》たまう。心常《こころつね》に仏《ほとけ》を念《ねん》ずれば、仏《ほとけ》すなわちこれを知《し》りたまう。衆生仏《しゅじょうほとけ》を憶念《おくねん》すれば、仏《ほとけ》また衆生《しゅじょう》を憶念《おくねん》したまう。彼此《ひし》の三《さん》業相《ごうあ》い捨離《しゃり》せず。故《ゆえ》に親縁《しんねん》と名《な》づく。二《ふたつ》に近縁《ごんねん》を明《あか》す。衆生仏《しゅじょうほとけ》を見《み》んと願《がん》ずれば、仏《ほとけ》すなわち念《ねん》に応《おう》じて目前《もくぜん》に現在《げんざい》す。故《ゆえ》に近縁《ごんねん》と名《な》づく。三《みっ》に増上縁《ぞうじょうえん》を明《あか》す。衆生称念《しゅじょうしょうねん》すれば、すなわち多劫《たこう》の罪《ざい》を除《のぞ》く、命終《いのちおわ》らんと欲《ほっ》する時《とき》、仏聖衆《ほとけしょうじゅう》とともに自《みずか》ら来《きた》って迎《こう》接《じょう》したまう。諸邪業繋《しょじゃごうけ》、能《よ》く礙《さ》うる者《もの》無《な》し。故《ゆえ》に増上縁《ぞうじょうえん》と名《な》づく。自余《じよ》の衆行《しゅぎょう》も、これ善《ぜん》と名《な》づくといえども、もし念仏《ねんぶつ》に比《ひ》すれば、全《まった》く比校《ひきょう》に非《あら》ず。この故《ゆえ》に諸経《しょきょう》の中《なか》に、処《しょ》処《しょ》に広《ひろ》く念仏《ねんぶつ》の功能《くのう》を讃《さん》ず。『無量寿経《むりょうじゅきょう》』の四十八願《しじゅうはちがん》の中《なか》のごとき、ただ専《もっぱ》ら弥陀《みだ》の名《みょう》号《ごう》を念《ねん》じて、生《しょう》ずることを得《う》と明《あか》す。また『弥陀経《みだきょう》』の中《なか》のごとき、一日七日専《いちにちしちにちもっぱ》ら弥陀《みだ》の名号《みょうごう》を念《ねん》じて生《しょう》ずることを得《う》。また十方恒沙《じっぽうごうじゃ》の諸仏《しょぶつ》、虚《むな》しからずと証誠《しょうじょう》したまう。またこの『経《きょう》』の定散《じょうさん》の文《もん》の中《なか》に、ただ専《もっぱ》ら名号《みょうごう》を念《ねん》じて、生《しょう》ずることを得《う》と標《ひょう》す。この例《れい》一《いっ》に非《あら》ず。広《ひろ》く念仏三昧《ねんぶつさんまい》を顕《あらわ》し竟《おわ》んぬ。

【引文第三】『観念法門《かんねんほうもん》』に云《いわ》く、また前《さき》のごとく、身相等《しんそうとう》の光《ひかり》、一一遍《いちいちあまね》く十方世界《じっぽうせかい》を照《て》らす、ただ専《もっぱ》ら阿弥陀仏《あみだぶつ》を念《ねん》ずる衆生《しゅじょう》のみ有《あ》って、彼《か》の仏《ほとけ》の心光常《しんこうつね》にこの人《ひと》を照《てら》して、摂《しょう》護《ご》して捨《す》てたまわず。すべて余《よ》の雑業《ぞうごう》の行者《ぎょうじゃ》を、照摂《しょうしょう》することを論《ろん》ぜず。

私釈　私《わたくし》に問《と》うて曰《いわ》く、仏《ほとけ》の光明《こうみょう》、ただ念仏《ねんぶつ》の者《もの》のみを照《て》らして、余行《よぎょう》の者《もの》を照《てら》さざるは何《な》に意有《こころあ》りや。答《こた》えて曰《いわ》く、解《げ》するに二義《にぎ》有《あ》り。一《ひとつ》には親縁等《しんねんとう》の三義《さんぎ》、文《もん》のごとし。二《ふたつ》には本願《ほんがん》の義《ぎ》、謂《いわ》く余行《よぎょう》は本願《ほんがん》に非《あら》ず。故《ゆえ》にこれを照摂《しょうしょう》せず。念仏《ねんぶつ》はこれ本願《ほんがん》なり。故《ゆえ》にこれを照摂《しょうしょう》す。故《ゆえ》に善導和尚《ぜんどうかしょう》の『六時礼讃《ろくじらいさん》』に云《いわ》く、「弥陀《みだ》の身色金山《しんしきこんせん》のごとし。相好《そうごう》の光明《こうみょう》十方《じっぽう》を照《て》らす。ただ念仏《ねんぶつ》のみ有《あ》って、光摂《こうしょう》を蒙《こうむ》る。まさに知《し》るべし、本願最《ほんがんもっと》も強《つよ》しと為《な》す」。已上

また引《ひ》く所《ところ》の文《もん》の中《なか》に、「自余《じよ》の衆善《しゅぜん》は、これ善《ぜん》と名《な》づくといえども、もし念仏《ねんぶつ》に比《ひ》すれば、全《まった》く比校《ひきょう》に非《あら》ず」と言《い》うなりとは、意《こころ》の云《いわ》く、これ浄土門《じょうどもん》の諸行《しょぎょう》に約《やく》して比論《ひろん》する所《ところ》なり。念仏《ねんぶつ》は、これすでに二百一十億《にひゃくいちじゅうおく》の中《なか》に、選取《せんしゅ》する所《ところ》の妙行《みょうぎょう》なり。諸行《しょぎょう》はこれすでに二百一十億《にひゃくいちじゅうおく》の中《なか》に、選捨《せんしゃ》する所《ところ》の粗行《そぎょう》なり。故《ゆえ》に「全《まった》く比校《ひきょう》に非《あら》ず」と云《い》う。また念仏《ねんぶつ》はこれ本願《ほんがん》の行《ぎょう》、諸行《しょぎょう》はこれ本願《ほんがん》に非《あら》ず。故《ゆえ》に「全《まった》く比校《ひきょう》に非《あら》ず」と言《い》う。

第八章

標章 念仏《ねんぶつ》の行者《ぎょうじゃ》必《かなら》ず三心《さんじん》を具足《ぐそく》すべきの文《もん》。

引文第一 『観無量寿経《かんむりょうじゅきょう》』に云《のたま》わく、もし衆生《しゅじょう》有《あ》って、彼《か》の国《くに》に生《しょう》ぜんと願《ねが》う者《もの》は、三《さん》種《じゅ》の心《しん》を発《おこ》して、すなわち往生《おうじょう》す。何等《なんら》をか三《みっ》とす。一《ひとつ》は至誠心《しじょうしん》、二《ふたつ》には深心《じんしん》、三《みっ》には回向発願心《えこうほつがんじん》なり。三心《さんじん》を具《ぐ》する者《もの》は、必《かなら》ず彼《か》の国《くに》に生《しょう》ず。

引文第二 同経《どうきょう》の『疏《しょ》』に云《いわ》く、『経《きょう》』に「一者至誠心《いっしゃしじょうしん》」と云《い》うは、至《し》とは真《しん》なり。誠《じょう》とは実《じつ》なり。一切衆生《いっさいしゅじょう》の身口意業《しんくいごう》に修《しゅ》する所《ところ》の解行《げぎょう》、必《かなら》ず真実心《しんじつしん》の中《なか》に作《な》すべきことを明《あか》さんと欲《ほっ》す。外《そと》に賢善精進《けんぜんしょうじん》の相《そう》を現《げん》じて、内《うち》に虚仮《こけ》を懐《いだ》くことを得《え》ざれ。貪瞋邪偽《とんじんじゃぎ》、奸《かん》詐百端《さひゃくたん》にして、悪性《あくしょう》侵《や》め難《がた》く、事《こと》、蛇蝎《だかつ》に同《おな》じきは、三業《さんごう》を起《おこ》すといえども、名《な》づけて雑毒《ぞうどく》の善《ぜん》と為《な》し、また虚仮《こけ》の行《ぎょう》と名《な》づけ、真実《しんじつ》の業《ごう》と名《な》づけず。もしかくのごときの安心《あんじん》起行《きぎょう》を作《な》す者《もの》は、たとい身心《しんじん》を苦励《くれい》して、日夜十二時《にちやじゅうにじ》、急《きゅう》に走《はし》り急《きゅう》に作《な》すこと、頭燃《ずねん》を灸《すく》うがごとくなるも、すべて雑毒《ぞうどく》の善《ぜん》と名《な》づく。この雑毒《ぞうどく》の行《ぎょう》を回《え》して、彼《か》の仏《ほとけ》の浄土《じょうど》に生《しょう》ぜんことを求《もと》めんと欲《ほっ》する者《もの》は、これ必《かなら》ず不可《ふか》なり。何《なに》を以《もっ》ての故《ゆえ》に。正《まさ》しく彼《か》の阿《あ》弥陀仏《みだぶつ》の因中《いんじゅう》に、菩薩《ぼさつ》の行《ぎょう》を行《ぎょう》じたまいし時《とき》、乃至《ないし》一念一刹那《いちねんいちせつな》も、三業《さんごう》に修《しゅ》する所《ところ》、皆《みな》これ真実心《しんじつしん》の中《なか》に作《な》し、およそ施為趣求《せいしゅぐ》する所《ところ》、また皆真実《みなしんじつ》なるに由《よ》ってなり。また真実《しんじつ》に二種有《にしゅあ》り。一《ひとつ》には自利《じり》の真実《しんじつ》、二《ふたつ》には利他《りた》の真実《しんじつ》なり。自利《じり》の真実《しんじつ》と言《い》うは、また二種有《にしゅあ》り。一《ひとつ》には真実心《しんじつしん》の中《なか》に、自他《じた》の諸悪《しょあく》および穢国等《えこくとう》を制捨《せいしゃ》して、行住坐臥《ぎょうじゅうざが》に一切《いっさい》の菩薩《ぼさつ》の諸悪《しょあく》を制捨《せいしゃ》するに同《おな》じく、我《わ》れもまたかくのごとくならんと想《おも》う。二《ふたつ》には真実心中《しんじつしんじゅう》に、自他凡聖等《じたぼんじょうとう》の善《ぜん》を勤修《ごんしゅ》し、真実心中《しんじつしんじゅう》の口業《くごう》に、彼《か》の阿弥陀仏《あみだぶつ》および依正二報《えしょうにほう》を讃歎《さんだん》し、また真実心中《しんじつしんじゅう》の口業《くごう》に三界六道等《さんがいろくどうとう》の自他《じた》の依正二報《えしょうにほう》の苦悪《くあく》の事《じ》を毀厭《きえん》し、また一切衆生《いっさいしゅじょう》の三業《さんごう》に為《な》す所《ところ》の善《ぜん》を讃歎《さんだん》す。もし善業《ぜんごう》に非《あら》ざるは敬《うやま》ってこれを遠《とお》ざけ、また随喜《ずいき》せざるなり。また真実心中《しんじつしんじゅう》の身業《しんごう》に合掌礼敬《がっしょうらいきょう》して、四事等《しじとう》を以《もっ》て彼《か》の阿弥陀仏《あみだぶつ》および依正二報《えしょうにほう》を供養《くよう》す。また真実心中《しんじつしんじゅう》の身業《しんごう》にこの生死三界等《しょうじさんがいとう》の自他《じた》の依正二報《えしょうにほう》を軽慢《きょうまん》し厭捨《えんしゃ》す。また真実心中《しんじつしんじゅう》の意業《いごう》に彼《か》の阿弥陀仏《あみだぶつ》および依正二報《えしょうにほう》を思想《しそう》、観察《かんざつ》、憶念《おくねん》して目前《もくぜん》に現《げん》ずるがごとくすべし。また真実心中《しんじつしんじゅう》の意業《いごう》に、この生死三界等《しょうじさんがいとう》の自他《じた》の依正二報《えしょうにほう》を軽賤《きょうせん》し、厭捨《えんしゃ》す。不善《ふぜん》の三業《さんごう》をば必《かなら》ずすべからく真実心中《しんじつしんじゅう》に捨《しゃ》すべし。またもし善《ぜん》の三業《さんごう》を起《おこ》せば、必《かなら》ずすべからく真実心中《しんじつしんじゅう》に作《な》すべし。内外明闇《ないげみょうあん》を簡《えら》ばず、皆《みな》すべからく真実《しんじつ》なるべし。故《ゆえ》に至誠心《しじょうしん》と名《な》づく。

「二《ふたつ》には深心《じんしん》」。深心《じんしん》と言《い》うは、すなわちこれ深《ふか》く信《しん》ずるの心《しん》なり。また二種《にしゅ》有《あ》り。一《ひとつ》には決定《けつじょう》して、深《ふか》く自身《じしん》は現《げん》にこれ罪悪生死《ざいあくしょうじ》の凡夫《ぼんぶ》、曠劫《こうごう》より已来《このかた》常《つね》に没《もっ》し、常《つね》に流転《るてん》して、出離《しゅつり》の縁《えん》有《あ》ること無《な》しと信《しん》ず。二《ふたつ》には決定《けつじょう》して、深《ふか》く彼《か》の阿弥陀仏《あみだぶつ》四十八願《しじゅうはちがん》をもって、衆生《しゅじょう》を摂受《しょうじゅ》したまう。疑《うたがい》なく慮《うらおもい》無《な》く、彼《か》の願力《がんりき》に乗《じょう》じて、定《さだ》んで往生《おうじょう》を得《う》と信《しん》ず。また決定《けつじょう》して、深《ふか》く釈迦仏《しゃかぶつ》この『観経《かんぎょう》』の三福九品《さんぷくくほん》、定散二善《じょうさんにぜん》を説《と》いて、彼《か》の仏《ほとけ》の依正二報《えしょうにほう》を証讃《しょうさん》して、人《ひと》をして欣慕《ごんぼ》せしめたまうと信《しん》ず。また決定《けつじょう》して、深《ふか》く『弥陀《みだ》経《きょう》』の中《なか》に、十方恒沙《じっぽうごうじゃ》の諸仏《しょぶつ》、一切凡夫《いっさいぼんぶ》決定《けつじょう》して生《しょう》ずることを得《う》と証勧《しょうかん》したまうと信《しん》ず。また深信《じんしん》とは、仰《あお》ぎ願《ねが》わくは、一切《いっさい》の行者等《ぎょうじゃとう》、一心《いっしん》にただ仏語《ぶつご》を信《しん》じて身命《しんみょう》を顧《かえり》みず、決定《けつじょう》して依行《えぎょう》せよ。仏《ほとけ》の捨《す》てしめたまう者《もの》はすなわち捨《す》て、仏《ほとけ》の行《ぎょう》ぜしめたまう者《もの》をばすなわち行《ぎょう》じ、仏《ほとけ》の去《さ》らしめたまう処《ところ》をばすなわち去《さ》れ。これを仏教《ぶっきょう》に随順《ずいじゅん》し、仏意《ぶっち》に随《ずい》順《じゅん》すと名《な》づけ、これを仏願《ぶつがん》に随順《ずいじゅん》すと名《な》づけ、これを真《しん》の仏弟子《ぶつでし》と名《な》づく。また一切《いっさい》の行《ぎょう》者《じゃ》、ただ能《よ》くこの『経《きょう》』に依《よ》って深《ふか》く信《しん》じて行《ぎょう》ずる者《もの》は、必《かなら》ず衆生《しゅじょう》を悞《あやま》らず。何《なに》を以《もっ》ての故《ゆえ》に。仏《ほとけ》はこれ大悲《だいひ》を満足《まんぞく》する人《ひと》なるが故《ゆえ》に。実語《じつご》したまうが故《ゆえ》に。仏《ほとけ》を除《のぞ》いて已還《いげん》は、智行《ちぎょう》いまだ満《まん》ぜず。その学地《がくじ》に在《あ》って、なお正習二障《しょうしゅうにしょう》有《あ》っていまだ除《のぞ》かず、果願《かがん》いまだ円《まどか》ならず。これ等《ら》の凡聖《ぼんじょう》は、たとい諸仏《しょぶつ》の教意《きょうい》を測量《しきりょう》するも、いまだ決了《けつりょう》すること能《あた》わず。平章《ひょうしょう》すること有《あ》りといえども、要《かな》らずすべからく仏《ほとけ》の証《しょう》を請《こ》うて定《じょう》と為《な》すべし。もし仏意《ぶっち》に称《かな》えば、すなわち印可《いんか》して如是如是《にょぜにょぜ》と言《い》いたまう。もし仏意《ぶっち》に可《かな》わざれば、すなわち汝等《なんじら》が説《と》く所《ところ》は、この義不如是《ぎふにょぜ》と言《い》いたまう。印《いん》せざる者《もの》は、すなわち無記《むき》、無《む》利《り》、無益《むやく》の語《ご》に同《おな》じ。仏《ほとけ》の印可《いんか》したまう者《もの》は、すなわち仏《ほとけ》の正教《しょうぎょう》に随順《ずいじゅん》す。もし仏《ほとけ》の所有《あらゆ》る言説《ごんぜつ》は、すなわちこれ正教《しょうぎょう》・正義《しょうぎ》・正行《しょうぎょう》・正解《しょうげ》・正業《しょうごう》・正智《しょうち》なり。もしは多《た》、もしは少《しょう》、すべて菩薩人天等《ぼさつにんでんとう》を問《と》わず、その是非《ぜひ》を定《さだ》むるなり。もし仏《ほとけ》の所説《しょせつ》はすなわちこれ了教《りょうきょう》なり。菩薩等《ぼさつとう》の説《せつ》は、ことごとく不了教《ふりょうきょう》と名《な》づく。まさに知《し》るべし。この故《ゆえ》に今時《こんじ》仰《あお》いで勧《すす》む、一切有縁《いっさいうえん》の往生人等《おうじょうにんとう》、ただ深《ふか》く仏語《ぶつご》を信《しん》じて、専注奉行《せんじゅうぶぎょう》すべし。菩薩《ぼさつ》等《とう》の不相応《ふそうおう》の教《きょう》を信用《しんゆう》して、以《もっ》て疑礙《ぎげ》を為《な》し、惑《わく》を抱《いだ》いて自《みずか》ら迷《まよ》い、往生《おうじょう》の大益《だいやく》を廃失《はいしつ》すべからず。

また深心《じんしん》は、深信《じんしん》なりとは、決定《けつじょう》して自心《じしん》を建立《こんりゅう》して、教《きょう》に順《じゅん》じて修行《しゅぎょう》して、永《なが》く疑錯《ぎしゃく》を除《のぞ》いて、一切《いっさい》の別解《べつげ》・別行《べつぎょう》・異学《いがく》・異見《いけん》・異執《いしゅう》の為《ため》に、退失傾動《たいしつきょうどう》せられざるなり。

問《と》うて曰《いわ》く、凡夫《ぼんぶ》は智《ち》浅《あさ》く、惑障《わくしょう》処《ことわ》り深《ふか》し。もし解行《げぎょう》不同《ふどう》の人、多《おお》く経論《きょうろん》を引《ひ》き来《きた》って相《あ》い妨難《ほうなん》し、証《しょう》して一切罪障《いっさいざいしょう》の凡夫《ぼんぶ》、往生《おうじょう》を得《え》ずと云《い》うに逢《あ》わば、云何《いかん》が彼《か》の難《なん》を対《たい》治《じ》して、信心《しんじん》を成就《じょうじゅ》し、決定《けつじょう》してただちに進《すす》んで、怯退《こたい》を生《しょう》ぜざらんや。答《こた》えて曰《いわ》く、もし人有《ひとあ》って、多《おお》く経論《きょうろん》を引《ひ》いて、証《しょう》して生《しょう》ぜずと云《い》わば、行者《ぎょうじゃ》すなわち報《こた》えて云《い》え。仁者《なんじ》経論《きょうろん》を将《も》ち来《きた》って、証《しょう》して生《しょう》ぜずと道《い》うといえども、我《わ》が意《こころ》のごときは、決定《けつじょう》して汝《なんじ》が破《は》を受《う》けず。何《なに》を以《もっ》ての故《ゆえ》に。然《しか》るに我《わ》れまたこれ彼《か》の諸《もろもろ》の経論《きょうろん》を信《しん》ぜざるにはあらず。ことごとく皆仰《みなあお》いで信《しん》ず。然《しか》れども仏《ほとけ》、彼《か》の経《きょう》を説《と》きたまう時《とき》は、処別《しょべつ》に、時別《じべつ》に、対機《たいき》別《べつ》に、利益《りやく》別《べつ》なり。また彼《か》の経《きょう》を説《と》きたまう時《とき》は、すなわち『観経《かんぎょう》』『弥陀経《みだきょう》』等《とう》を説《と》きたまうの時《とき》に非《あら》ず。然《しか》るに仏《ほとけ》の説教《せっきょう》は機《き》に備《そな》う。時《とき》また同《おな》じからず。彼《か》れはすなわち通《つう》じて人天菩薩《にんでんぼさつ》の解行《げぎょう》を説《と》き、今《いま》は『観経《かんぎょう》』の定散二善《じょうさんにぜん》を説《と》いて、ただ韋提《いだい》および仏滅後《ぶつめつご》の五濁《ごじょく》、五苦《ごく》等《とう》の一切凡夫《いっさいぼんぶ》の為《ため》に、証《しょう》して生《しょう》ずることを得《う》と言《のたま》えり。この因縁《いんねん》の為《ため》に、我《わ》れ今一心《いまいっしん》にこの仏教《ぶっきょう》に依《よ》り決定《けつじょう》して奉行《ぶぎょう》す。たとい汝等《なんじら》百千万億《ひゃくせんまんおく》あって生《しょう》ぜずと道《い》うとも、ただ我《わ》が往生《おうじょう》の信心《しんじん》を増長《ぞうじょう》し成就《じょうじゅ》せん。

また行者《ぎょうじゃ》更《さら》に向《むか》って説《と》いて言《い》え。仁者《なんじょ》善く聴《き》け、我《わ》れ今汝《いまなんじ》の為《ため》に、更《さら》に決定《けつじょう》の信相《しんそう》を説《と》かん。たとい地前《じぜん》の菩薩《ぼさつ》・羅漢《らかん》・辟支《びゃくし》等《とう》、もしは一《いち》、もしは多《た》、乃至十方《ないしじっぽう》に遍満《へんまん》して、皆経論《みなきょうろん》を引《ひ》いて、証《しょう》して生《しょう》ぜずと言《い》うとも、我《わ》れまたいまだ一念《いちねん》の疑心《ぎしん》を起《おこ》さじ。ただ我《わ》が清浄《しょうじょう》の信心《しんじん》を増長《ぞうじょう》し成就《じょうじゅ》せん。何《なに》を以《もっ》ての故《ゆえ》に。仏語《ぶつご》は決定成就《けつじょうじょうじゅ》の了義《りょうぎ》にして、一切《いっさい》の為《ため》に破壊《はえ》せられざるに由《よ》るが故《ゆえ》に。

また行者《ぎょうじゃ》善《よ》く聴《き》け。たとい初地已上《しょじいじょう》、十地已来《じゅうじいらい》、もしは一《いち》、もしは多《た》、乃至《ないし》十方《じっぽう》に遍満《へんまん》して、異口同音《いくどうおん》に皆《みな》、釈迦仏《しゃかぶつ》、弥陀《みだ》を指讃《しさん》し、三界六道《さんがいろくどう》を毀呰《きし》し、衆生《しゅじょう》を勧励《かんれい》して、専心《せんじん》に念仏《ねんぶつ》し、および余善《よぜん》を修《しゅ》し、この一身《いっしん》を畢《お》えて後《のち》、必定《ひつじょう》して彼《か》の国《くに》に生《しょう》ずというは、これ必《かなら》ず虚妄《こもう》なり。依信《えしん》すべからずと云《い》わんに、我《わ》れこれ等《ら》の所説《しょせつ》を聞《き》くといえども、また一念《いちねん》の疑心《ぎしん》を生《しょう》ぜず。ただ我《わ》が決定上上《けつじょうじょうじょう》の信心《しんじん》を増長《ぞうじょう》し成就《じょうじゅ》せん。何《なに》を以《もっ》ての故《ゆえ》に。すなわち仏語《ぶつご》は、真実決了《しんじつけつりょう》の義《ぎ》なるに由《よ》るが故《ゆえ》に。仏《ほとけ》はこれ実知《じっち》・実解《じつげ》・実見《じっけん》・実証《じっしょう》にして、これ疑惑心中《ぎわくしんじゅう》の語《ご》に非《あら》ざるが故《ゆえ》に。また一切《いっさい》の菩薩《ぼさつ》、異見異解《いけんいげ》の為《ため》に破壊《はえ》せられず。もし実《じつ》にこれ菩薩《ぼさつ》ならば、すべて仏教《ぶっきょう》に違《たが》わざるなり。またこの事《じ》を置《お》く。

行者《ぎょうじゃ》まさに知《し》るべし。たとい化仏《けぶつ》・報仏《ほうぶつ》、もしは一《いち》、もしは多《た》、乃至《ないし》十方《じっぽう》に遍満《へんまん》して、各《おの》くに光《ひかり》を輝《かがや》かし、舌《した》を吐《は》いて、遍《あまね》く十方《じっぽう》に覆《おお》って、一一《いちいち》に説《と》いて、釈迦《しゃか》の所説相《しょせつあ》い讃《さん》じて、一切《いっさい》の凡夫《ぼんぶ》を勧発《かんぼつ》して、専心《せんじん》に念仏《ねんぶつ》しおよび余善《よぜん》を修《しゅ》し、回願《えがん》して彼《か》の浄土《じょうど》に生《しょう》ずることを得《う》というは、これはこれ虚妄《こもう》なり。定《さだ》んでこの事無《じな》しと言《い》わんに、我《わ》れこれ等《ら》の諸仏《しょぶつ》の所説《しょせつ》を聞《き》くといえども、畢竟《ひっきょう》じて一念疑退《いちねんぎたい》の心《しん》を起《おこ》して、彼《か》の仏《ほとけ》の国《くに》に生《しょう》ずることを得《え》ざらんことを畏《おそ》れず。何《なに》を以《もっ》ての故《ゆえ》に。一仏《いちぶつ》は一切仏《いっさいぶつ》なり。所有《あらゆ》る知見《ちけん》・解《げ》行《ぎょう》・証《しょう》悟《ご》・果位《かい》・大悲《だいひ》等同《とうどう》に少《すこ》しの差別《しゃべつ》無《な》し。この故《ゆえ》に一仏《いちぶつ》の制《せい》する所《ところ》は、すなわち一切《いっさい》の仏《ほとけ》同《おな》じく制《せい》したまう。前仏《ぜんぶつ》の殺生《せっしょう》十悪《じゅうあく》等《とう》の罪《ざい》を制断《せいだん》したまうに、畢竟《ひっきょう》じて犯《ぼん》ぜず、行《ぎょう》ぜざる者《もの》は、すなわち十善《じゅうぜん》・十行《じゅうぎょう》・随順《ずいじゅん》六度《ろくど》の義《ぎ》と名《な》づくるがごとく、もし後仏《ごぶつ》出世《しゅっせ》すること有《あ》らんに、あに前《さき》の十善《じゅうぜん》を改《あらた》めて、十悪《じゅうあく》を行《ぎょう》ぜしむべけんや。この道理《どうり》を以《もっ》て推験《すいけん》するに、明《あき》らかに知《し》んぬ。諸仏《しょぶつ》の言行《ごんぎょう》は相《あ》い違失《いしつ》せず。たとい釈迦《しゃか》一切《いっさい》の凡夫《ぼんぶ》を指勧《しかん》し、この一身《いっしん》を尽《つ》して、専念専修《せんねんせんじゅ》して、命《いのち》を捨《す》てて已後《いご》、定《さだ》んで彼《か》の国《くに》に生《しょう》ずというは、すなわち十方《じっぽう》の諸仏《しょぶつ》も、ことごとく皆同《みなおな》じく讃《さん》じ、同《おな》じく勧《すす》め、同《おな》じく証《しょう》したまう。何《なに》を以《もっ》ての故《ゆえ》に。同体《どうたい》の大悲《だいひ》なるが故《ゆえ》に。一仏《いちぶつ》の所化《しょけ》は、すなわちこれ一切仏《いっさいぶつ》の化《け》なり。一切仏《いっさいぶつ》の化《け》は、すなわちこれ一仏《いちぶつ》の所化《しょけ》なり。すなわち『弥陀経《みだきょう》』の中《なか》に説《と》く、釈迦《しゃか》極楽《ごくらく》の種種《しゅじゅ》の荘厳《しょうごん》を讃歎《さんだん》したまえり。また一切《いっさい》の凡夫《ぼんぶ》、一日七日《いちにちしちにち》、一心《いっしん》に専《もっぱ》ら弥陀《みだ》の名号《みょうごう》を念《ねん》ずれば、定《さだ》んで往生《おうじょう》を得《う》と勧《すす》めたまう。次《つ》ぎ下《しも》の文《もん》に云《いわ》く、「十方《じっぽう》に各《おのおの》恒河沙《ごうがじゃ》等《とう》の諸仏《しょぶつ》有《あ》って、同《おな》じく釈迦《しゃか》能《よ》く五濁《ごじょく》悪時《あくじ》・悪世界《あくせかい》・悪衆生《あくしゅじょう》・悪見《あっけん》・悪煩悩《あくぼんのう》・悪邪無信《あくじゃむしん》の盛《さか》んなる時《とき》において、弥陀《みだ》の名号《みょうごう》を指讃《しさん》して、衆生《しゅじょう》称念《しょうねん》すれば、必《かなら》ず往生《おうじょう》を得《う》と勧励《かんれい》したまうを讃《さん》じたまう」と。すなわちその証《しょう》なり。また十方《じっぽう》の仏等《ほとけとう》、衆生《しゅじょう》の釈迦《しゃか》一仏《いちぶつ》の所説《しょせつ》を信《しん》ぜざらんことを恐畏《おそ》れて、すなわちともに、同心同時《どうしんどうじ》に、各《おのおの》舌相《ぜっそう》を出《いだ》して、遍《あまね》く三千世界《さんぜんせかい》に覆《おお》って、誠実《じょうじつ》の言《ごん》を説《と》きたまう。汝等《なんじら》衆生《しゅじょう》、皆《みな》まさにこの釈迦《しゃか》の所説《しょせつ》・所讃《しょさん》・所証《しょしょう》を信《しん》ずべし。一切《いっさい》の凡夫《ぼんぶ》、罪福《ざいふく》の多少《たしょう》、時節《じせつ》の久近《くごん》を問《と》わず、ただ能《よ》く上百年《かみひゃくねん》を尽《つく》し、下一日《しもいちにち》七日《しちにち》に至《いた》るまで、一心《いっしん》に専《もっぱ》ら、弥陀《みだ》の名号《みょうごう》を念《ねん》ずれば、定《さだ》んで往生《おうじょう》を得《う》ること、必《かなら》ず疑《うたが》い無《な》きなり。この故《ゆえ》に一仏《いちぶつ》の所説《しょせつ》は、すなわち一切仏《いっさいぶつ》、同《おな》じくその事《じ》を証誠《しょうじょう》したまう。これを人《にん》に就《つ》いて信《しん》を立《た》つと名《な》づく。

次《つぎ》、行《ぎょう》に就《つ》いて信《しん》を立《た》つとは、然《しか》るに行《ぎょう》に二種《にしゅ》有《あ》り。一《ひとつ》には正行《しょうぎょう》、二《ふたつ》には雑行《ぞうぎょう》なり。

云云前の二行の中に引く所のごとし繁を恐れて載せず見ん人意を得よ。

「三《みっつ》には回向発願心《えこうほつがんじん》」。回向発願心《えこうほつがんじん》と言《い》うは、過去《かこ》および今生《こんじょう》の身口意業《しんくいごう》に修《しゅ》する所《ところ》の世《せ》出世《しゅっせ》の善根《ぜんごん》および他《た》の一切《いっさい》の凡聖《ぼんじょう》の身口意業《しんくいごう》に修《しゅ》する所《ところ》の世出世《せしゅっせ》の善根《ぜんごん》を随喜《ずいき》し、この自他《じた》の所修《しょしゅ》の善根《ぜんごん》を以《もっ》て、ことごとく皆真実深信《みなしんじつじんしん》の心《こころ》の中《なか》に回向《えこう》して、彼《か》の国《くに》に生《しょう》ぜんと願《がん》ず。故《ゆえ》に回向発願心《えこうほつがんじん》と名《な》づく。また回向発願《えこうほつがん》して、生《しょう》ぜんと願《がん》ずる者《もの》は、必《かなら》ずすべからく決定《けつじょう》して真実心《しんじつしん》の中《なか》に回向《えこう》し願《がん》じて、得生《とくしょう》の想《おも》いを作《な》すべし。この心深《しんふか》く信《しん》ずることなおし金剛《こんごう》のごとく、一切《いっさい》の異見《いけん》・異学《いがく》・別解《べつげ》・別行《べつぎょう》の人等《にんとう》の為《ため》に動乱破壊《どうらんはえ》せられず。ただこれ決定《けつじょう》して一心《いっしん》に投《とう》じ正直《しょうじき》に進《すす》んで、彼《か》の人《ひと》の語《ご》を聞《き》いてすなわち進退《しんだい》し、心《こころ》に怯弱《こにゃく》を生《しょう》ずること有《あ》って、回顧落道《えこらくどう》して、すなわち往生《おうじょう》の大益《だいやく》を失《うしな》うことを得《え》ざれ。

問《と》うて曰《いわ》く、もし解《げ》行《ぎょう》不《ふ》同《どう》邪《じゃ》雑《ぞう》の人等《にんとう》有《あ》って、来《きた》って相《あ》い惑乱《わくらん》し、あるいは種種《しゅじゅ》の疑《ぎ》難《なん》を説《と》いて往生《おうじょう》を得《え》ずと道《い》い、あるいは云《い》わん、汝《なんじ》等《ら》衆生《しゅじょう》、曠劫《こうごう》より已来《このかた》、および今生《こんじょう》の身口《しんく》意《い》業《ごう》に一切《いっさい》凡聖《ぼんじょう》の身上《しんじょう》において、つぶさに十《じゅう》悪《あく》・五《ご》逆《ぎゃく》・四《し》重《じゅう》・謗法《ほうぼう》・闡提《せんだい》・破《は》戒《かい》・破《は》見《けん》等《とう》の罪《ざい》を造《つく》って、いまだ除尽《じょじん》すること能《あた》わず。然《しか》るにこれ等《ら》の罪《ざい》は、三界《さんがい》の悪道《あくどう》に繋属《けぞく》す。云何《いかん》ぞ一生《いっしょう》の修福念仏《しゅふくねんぶつ》をもって、すなわち彼《か》の無漏《むろ》無生《むしょう》の国《くに》に入《い》って、永《なが》く不《ふ》退《たい》の位《くらい》を証《しょう》悟《ご》することを得《え》んやと。答《こた》えて曰《いわ》く、諸仏《しょぶつ》の教《きょう》行《ぎょう》、数《かず》、塵沙《じんじゃ》に越《こ》え、禀識《ほんじき》の機縁《きえん》、随情《ずいじょう》一《いつ》に非《あら》ず。譬《たと》えば世間《せけん》の人《ひと》の、眼《まなこ》に見《み》つべく信《しん》ずべきがごときは、明《みょう》能《よ》く闇《あん》を破《は》し、空《くう》は能《よ》く有《う》を含《ふく》み、地《じ》は能《よ》く載養《さいよう》し、水《みず》は能《よ》く生《しょう》潤《にん》し、火《ひ》は能《よ》く成《じょう》壊《え》するがごとし。かくのごとき等《ら》の事《じ》、ことごとく待対《だいたい》の法《ほう》と名《な》づく。目《め》に即《そく》して見《み》つべし。千差万《せんじゃまん》別《べつ》なり。何《いか》にいわんや仏法不《ぶっぽうふ》思《し》議《ぎ》の力《ちから》、あに種種《しゅじゅ》の益無《やくな》からんや。随《したが》って一門《いちもん》を出《い》ずれば、すなわち一煩悩門《いちぼんのうもん》を出《い》ず。随《したが》って一門《いちもん》に入《い》れば、すなわち一解《いちげ》脱智《だっち》慧《え》門《もん》に入《い》る。これに為《よ》って縁《えん》に随《したが》って行《ぎょう》を起《おこ》して、各《おのおの》解《げ》脱《だつ》を求《もと》む。汝《なんじ》何《なに》を以《もっ》てか、すなわち有《う》縁《えん》に非《あら》ざる要《よう》行《ぎょう》を将《もっ》て、我《わ》れを障《しょう》惑《わく》するや。然《しか》るに我《わ》が愛《あい》する所《ところ》は、すなわちこれ我《わ》が有《う》縁《えん》の行《ぎょう》なり。すなわち汝《なんじ》が求《もと》むる所《ところ》に非《あら》ず。汝《なんじ》が愛《あい》する所《ところ》は、すなわちこれ汝《なんじ》が有《う》縁《えん》の行《ぎょう》なり。また我《わ》が求《もと》める所《ところ》に非《あら》ず。この故《ゆえ》に各《おのおの》楽《ねが》う所《ところ》に随《したが》って、その行《ぎょう》を修《しゅ》すれば、必《かなら》ず疾《と》く解《げ》脱《だつ》を得《う》るなり。行者《ぎょうじゃ》まさに知《し》るべし。もし解《げ》を学《がく》せんと欲《ほっ》せば、凡《ぼん》より聖《しょう》に至《いた》り、乃至《ないし》仏果《ぶっか》まで、一切無礙《いっさいむげ》に、皆学《みながく》すことを得《え》よ。もし行《ぎょう》を学《がく》せんと欲《ほっ》せば、必《かなら》ず有縁《うえん》の法《ほう》に藉《よ》れ。少《すこ》しく功労《くろう》を用《もち》いるに、多《おお》く益《やく》を得《う》るなり。

また一切《いっさい》の往生人等《おうじょうにんとう》に白《もう》す。今更《いまさら》に行者《ぎょうじゃ》の為《ため》に、一《ひとつ》の譬喩《ひゆ》を説《と》いて、信心《しんじん》を守護《しゅご》して以《もっ》て外邪異見《げじゃいけん》の難《なん》を防《ふせ》がん。何者《なにもの》か是《ぜ》なるや。譬《たと》えば人有《ひとあ》って、西《にし》に向《むか》って百千《ひゃくせん》の里《みち》を行《ゆ》かんと欲《ほっ》するがごとき、忽然《こつねん》として中路《ちゅうろ》に二河《にが》有《あ》るを見《み》る。一《ひとつ》にはこれ火《ひ》の河《かわ》、南《みなみ》に在《あ》り。二《ふたつ》にはこれ水《みず》の河《かわ》、北《きた》に在《あ》り。二河《にが》各《おのおの》闊《ひろ》さ百歩《ひゃくぶ》、各《おのおの》深《ふか》くして底無《そこな》く、南北辺《なんぼくほとり》無《な》し。正《まさ》しく水火《すいか》の中間《ちゅうげん》に一《ひとつ》の白道《びゃくどう》有《あ》り。闊《ひろ》さ四五寸《しごすん》許《ばか》りなるべし。この道《みち》、東岸《とうがん》より西岸《さいがん》に至《いた》るまで、また長《なが》さ百歩《ひゃくぶ》なり。その水《みず》の波浪《はろう》こもごも過《す》ぎて道《みち》を湿《うるお》し、その火《ひ》の焰《ほのお》、また来《きた》って道《みち》を焼《や》く。水火《すいか》相《あ》い交《まじ》って常《つね》に休息《くそく》すること無《な》し。この人《ひと》すでに空曠《くうこう》の迥《はる》かなる処《ところ》に至《いた》るに、更《さら》に人物《にんもつ》無《な》し。多《おお》く群賊悪獣《ぐんぞくあくじゅう》のみ有《あ》り、この人《ひと》の単独《たんどく》なるを見《み》て、競《きそ》い来《きた》って、殺《ころ》さんと欲《ほっ》す。この人死《ひとし》を怖《おそ》れて、ただちに走《はし》って西《にし》に向《むか》えば、忽然《こつねん》としてこの大河《だいが》を見《み》る。すなわち自《みずか》ら念言《ねんごん》すらく、この河南北辺畔《かわなんぼくへんぱん》を見《み》ず。中間《ちゅうげん》に一《ひとつ》の白道《びゃくどう》を見《み》るも極《きわ》めてこれ狭小《きょうしょう》なり。二岸《にがん》相《あ》い去《さ》ること近《ちか》しといえども、何《なに》に由《よ》ってか行《ゆ》くべき。今日定《こんにちさだ》めて死《し》すこと疑《うたが》わず。まさに到《いた》り回《かえ》らんと欲《ほっ》すれば、群賊悪獣漸漸《ぐんぞくあくじゅうぜんぜん》に来《きた》り逼《せ》む。

まさに南北《なんぼく》に避《さ》け走《はし》らんと欲《ほっ》すれば、悪獣《あくじゅう》毒虫《どくちゅう》、競《きそ》い来《きた》って我《わ》れに向《むか》う。まさに西《にし》に向《むか》い道《みち》を尋《たず》ねて去《さ》らんと欲《ほっ》すれば、また恐《おそ》らくはこの水火《すいか》の二河《にが》に堕《だ》すことを。時《とき》に当《あた》って惶怖《おうふ》また言《い》うべからず。すなわち自《みずか》ら思念《しねん》すらく、我《わ》れ今《いま》回《かえ》るともまた死《し》なん。住《とど》まるともまた死《し》なん。去《さ》るともまた死《し》なん。一種《いっしゅ》として死《し》を勉《まぬが》れず、我《わ》れ、むしろこの道《みち》を尋《たず》ねて前《まえ》に向《むか》って去《さ》らん。すでにこの道《みち》有《あ》り。必《かなら》ずまさに度《わた》るべし。この念《ねん》を作《な》す時《とき》、東岸《とうがん》にたちまち人《ひと》の勧《すす》むる声《こえ》を聞《き》く。仁者《なんじ》ただ決定《けつじょう》して、この道《みち》を尋《たず》ねて行《ゆ》け。必《かなら》ず死《し》の難《なん》無《な》けん。もし住《とど》まらば、すなわち死《し》なん。また西岸《さいがん》の上《うえ》に人《ひと》有《あ》って喚《よ》んで言《い》く、汝《なんじ》一心正念《いっしんしょうねん》にただちに来《きた》れ。我《わ》れ能《よ》く汝《なんじ》を護《まも》らん。すべて水火《すいか》の難《なん》に堕《だ》すことを畏《おそ》れざれと。この人《ひと》すでにここに遣《や》り、かしこに喚《よ》ぶを聞《き》いて、すなわち自《みずか》ら身心《しんじん》を正当《しょうとう》にして、決定《けつじょう》して道《みち》を尋《たず》ねて、ただちに進《すす》んで、疑怯退《ぎこたい》の心《しん》を生《しょう》ぜず。あるいは行《ゆ》くこと一分《いちぶん》二分《にぶん》するに、東岸《とうがん》の群賊等《ぐんぞくとう》喚《よ》んで言《い》く、仁者《なんじ》回《かえ》り来《きた》れ。この道《みち》嶮悪《けんあく》にして過《す》ぐることを得《え》じ。必《かなら》ず死《し》すこと疑《うたが》わず。我等《われら》すべて悪心《あくしん》をもって、相《あ》い向《むか》うこと無《な》しと。この人《ひと》喚《よ》ぶ声《こえ》を聞《き》くといえども、また回《かえ》り顧《み》ず。一心《いっしん》にただちに進《すす》んで、道《みち》を念《おも》って行《ゆ》けば、須臾《しゅゆ》にすなわち西岸《さいがん》に到《いた》り、永《なが》く諸難《しょなん》を離《はな》れ、善友《ぜんぬ》と相《あ》い見《まみ》えて慶楽《きょうらく》已《や》むこと無《な》し。これはこれ喩《たとえ》なり。

次《つぎ》に喩《たとえ》を合《がっ》せば、東岸《とうがん》と言《い》うは、すなわちこの娑婆《しゃば》の火宅《かたく》に喩《たと》う。西岸《さいがん》と言《い》うは、すなわち極楽《ごくらく》の宝国《ほうこく》に喩《たと》う。群賊悪獣《ぐんぞくあくじゅう》詐《いつわ》り親《した》しむと言《い》うは、すなわち衆生《しゅじょう》の六根《ろっこん》・六識《ろくしき》・六《ろく》塵《じん》・五陰《ごおん》・四大《しだい》に喩《たと》う。人無《ひとな》き空迥《くうきょう》の沢《さわ》と言《い》うは、すなわち常《つね》に悪友《あくう》に随《したが》って、真《しん》の善知《ぜんじ》識《しき》に値《あ》わざるに喩《たと》う。水火《すいか》の二河《にが》と言《い》うは、すなわち衆生《しゅじょう》の貪愛《とんあい》は水《みず》のごとく、瞋憎《しんぞう》は火《ひ》のごときに喩《たと》う。中間《ちゅうげん》の白道四五寸《びゃくどうしごすん》と言《い》うは、すなわち衆生《しゅじょう》の貪瞋煩悩《とんじんぼんのう》の中《なか》に、能《よ》く清《しょう》浄《じょう》の願往生《がんおうじょう》の心《しん》を生《しょう》ずるに喩《たと》う。すなわち貪瞋《どんじん》強《つよ》きに由《よ》るが故《ゆえ》にすなわち水火《すいか》のごとしと喩《たと》う。善心《ぜんじん》は微《み》なるが故《ゆえ》に白道《びゃくどう》のごとしと喩《たと》う。また水波《すいは》常《つね》に道《みち》を湿《うるお》すとは、すなわち愛心常《あいしんつね》に起《おこ》って、能《よ》く善心《ぜんじん》を染汚《ぜんま》するに喩《たと》う。また火焔常《かえんつね》に道《みち》を焼《や》くとは、すなわち瞋嫌《しんけん》の心《しん》、能《よ》く功徳《くどく》の法財《ほうざい》を焼《や》くに喩《たと》う。人道《ひとみち》の上《うえ》を行《ゆ》きて、ただちに西《にし》に向《むか》うと言《い》うは、すなわち諸《もろく》の行業《ぎょうごう》を回《え》して、ただちに西方《さいほう》に向《むか》うに喩《たと》う。東岸《とうがん》に人《ひと》の声《こえ》あって、勧《すす》め遣《や》るを聞《き》いて、道《みち》を尋《たず》ねてただちに西《にし》に進《すす》むと言《い》うは、すなわち釈迦《しゃか》すでに滅《めっ》して後《のち》の人見《ひとみ》ざれども、なお教法《きょうぼう》有《あ》って尋《たず》ぬべきに喩《たと》う。すなわちこれを喩《たと》えるに声《こえ》のごとし。あるいは行《ゆ》くこと一分二分《いちぶんにぶん》するに、群賊等《ぐんぞくとう》喚《よ》び回《かえ》すと言《い》うは、すなわち別解《べつげ》・別行《べつぎょう》・悪見人等《あつけんにんとう》の妄《みだ》りに見解《けんげ》を説《と》いて、迭《たが》いに相《あ》い惑乱《わくらん》し、および自《みずか》ら罪《つみ》を造《つく》って退失《たいしつ》するに喩《たと》う。西岸《さいがん》の上《うえ》に人有《ひとあ》って喚《よ》ぶと言《い》うは、すなわち弥陀《みだ》の願意《がんい》に喩《たと》う。須臾《しゅゆ》に西岸《さいがん》に到《いた》れば、善友《ぜんぬ》相《あ》い見《まみ》えて喜《よろこ》ぶと言《い》うは、すなわち衆生《しゅじょう》久《ひさ》しく生死《しょうじ》に沈《しず》んで、曠劫《こうごう》に輪回《りんね》し、迷倒《めいとう》自纏《じでん》して、解脱《げだつ》するに由《よ》し無《な》し。仰《あお》いで釈迦《しゃか》発遣《はっけん》して西方《さいほう》に指《さ》し向《むか》わしむるを蒙《こうむ》り、また弥陀《みだ》の悲心《ひしん》をもって、招喚《しょうかん》したまうに藉《よ》って、今二尊《いまにそん》の意《こころ》に信順《しんじゅん》して、水火《すいか》の二河《にが》を顧《かえり》みず。念念《ねんねん》に遺《わす》るること無《な》く、彼《か》の願力《がんりき》の道《どう》に乗《じょう》じて、命《いのち》を捨《す》てて已後《いご》、彼《か》の国《くに》に生《しょう》ずることを得《え》て、仏《ほとけ》と相《あ》い見《まみ》えて、慶喜《きょうき》何《なん》ぞ極《きわま》らんというに喩《たと》う。また一切《いっさい》の行者《ぎょうじゃ》、行住坐臥《ぎょうじゅうざが》、三業《さんごう》に修《しゅ》する所《ところ》、昼夜時節《ちゅうやじせつ》を問《と》うこと無《な》く、常《つね》にこの解《げ》を作《な》し、常《つね》にこの想《そう》を作《な》す。故《ゆえ》に回向発願心《えこうほつがんじん》と名《な》づく。また回向《えこう》と言《い》うは、彼《か》の国《くに》に生《しょう》じ已《おわ》って、還《かえ》って大悲《だいひ》を起《おこ》し、生《しょう》死《じ》に回入《えにゅう》して、衆生《しゅじょう》を教化《きょうけ》するをまた回向《えこう》と名《な》づく。三心《さんじん》すでに具《ぐ》すれば、行《ぎょう》として成《じょう》ぜずという事無《ことな》し。願行《がんぎょう》すでに成《じょう》じて、もし生《しょう》ぜずばこの処有《ことわりあ》ること無《な》し。またこの三《さん》心《じん》は、また通《つう》じて定善《じょうぜん》を摂《せっ》する義《ぎ》まさに知《し》るべし。

引文第三　『往生礼讃《おうじょうらいさん》』に云《いわ》く、問《と》うて曰《いわ》く、今人《いまひと》を勧《すす》めて、往生《おうじょう》せしめんと欲《ほっ》せば、いまだ知《し》らず、若為《いかん》が安心《あんじん》し、起行《きぎょう》し、作業《さごう》して、定《さだ》んで彼《か》の国土《こくど》に往生《おうじょう》することを得《う》るや。答《こた》えて曰《いわ》く、必《かなら》ず彼《か》の国土《こくど》に生《しょう》ぜんと欲《ほっ》せば、『観経《かんぎょう》』に説《と》くがごときは、三心《さんじん》を具《ぐ》すれば必《かなら》ず往生《おうじょう》を得《う》。何等《なんら》をか三《みっ》とす。一《ひとつ》には至誠心《しじょうしん》、いわゆる身業《しんごう》に彼《か》の仏《ほとけ》を礼拝《らいはい》し、口業《くごう》に彼《か》の仏《ほとけ》を讃歎称揚《さんだんしょうよう》し、意業《いごう》に彼《か》の仏《ほとけ》を専念観察《せんねんかんざつ》す。およそ三業《さんごう》を起《おこ》すに、必《かなら》ずすべからく真実《しんじつ》なるべし。故《ゆえ》に至誠心《しじょうしん》と名《な》づく。二《ふたつ》には深心《じんしん》、すなわちこれ真実《しんじつ》の信心《しんじん》なり。自身《じしん》はこれ煩悩《ぼんのう》を具足《ぐそく》せる凡夫《ぼんぶ》、善根薄少《ぜんごんはくしょう》にして、三界《さんがい》に流転《るてん》して、火宅《かたく》を出《い》でずと信知《しんち》し、今弥陀《いまみだ》の本弘誓願《ほんぐぜいがん》、名号《みょうごう》を称《しょう》すること、下《しも》、十声一声《じっしょういっしょう》等《とう》に至《いた》るに及《およ》ぶまで、定《さだ》んで往生《おうじょう》を得《う》と信知《しんち》して、乃至一念《ないしいちねん》も疑心《ぎしん》有《あ》ること無《な》し。故《ゆえ》に深心《じんしん》と名《な》づく。三《みっ》には回向《えこう》発願心《ほつがんじん》、作《な》す所《ところ》の一切《いっさい》の善根《ぜんごん》、ことごとく皆回《みなえ》して往生《おうじょう》を願《がん》ず。故《ゆえ》に回向発願心《えこうほつがんじん》と名《な》づく。この三心《さんじん》を具《ぐ》すれば、必《かなら》ず生《しょう》ずることを得《う》。もし一心《いっしん》をも少《か》けぬれば、すなわち生《しょう》ずることを得《え》ず。『観経《かんぎょう》』につぶさに説《と》くがごとし。まさに知《し》るべし。

私釈　私《わたくし》に云《いわ》く、引《ひ》く所《ところ》の三心《さんじん》はこれ行者《ぎょうじゃ》の至要《しよう》なり。所以《ゆえ》は何《いか》ん。『経《きょう》』にはすなわち「三心《さんじん》を具《ぐ》する者《もの》は、必《かなら》ず彼《か》の国《くに》に生《しょう》ず」と云《い》う。明《あき》らかに知《し》んぬ。三《さん》を具《ぐ》して必《かなら》ず生《しょう》ずることを得《う》べし。『釈《しゃく》』にはすなわち「もし一心《いっしん》をも少《か》けぬればすなわち生《しょう》ずることを得《え》ず」と云《い》う。明《あき》らかに知《し》んぬ。一《ひとつ》も少《か》けぬれば、これ更《さら》に不可《ふか》なることを。これに因《よ》って極楽《ごくらく》に生《しょう》ぜんと欲《ほっ》せん人《ひと》は、全《まった》く三心《さんじん》を具足《ぐそく》すべし。その中《なか》に至誠心《しじょうしん》とはこれ真実《しんじつ》の心《しん》なり。その相《そう》、彼《か》の文《もん》のごとし。ただし外《げ》に賢善精進《げんぜんしょうじん》の相《そう》を現《げん》じ、内《ない》に虚仮《こけ》を懐《いだ》くとは、外《げ》は内《ない》に対《たい》する辞《ことば》なり。謂《いわ》く、外相《げそう》と内心《ないしん》と調《ととの》はざる意《こころ》なり。すなわちこれ外《げ》は智《ち》にして内《ない》は愚《ぐ》なり。賢《げん》は愚《ぐ》に対《たい》する言《ことば》なり。謂《いわ》く、外《げ》はこれ賢《げん》にして、内《ない》はすなわち愚《ぐ》なり。善《ぜん》は悪《あく》に対《たい》する辞《ことば》なり。謂《いわ》く、外《げ》はこれ善《ぜん》にして、内《ない》はすなわち悪《あく》なり。精進《しょうじん》は懈怠《けだい》に対《たい》する言《ことば》なり。謂《いわ》く、外《げ》には精進《しょうじん》の相《そう》を示《しめ》し、内《ない》にはすなわち懈怠《けだい》の心《しん》を懐《いだ》く。もしそれ外《げ》を翻《ほん》じて内《ない》に蓄《たくわ》えば祇《まこと》に出要《しゅつよう》に備《そな》うべし。「内懐虚仮《ないえこけ》」等《とう》とは、内《ない》は外《げ》に対《たい》する辞《ことば》なり。謂《いわ》く、内心《ないしん》と外相《げそう》と調《ととの》はざる意《こころ》なり。すなわちこれ内《ない》は虚《こ》にして、外《げ》は実《じつ》なり。虚《こ》は実《じつ》に対《たい》する言《ことば》なり。謂《いわ》く、内《ない》は虚《こ》、外《げ》は実《じつ》なる者《もの》なり。仮《け》は真《しん》に対《たい》する辞《ことば》なり。謂《いわ》く、内《ない》は仮《け》にして外《げ》は真《しん》なり。もしそれ内《ない》を翻《ほん》じて外《げ》に播《ほどこ》さば、また出要《しゅつよう》に足《た》るべし。

次《つぎ》に深心《じんしん》とは、謂《いわ》く深《ふか》く信《しん》ずる心《しん》なり。まさに知《し》るべし。生死《しょうじ》の家《いえ》には、疑《うたがい》を以《もっ》て所止《しょし》と為《な》し、涅槃《ねはん》の城《じょう》には、信《しん》を以《もっ》て能入《のうにゅう》と為《な》す。故《ゆえ》に今二《いまに》種《しゅ》の信心《しんじん》を建立《こんりゅう》して、九品《くほん》の往生《おうじょう》を決定《けつじょう》する者《もの》なり。またこの中《なか》に、一切《いっさい》の別解《べつげ》・別行《べつぎょう》・異学《いがく》・異見《いけん》等《とう》と言《い》うは、これ聖道門《しょうどうもん》の解行《げぎょう》学見《がくけん》を指《さ》す。その余《よ》はすなわちこれ浄土門《じょうどもん》の意《こころ》なり。文《もん》に在《あ》って見《み》るべし。

明《あき》らかに知《し》んぬ。善導《ぜんどう》の意《こころ》、またこの二門《にもん》を出《い》でず。

回向発願心《えこうほつがんじん》の義《ぎ》、別《べつ》の釈《しゃく》を俟《ま》つべからず。行者《ぎょうじゃ》まさにこれを知《し》るべし。この三心《さんじん》は総《そう》じてこれを言《い》えば、諸《もろ》くの行法《ぎょうぼう》に通《つう》じ、別《べつ》してこれを言《い》わば、往生《おうじょう》の行《ぎょう》に在《あ》り。いま通《つう》を挙《あげ》て別《べつ》を摂《せっ》す。意《こころ》すなわち周《あまね》し。行者《ぎょうじゃ》能く用心《ゆうじん》して、あえて忽諸《こつしょ》せしむること勿《なか》れ。

第九章

標章　念仏《ねんぶつ》の行者《ぎょうじゃ》四修《しゅ》の法《ほう》を行用《ぎょうゆう》すべきの文《もん》。

引文第一　善導《ぜんどう》の『往生礼讃《おうじょうらいさん》』に云《いわ》く、また勧《すす》めて四《し》修《しゅ》の法《ほう》を行《ぎょう》ぜしむ。何者《なにもの》をか四《よっ》とす。一《ひとつ》には恭敬修《くぎょうしゅ》。いわゆる彼《か》の仏《ほとけ》、および彼《か》の一切《いっさい》の聖衆等《しょうじゅうとう》を恭敬礼拝《くぎょうらいはい》す。故《ゆえ》に恭敬修《くぎょうしゅ》と名《な》づく。畢命《ひつみょう》を期《ご》として、誓《ちか》って中止《ちゅうし》せざる、すなわちこれ長時《じょうじ》修《しゅ》なり。二《ふたつ》には無余修《むよしゅ》。いわゆる専《もっぱ》ら彼《か》の仏《ほとけ》の名《みな》を称《しょう》して、彼《か》の仏《ほとけ》および一切《いっさい》の聖衆等《しょうじゅうとう》を、専念《せんねん》し、専想《せんそう》し、専礼《せんらい》し、専讃《せんさん》して、余業《よごう》を雑《まじ》えず。故《ゆえ》に無余修《むよしゅ》と名《な》づく。畢命《ひつみょう》を期《ご》として誓《ちか》って中止《ちゅうし》せざる、すなわちこれ長時《じょうじ》修《しゅ》なり。三《みっつ》には無間修《むけんじゅ》。いわゆる相続《そうぞく》して、恭敬礼拝《くぎょうらいはい》し、称名讃歎《しょうみょうさんだん》し、憶念観察《おくねんかんざつ》し、回向発願《えこうほつがん》し、心心《しんじん》に相続《そうぞく》して、余業《よごう》を以《もっ》て来《きた》し間《まじ》えず。故《ゆえ》に無間修《むけんじゅ》と名《な》づく。また貪瞋煩悩《とんじんぼんのう》を以《もっ》て来《きた》し間《まじ》えず。随犯随懺《ずいぼんずいさん》して、念《ねん》を隔《へだ》て、時《じ》を隔《へだ》て、日《にち》を隔《へだ》てしめず。常《つね》に清浄《しょうじょう》ならしめるをまた無間修《むけんじゅ》と名《な》づく。畢命《ひつみょう》を期《ご》として、誓《ちか》って中止《ちゅうし》せざる、すなわちこれ長時《じょうじ》修《しゅ》なり。

引文第二『西方要決《さいほうようけつ》』に云《いわ》く、ただ四修《ししゅ》を修《しゅ》するを以《もっ》て正業《しょうごう》とす。一《ひとつ》には長時修《じょうじしゅ》。初《しょ》発心《ほっしん》より乃至《ないし》菩提《ぼだい》まで、恒《つね》に浄因《じょういん》を作《な》して、ついに退転《たいてん》すること無《な》し。二《ふたつ》には恭敬修《くぎょうしゅ》。これにまた五《いつつ》有《あ》り。一《ひとつ》には有縁《うえん》の聖人《しょうにん》を敬《うやま》う。謂《いわ》く行住坐臥《ぎょうじゅうざが》、西方《さいほう》に背《そむ》かず、涕唾便《ていだべん》痢《り》、西方《さいほう》に向《むか》わず。二《ふたつ》には有縁《うえん》の像教《ぞうきょう》を敬《うやま》う。謂《いわ》く西方《さいほう》の弥陀《みだ》の像変《ぞうへん》を造《つく》る。広《ひろ》く作《つく》ること能《あた》わざれば、ただ一仏二菩薩《いちぶつにぼさつ》を作《つく》るもまた得《え》たり。教《きょう》とは『弥陀経《みだきょう》』等《とう》を、五色《ごしき》の袋《ふくろ》に盛《い》れて、自《みずか》ら読《よ》み他《た》を教《おし》えてこの経像《きょうぞう》を室中《しっちゅう》に安置《あんじ》して、六時《ろくじ》に礼懺《らいさん》し、香華供養《こうけくよう》して、特《こと》に尊重《そんじゅう》を生《な》せ。三《みっつ》には有縁《うえん》の善知識《ぜんじしき》を敬《うやま》う。謂《いわ》く浄土《じょうど》の教《きょう》を宣《の》べる者《もの》は、もしは千由《せんゆ》旬十由旬《じゅんじゅうゆじゅん》より已来《このかた》、ならびにすべからく敬重《きょうじゅう》し親近《しんごん》し供養《くよう》すべし。別学《べつがく》の者《もの》にも、すべて敬心《きょうしん》を起《おこ》し、己《おのれ》と同《おな》じからざるをも、ただ深《ふか》く敬《うやま》うことを知《し》れ。もし軽慢《きょうまん》を生《しょう》ずれば、罪《つみ》を得《う》ること窮《きわ》まり無《な》し。故《ゆえ》にすべからくすべて敬《うやま》うべし。すなわち行障《ぎょうしょう》を除《のぞ》く。四《よっつ》には同縁《どうえん》の伴《とも》を敬《うやま》う。謂《いわ》く同修業《どうしゅごう》の者《もの》なり。自《みずか》ら障重《さわりおも》くして、独業成《どくごうじょう》ぜずといえども、要《かなら》ず良朋《りょうほう》に藉《よ》って、まさに能《よ》く行《ぎょう》を作《な》す。危《あや》うきを扶《たす》け厄《わざわい》を救《すく》い、力《ちから》を助《たす》けて相《あ》い資《たす》く。同伴《どうばん》の善縁《ぜんねん》、深《ふか》く相《あ》い保重《ほじゅう》せよ。五《いつつ》には三宝《さんぼう》を敬《うやま》う。同体別相《どうたいべっそう》、ならびに深《ふか》く敬《うやま》うべし。つぶさに録《ろく》すること能《あた》わず。浅行《せんぎょう》の者《もの》の、依修《えしゅ》することを果《はた》さざるに為《よ》ってなり。住持三《じゅうじさん》宝《ぼう》とは、今《いま》の浅識《せんしき》の与《ため》に大因縁《だいいんねん》と作《な》る。今《いま》ほぼ料簡《りょうけん》せば、仏宝《ぶっぽう》と言《い》うは、謂《いわ》く檀《だん》を雕《ほ》り、綺《き》に繡《ぬ》い、素質金容《そしっこんよう》、玉《たま》を鏤《ちりば》め、繒《かとり》に図《うつ》し、石《いし》を磨《みが》き、土《つち》を削《けず》る、この霊像特《りょうぞうこと》に尊承《そんじょう》すべし。蹔爾《しばらく》、形《かたち》を観《み》れば、罪消《ざいしょう》じ福《ふく》を増《ぞう》す。もし少慢《しょうまん》を生《しょう》ずれば、悪《あく》を長《ちょう》じ善亡《ぜんもう》ず。ただし尊容《そんよう》を想《おも》うこと、まさに真仏《しんぶつ》を見《み》るがごとくすべし。法宝《ほうぼう》と言《い》うは、三乗《さんじょう》の教旨《きょうし》、法界所流《ほうかいしょる》の名句《みょうく》の所詮《しょせん》なり。能《よ》く解《げ》を生《しょう》ずるの縁《えん》なり。故《ゆえ》にすべからく珍仰《ちんごう》すべし。慧《え》を発《ほっ》するの基《もと》なるを以《もっ》てなり。尊経《そんきょう》を鈔写《しょうしゃ》して、恒《つね》に浄室《じょうしつ》に安《あん》じ、箱篋《そうきょう》に盛《い》れ貯《たくわ》えて、ならびに厳敬《ごんきょう》すべし。読誦《どくじゅ》の時《とき》は、身手清潔《しんしゅしょうけつ》にせよ。僧宝《そうぼう》と言《い》うは、聖僧《しょうそう》と菩薩《ぼさつ》と破戒《はかい》との流《ともがら》、等心《とうしん》に敬《きょう》を起《おこ》せ。慢想《まんそう》を生《しょう》ずること勿《なか》れ。三《みっ》には無間修《むけんじゅ》。謂《いわ》く常《つね》に念仏《ねんぶつ》して、往生《おうじょう》の心《こころ》を作《な》す。一切《いっさい》の時《とき》において、心《こころ》に恒《つね》に想巧《そうぎょう》すべし。譬《たと》えばもし人有《ひとあ》って、他《た》に抄掠《しょうりょう》せられて、身下賤《みげせん》と為《な》ってつぶさに艱辛《かんしん》を受《う》く。たちまち父母《ぶも》を思《おも》って、走《はし》って国《くに》に帰《かえ》らんと欲《ほっ》すれども、行装《ぎょうしょう》いまだ弁《べん》ぜず。なお他郷《たきょう》に在《あ》って、日夜《にちや》に思惟《しゆい》して、苦《くる》しみ堪《た》え忍《しの》びず。時《とき》として暫《しばら》くも捨《す》てて、爺嬢《やじょう》を念《ねん》ぜざること無《な》し。計《はかりごと》を為《な》すことすでに成《な》って、すなわち帰《かえ》って達《だつ》することを得《え》て、父母《ぶも》に親近《しんごん》し、縦任《ほしいまま》に歓娯《かんご》す。行者《ぎょうじゃ》もまた然《しか》なり。往《むか》し煩悩《ぼんのう》に因《よ》って、善心《ぜんじん》を壊乱《えらん》し、福智《ふくち》の珍財《ちんざい》ならびに皆散失《みなさんしつ》す。久《ひさ》しく生死《しょうじ》に流《なが》れて、制《せい》するに自由《じゆう》ならず。恒《つね》に魔王《まおう》の与《ため》に、僕使《ぼくし》と作《な》って、六道《ろくどう》に駆馳《くち》せられて、身心《しんじん》を苦切《くせつ》す。今善縁《いまぜんえん》に遇《あ》って、たちまち弥陀慈父《みだじぶ》の弘願《ぐがん》に違《い》せず。群生《ぐんじょう》を済抜《さいばつ》したまうを聞《き》いて、日夜《にちや》に驚忙《きょうもう》し、発心《ほっしん》して往《ゆ》くことを願《がん》ず。所以《ゆえ》に精勤《しょうごん》して倦《う》まず、まさに仏恩《ぶっとん》を念《ねん》じて、報《ほう》の尽《つ》きるを期《ご》と為《な》して、心《しん》に恒《つね》に計念《けねん》すべし。四《よっ》には無余修《むよしゅ》。謂《いわ》く専《もっぱ》ら極楽《ごくらく》を求《もと》めて、弥陀《みだ》を礼念《らいねん》す。ただ諸余《しょよ》の業行《ごうぎょう》雑起《ざっき》せしめざれ。所作《しょさ》の業《ごう》には、日別《にちべつ》にすべからく念仏《ねんぶつ》読経《きょう》を修《しゅ》して、余課《よか》を留《とど》めざるべし。

私釈 私《わたくし》に云《いわ》く、四修《ししゅ》の文見《もんみ》つべし。繁《しげき》を恐《おそ》れて解《げ》せず。ただし前《さき》の文《もん》の中《なか》に、すでに四修《ししゅ》と云《い》って、ただ三修有《さんしゅあ》り。もしはその文《もん》を脱《だっ》するか。もしはその意有《こころあ》りや。更《さら》に脱文《だつもん》に非《あら》ず、その深意有《じんいあ》り。何《なに》を以《もっ》てか知《し》ることを得《う》る。四修《ししゅ》とは、一《ひとつ》には長時修《じょうじしゅ》、二《ふたつ》には慇重修《おんじゅうしゅ》、三《みっ》には無余修《むよしゅ》、四《よっ》には無間修《むけんじゅ》なり。而《しか》るに初《はじ》めの長時《じょうじ》は、ただこれ後《のち》の三《さん》修《しゅ》に、通用《つうゆう》するを以《もっ》てなり。謂《いわ》く、慇重《おんじゅう》もし退《たい》せば、慇重《おんじゅう》の行《ぎょう》、すなわち成《じょう》ずべからず。無余《むよ》もし退《たい》せば、無余《むよ》の行《ぎょう》、すなわち成《じょう》ずべからず。無間《むけん》もし退《たい》せば、無間《むけん》の修《じゅ》、すなわち成《じょう》ずべからず。この三修《さんしゅ》の行《ぎょう》を成就《じょうじゅ》せしめんが為《ため》に、皆長時《みなじょうじ》を以《もっ》て、三修《さんしゅ》に属《ぞく》して、通《つう》じて修《しゅ》せしむる所《ところ》なり。故《ゆえ》に三修《さんしゅ》の下《しも》に、皆結《みなけつ》して畢命《ひつみょう》を期《ご》として誓《ちか》って中止《ちゅうし》せざる、すなわちこれ長時修《じょうじしゅ》と云《い》うこれなり。例《れい》せば彼《か》の精進《しょうじん》、余《よ》の五度《ごど》に通《つう》ずるがごときのみ。

第十章

標章　弥陀化仏《みだけぶつ》の来迎《らいこう》、聞経《もんぎょう》の善《ぜん》を讃歎《さんだん》せず、ただ念仏《ねんぶつ》の行《ぎょう》を讃歎《さんだん》したまうの文《もん》。

引文第一『観無量寿経《かんむりょうじゅきょう》』に云《のたま》わく、あるいは衆生《しゅじょうあ》有って、衆《もろもろ》の悪業《あくごう》を作《つく》って、方等《ほうどう》経典《きょうでん》を誹謗《ひぼう》せずといえども、かくのごときの愚人《ぐにん》、多《おお》く衆悪《しゅうあく》を造《つく》って、慚愧《ざんぎ》有《あ》ること無《な》し。命終《いのちおわ》らんと欲《ほっ》する時《とき》、善知識《ぜんじしき》の為《ため》に大乗《だいじょう》の十二部経《じゅうにぶきょう》の首題《しゅだい》の名字《みょうじ》を讃《さん》ずるに遇《あ》えり。かくのごときの諸経《しょきょう》の名《な》を聞《き》くを以《もっ》ての故《ゆえ》に、千劫《せんごう》の極重《ごくじゅう》の悪業《あくごう》を除却《じょかく》す。智者《ちしゃ》また教《おし》えて、合掌叉手《がっしょうしゃしゅ》して、南無阿弥陀仏《なむあみだぶつ》と称《しょう》せしむ。仏名《ぶつみょう》を称《しょう》するが故《ゆえ》に、五十億劫《ごじゅうおくこう》の生《しょう》死《じ》の罪《ざい》を除《のぞ》く。その時《とき》彼《か》の仏《ほとけ》、すなわち化仏《けぶつ》、化観世音《けかんぜおん》、化大勢至《けだいせいし》を遣《つか》わし、行者《ぎょうじゃ》の前《まえ》に至《いた》らしめ、讃《さん》じて言《のたま》わく、善男子《ぜんなんし》、汝仏名《なんじぶつみょう》を称《しょう》するが故《ゆえ》に、諸《もろもろ》の罪消滅《つみしょうめつ》すれば、我《わ》れ来《きた》って汝《なんじ》を迎《むか》うと。

引文第二　同経《どうきょう》の『疏《しょ》』に云《いわ》く、聞《き》く所《ところ》の化讃《けさん》、ただ称仏《しょうぶつ》の功《く》を述《の》べて、我《わ》れ来《きた》って汝《なんじ》を迎《むか》うと、聞経《もんぎょう》の事《じ》を論《ろん》ぜず。然《しか》るに仏《ほとけ》の願意《がんい》に望《のぞ》むれば、ただ正念《しょうねん》に、名《な》を称《しょう》することを勧《すす》む。往生《おうじょう》の義《ぎ》、疾《はや》きこと雑散《ぞうさん》の業《ごう》に同《おな》じからず。この経《きょう》および諸部《しょぶ》の中《なか》のごとき処処《しょしょ》に広《ひろ》く歎《たん》じ、勧《すす》めて名《な》を称《しょう》せしめるを、まさに要益《ようやく》と為《な》す。まさに知《し》るべし。

私釈 私《わたくし》に云《いわ》く、聞経《もんぎょう》の善《ぜん》は、これ本願《ほんがん》に非《あら》ず。雑業《ぞうごう》なるが故《ゆえ》に、化仏讃《けぶっさん》ぜず。念仏《ねんぶつ》の行《ぎょう》は、これ本願正業《ほんがんしょうごう》なるが故《ゆえ》に化仏讃歎《けぶっさんだん》す。加之《しかのみならず》、聞経《もんぎょう》と念仏《ねんぶつ》と滅罪《めつざい》の多少《だしょう》同《おな》じからず。『観経《かんぎょう》の疏《しょ》』に云《いわ》く、「問《と》うて曰《いわ》く、何《なに》が故《ゆえ》ぞ聞経《もんぎょう》は十二部《じゅうにぶ》、ただ罪《ざい》を除《のぞ》くこと千《せん》劫《ごう》、称仏《しょうぶつ》は一声《いっしょう》、すなわち罪《ざい》を除《のぞ》くこと五百万劫《ごひゃくまんごう》なるは、何《なに》の意《こころ》ぞや。答《こた》えて曰《いわ》く、造《ぞう》罪《ざい》の人《ひと》、障《さわ》り重《おも》く、加《くわ》えるに死苦来逼《しくらいひつ》を以《もっ》てす。善人多経《ぜんにんたきょう》を説《と》くといえども、湌受《ざんじゅ》の心《しん》、浮散《ふさん》す。心散《しんさん》ずるに由《よ》るが故《ゆえ》に、罪《ざい》を除《のぞ》くことやや軽《かる》し。また仏名《ぶつみょう》はこれ一《いっ》なり。すなわち能《よ》く散《さん》を摂《せっ》して、以《もっ》て心《しん》を住《じゅう》せしむ。また教《おし》えて正念《しょうねん》に名《な》を称《しょう》せしむ。心重《しんおも》きに由《よ》るが故《ゆえ》に、すなわち能《よ》く罪《ざい》を除《のぞ》くこと多劫《たこう》なり」。

第十一章

標章　雑善《ぞうぜん》に約対《やくたい》して念仏《ねんぶつ》を讃歎《さんだん》するの文《もん》。

引文第一　『観無量寿経《かんむりょうじゅきょう》』に云《のたま》わく、もし念仏《ねんぶつ》せん者《もの》、まさに知《し》るべし、この人《ひと》はすなわちこれ人中《にんじゅう》の芬陀利華《ふんだりけ》なり。観世音菩薩《かんぜおんぼさつ》、大勢至菩薩《だいせいしぼさつ》その勝友《しょうう》と為《な》る。まさに道場《どうじょう》に坐《ざ》し諸仏《しょぶつ》の家《いえ》に生《うま》るべし。

引文第二　同経《どうきょう》の『疏《しょ》』に云《いわ》く、「若念仏者《にゃくねんぶつしゃ》」より、下《しも》「生諸仏家《しょうしょぶつけ》」に至《いた》る已来《いらい》は、正《まさ》しく念仏三昧《ねんぶつさんまい》の功能超絶《くのうちょうぜつ》して、実《じつ》に雑善《ぞうぜん》をもって比類《ひるい》と為《な》すことを得《う》るに非《あら》ざることを顕《あらわ》す。すなわちその五有《いつつあ》り。一《ひとつ》には専《もっぱ》ら弥陀仏《みだぶつ》の名《みな》を念《ねん》ずることを明《あか》し、二《ふたつ》には能念《のうねん》の人《にん》を指讃《しさん》することを明《あか》し、三《みっつ》にはもし能《よ》く相続《そうぞく》して念仏《ねんぶつ》する者《もの》は、この人《ひと》ははなはだ希有《けう》なりとし、更《さら》に物《もの》の以《もっ》てこれに方《くら》ぶべき無《な》し。故《ゆえ》に芬陀利《ふんだり》を引《ひ》いて喩《たとえ》と為《な》すことを明《あか》す。芬陀利《ふんだり》と言《い》うは人中《にんじゅう》の好華《こうけ》と名《な》づけ、また希有華《けうけ》と名《な》づけ、また人中上上華《にんじゅうじょうじょうけ》と名《な》づけ、また人中妙好華《にんじゅうみょうこうけ》と名《な》づく。この華《はな》相《あ》い伝《つた》えて蔡華《さいけ》と名《な》づくこれなり。もし念仏《ねんぶつ》する者《もの》は、すなわちこれ人中《にんじゅう》の好人《こうにん》・人中《にんじゅう》の妙好人《みょうこうにん》・人中《にんじゅう》の上上人《じょうじょうにん》・人中《にんじゅう》の希有人《けうにん》・人中《にんじゅう》の最勝人《さいしょうにん》なり。四《よっ》には専《もっぱ》ら弥陀《みだ》の名《みな》を念《ねん》ずる者《もの》は、すなわち観音勢至《かんのんせいし》常随影護《じょうずいようご》したまい、また親友知識《しんぬちしき》のごとくなることを明《あか》す。五《いつっ》には今生《こんじょう》すでにこの益《やく》を蒙《こうむ》る、命《いのち》を捨《す》ててすなわち諸仏《しょぶつ》の家《いえ》に入《い》る。すなわち浄土《じょうど》これなり。かしこに到《いた》れば長時《じょうじ》に法《ほう》を聞《き》いて歴事供養《りゃくじくよう》す。因円《いんまど》かに果満《かまん》ず。道場《どうじょう》の座《ざ》あに賒《はるか》ならんやということを明《あか》す。

私釈 私《わたくし》に問《と》うて曰《いわ》く、『経《きょう》』に「若念仏者当知此人等《にゃくねんぶつしゃとうちしにんとう》」と云《い》うは、ただ念仏《ねんぶつ》の者《もの》に約《やく》してこれを讃歎《さんだん》す。釈家《しゃっけ》何《なに》の意有《こころあ》って実《じつ》に雑善《ぞうぜん》をもって比類《ひるい》と為《な》すことを得《う》るに非《あら》ずと云《い》って、雑善《ぞうぜん》に相対《そうだい》して独《ひと》り念仏《ねんぶつ》を歎《たん》ずるや。答《こた》えて曰《いわ》く、文《もん》の中《なか》に隠《かく》れたりといえども、義意《ぎい》これ明《あき》らかなり。知《し》る所以《ゆえ》は、この『経《きょう》』すでに定散《じょうさん》の諸善《しょぜん》ならびに念仏《ねんぶつ》の行《ぎょう》を説《と》く。而《しか》るにその中《なか》において孤《ひと》り念仏《ねんぶつ》を標《ひょう》して芬陀利《ふんだり》に喩《たと》う。雑善《ぞうぜん》に待《だい》するに非《あら》ずば、云何《いかん》ぞ能《よ》く念仏《ねんぶつ》の功《く》の余善諸行《よぜんしょぎょう》に超《こ》えたることを顕《あらわ》さん。然《しか》ればすなわち、念仏《ねんぶつ》する者《もの》はすなわちこれ人中《にんじゅう》の好人《こうにん》とは、これ悪《あく》に待《だい》して美《ほ》むる所《ところ》なり。人中《にんじゅう》の妙好人《みょうこうにん》と言《い》うは、これ粗悪《そあく》に待《だい》して称《しょう》する所《ところ》なり。人中《にんじゅう》の上上人《じょうじょうにん》と言《い》うは、これ下下《げげ》に待《だい》して讃《さん》ずる所《ところ》なり。人中《にんじゅう》の希有人《けうにん》と言《い》うは、これ常有《じょうう》に待《だい》して歎《たん》ずる所《ところ》なり。人中《にんじゅう》の最勝人《さいしょうにん》と言《い》うは、これ最劣《さいれつ》に待《だい》して褒《ほ》むる所《ところ》なり。

問《と》うて曰《いわ》く、すでに念仏《ねんぶつ》を以《もっ》て上上《じょうじょう》と名《な》づけば、何《なん》が故《ゆえ》ぞ上上品《じょうじょうぼん》の中《なか》に説《と》かずして下下品《げげほん》に至《いた》って念仏《ねんぶつ》を説《と》くや。答《こた》えて曰《いわ》く、あに前《さき》に云《い》わずや、念仏《ねんぶつ》の行《ぎょう》は広《ひろ》く九品《くほん》に亘《わた》ると。すなわち前《さき》に引《ひ》く所《ところ》の『往生要集《おうじょうようしゅう》』に、「その勝劣《しょうれつ》に随《したが》ってまさに九品《くほん》を分《わか》つべし」と云《い》うこれなり。加之《しかのみならず》、下品下生《げほんげしょう》はこれ五逆《ごぎゃく》重罪《じゅうざい》の人《にん》なり。而《しか》るに能《よ》く逆罪《ぎゃくざい》を除滅《じょめつ》すること余行《よぎょう》の堪《た》えざる所《ところ》、ただ念仏《ねんぶつ》の力《ちから》のみ有《あ》って、能《よ》く重罪《じゅうざい》を滅《めつ》するに堪《た》えたり。故《ゆえ》に極悪最下《ごくあくさいげ》の人《ひと》の為《ため》に極善最上《ごくぜんさいじょう》の法《ほう》を説《と》く所《ところ》、例《れい》せば彼《か》の無明《むみょう》淵源《えんげん》の病《やまい》は、中道《ちゅうどう》府蔵《ふぞう》の薬《くすり》に非《あら》ざれば、すなわち治《じ》すること能《あた》わざるがごとし。今《いま》この五逆《ごぎゃく》は重病《じゅうびょう》の淵源《えんげん》なり。またこの念仏《ねんぶつ》は霊薬府蔵《りょうやくふぞう》なり。この薬《くすり》に非《あら》ざれば、何《なん》ぞこの病《やまい》を治《じ》せん。故《ゆえ》に弘《こう》法大師《ぼうだいし》の『二教論《にきょうろん》』に『六波羅蜜経《ろくはらみっきょう》』を引《ひ》いて云《いわ》く、「第三《だいさん》に法宝《ほうぼう》とは、いわゆる過去《かこ》無《む》量《りょう》の諸仏所説《しょぶつしょせつ》の正法《しょうぼう》とおよび我《わ》が今《いま》の所説《しょせつ》となり。いわゆる八万四千《はちまんしせん》の諸《もろ〳〵》の妙法蘊《みょうほううん》なり。乃至《ないし》有縁《うえん》の衆生《しゅじょう》を調伏《じょうぶく》し純熟《じゅんじゅく》す。しかも阿難陀《あなんだ》等《とう》の諸大弟子《しょだいでし》をして一《ひと》たび耳《みみ》に聞《き》いて皆《みな》ことごとく憶持《おくじ》せしむ。摂《せっ》して五分《ごぶん》と為《な》す。一《ひとつ》には素呾纜《そたらん》、二《ふたつ》には毘奈耶《びなや》、三《みっつ》には阿《あ》毘達磨《びだつま》、四《よっつ》には般若波羅蜜多《はんにゃはらみった》、五《いつつ》には陀羅尼門《だらにもん》なり。この五種《ごしゅ》の蔵《ぞう》をもって有情《うじょう》を教化《きょうけ》し、度《ど》すべき所《ところ》に随《したが》って為《ため》にこれを説《と》く。もし彼《か》の有情《うじょう》、山林《せんりん》に処《しょ》し、常《つね》に閑寂《げんじゃく》に居《こ》し、静慮《じょうりょ》を修《しゅ》せんと楽《ねが》う者《もの》には、しかも彼《か》れが為《ため》に素咀纜蔵《そたらんぞう》を説《と》く。もし彼《か》の有情《うじょう》、威儀《いぎ》を習《なら》い正法《しょうぼう》を護持《ごじ》し、一味和合《いちみわごう》して久住《くじゅう》することを得《え》せしめんと楽《ねが》うには、しかも彼《か》れが為《ため》に毘奈耶蔵《びなやぞう》を説《と》く。もし彼《か》の有情《うじょう》、正法《しょうぼう》を説《と》き性相《しょうぞう》を分別《ふんべつ》し、循環研覈《じゅんかんけんかく》して、甚深《じんじん》を究竟《くきょう》せんと楽《ねが》うには、しかも彼《か》れが為《ため》に阿毘達磨蔵《あびだつまぞう》を説《と》く。もし彼《か》の有情《うじょう》、大乗真実《だいじょうしんじつ》の智慧《ちえ》を習《なら》って、我法執著《がほうしゅうじゃく》の分別《ふんべつ》を離《はな》れんと楽《ねが》うには、しかも彼《か》れが為《ため》に般若波羅蜜多《はんにゃはらみった》蔵《ぞう》を説《と》く。もし彼《か》の有情《うじょう》、契経《かいきょう》と調伏《じょうぶく》と対法《たいほう》と般若《はんにゃ》とを受持《じゅじ》すること能《あた》わず、あるいはまた有情《うじょう》、諸《もろく》の悪業《あくごう》たる四重《しじゅう》・八重《はちじゅう》・五無間罪《ごむけんざい》・謗方等経《ほうほうどうきょう》・一闡提等《いっせんだいとう》の種種《しゅじゅ》の重罪《じゅうざい》を造《つく》って、銷滅《しょうめつ》することを得《え》て、速《すみ》やかに疾《と》く解脱《げだつ》し、頓《とん》に涅槃《ねはん》を悟《さと》らしめるには、しかも彼《か》れが為《ため》に諸《もろく》の陀羅尼蔵《だらにぞう》を説《と》く。この五法蔵《ごほうぞう》は、譬《たと》えば乳《にゅう》・酪《らく》・生蘇《しょうぞ》・熟蘇《じゅくぞ》および妙醍醐《みょうだいご》のごとし。契経《かいきょう》は乳《にゅう》のごとく、調伏《じょうぶく》は酪《らく》のごとく、対法教《たいほうきょう》は彼《か》の生蘇《しょうぞ》のごとく、大乗般若《だいじょうはんにゃ》はなおし熟蘇《じゅくぞ》のごとく、総持門《そうじもん》は譬《たと》えば醍醐《だいご》のごとし。醍醐《だいご》の味《み》は乳《にゅう》、酪《らく》、蘇《そ》の中《なか》に微妙第一《みみょうだいいち》なり。能《よ》く諸病《しょびょう》を除《のぞ》いて、諸《もろく》の有情《うじょう》をして身心安楽《しんじんあんらく》ならしむ。総持門《そうじもん》は、契経等《かいきょうとう》の中《なか》に最《もっと》も第一《だいいち》とす。能《よ》く重罪《じゅうざい》を除《のぞ》き諸《もろく》の衆生《しゅじょう》をして、生死《しょうじ》を解脱《げだつ》して、速《すみ》やかに涅槃安楽《ねはんあんらく》の法身《ほっしん》を証《しょう》せしむ」。已上 この中《なか》の五無間罪《ごむけんざい》とはこれ五逆罪《ごぎゃくざい》なり。すなわち醍醐《だいご》の妙薬《みょうやく》に非《あら》ざれば、五無間《ごむけん》の病《やまい》、はなはだ療《りょう》し難《がた》しと為《な》す。念仏《ねんぶつ》もまた然《しか》なり。往生教《おうじょうきょう》の中《なか》には念仏三昧《ねんぶつさんまい》は、これ総持《そうじ》のごとくまた醍醐《だいご》のごとし。もし念仏三昧《ねんぶつさんまい》の醍醐《だいご》の薬《くすり》に非《あら》ざれば、五逆深重《ごぎゃくじんじゅう》の病《やまい》、はなはだ治《じ》し難《がた》しと為《な》す。まさに知《し》るべし。問《と》うて曰《いわ》く、もし爾《しか》らば下品上生《げほんじょうしょう》はこれ十悪軽罪《じゅうあくきょうざい》の人《ひと》なり。何《なん》が故《ゆえ》ぞ念仏《ねんぶつ》を説《と》くや。答《こた》えて曰《いわ》く、念仏三昧《ねんぶつさんまい》は重罪《じゅうざい》なお滅《めっ》す。いかにいわんや軽罪《きょうざい》をや。余行《よぎょう》は然《しか》らず。あるいは軽《きょう》を滅《めっ》して重《じゅう》を滅《めっ》せざる有《あ》り、あるいは一《いち》を消《しょう》して二《に》を消《しょう》せざる有《あ》り。念仏《ねんぶつ》は然《しか》らず。軽《きょう》重兼《じゅうか》ね滅《めっ》し、一切遍《いっさいあまね》く治《じ》す。譬《たと》えば阿伽陀薬《あかだやく》の遍《あまね》く一切《いっさい》の病《やまい》を治《じ》するがごとし。故《ゆえ》に念《ねん》仏《ぶつ》を以《もっ》て王三昧《おうざんまい》とす。およそ九品《くほん》の配当《はいとう》は、これ一往《いちおう》の義《ぎ》なり。五逆《ごぎゃく》の回心《えしん》、上上《じょうじょう》に通《つう》じ、読誦《どくじゅ》の妙行《みょうぎょう》また下下《げげ》に通《つう》ず。十悪軽罪《じゅうあくきょうざい》・破戒次罪《はかいしざい》各《おのおの》上下《じょうげ》に通《つう》じ、解第一義《げだいいちぎ》・発《ほっ》菩提心《ぼだいしん》また上下《じょうげ》に通《つう》ず。一法《いっぽう》に各《おのおの》九品有《くほんあ》り。もし品《ほん》に約《やく》せばすなわち九九八十一品《くくはちじゅういちほん》なり。加之《しかのみならず》、迦才《かざい》の云《いわ》く、「衆生《しゅじょう》の行《ぎょう》を起《おこ》すにすでに千殊有《せんしゅあ》り。往生《おうじょう》して土《ど》を見《み》ることまた万別有《まんべつあ》るなり」と。一往《いちおう》の文《もん》を見《み》て封執《ふうしゅう》を起《おこ》すこと莫《なか》れ。その中《なか》に念仏《ねんぶつ》は、これすなわち勝行《しょうぎょう》なり。故《ゆえ》に芬陀利《ふんだり》を引《ひ》いて以《もっ》てその喩《たとえ》とす。譬《たとえ》の意《こころ》まさに知《し》るべし。加之《しかのみならず》、念《ねん》仏《ぶつ》の行者《ぎょうじゃ》をば観音勢至《かんのんせいし》、影《かげ》と形《かたち》とのごとく暫《しばら》くも捨離《しゃり》せず。余行《よぎょう》は爾《しか》らず。また念仏《ねんぶつ》する者《もの》は、命《いのち》を捨《す》てて已後《いご》決定《けつじょう》して極楽世界《ごくらくせかい》に往生《おうじょう》す。余行《よぎょう》は不定《ふじょう》なり。およそ五種《ごしゅ》の嘉誉《かよ》を流《つた》え二尊《にそん》の影護《ようご》を蒙《こうむ》る。これはこれ現益《げんやく》なり。また浄土《じょうど》に往生《おうじょう》して乃至成仏《ないしじょうぶつ》す。これはこれ当益《とうやく》なり。また道綽《どうしゃく》禅師《ぜんじ》、念仏《ねんぶつ》の一行《いちぎょう》において、始終《しじゅう》の両益《りょうやく》を立《た》つ。『安楽集《あんらくしゅう》』に云《いわ》く、「念仏《ねんぶつ》の衆生《しゅじょう》は摂取《せっしゅ》して捨《す》てたまわず、寿《いのち》尽きて必《かなら》ず生《しょう》ず。これを始益《しやく》と名《な》づく。終益《じゅうやく》と言《い》うは、『観音授記経《かんのんじゅききょう》』に依《よ》るに、云《いわ》く阿弥陀仏《あみだぶつ》の住世《じゅうせ》長久《じょうく》、兆載永劫《ちょうさいようごう》にして、また滅度《めつど》したまうこと有《あ》り。般涅槃《はつねはん》の時《とき》、ただ観音勢至《かんのんせいし》有《あ》って安楽《あんらく》を住持《じゅうじ》して十方《じっぽう》を接引《いん》す。その仏《ほとけ》の滅度《めつど》また住世《じゅうせ》の時節《じせつ》と等同《とうどう》なり。然《しか》るに彼《か》の国《くに》の衆生《しゅじょう》、一切仏《いっさいほとけ》を覩見《とけん》する者《もの》有《あ》ること無《な》し。ただ一向《いっこう》に専《もっぱ》ら阿弥陀仏《あみだぶつ》を念《ねん》じて往生《おうじょう》する者《もの》のみ有《あ》って、常《つね》に弥陀《みだ》現在《げんざい》して、滅《めつ》したまわざるを見《み》る。これはすなわちこれその終益《じゅうやく》なり」。已上 まさに知《し》るべし。念仏《ねんぶつ》はかくのごとき等《ら》の、現当二世《げんとうにせ》始終《しじゅう》の両益《りょうやく》有《あ》り。まさに知《し》るべし。

第十二章

標章　釈尊定散《しゃくそんじょうさん》の諸行《しょぎょう》を付属《ふぞく》せず、ただ念仏《ねんぶつ》を以《もっ》て阿難《あなん》に付属《ふぞく》したまうの文《もん》。

引文第一　『観無量寿経《かんむりょうじゅきょう》』に云《のたま》わく、仏《ほとけ》阿難《あなん》に告《つ》げたまわく、汝《なんじ》好《よ》くこの語《ご》を持《たも》て。

この語《ご》を持《たも》てとはすなわちこれ無量寿仏《むりょうじゅぶつ》の名《みな》を持《たも》てとなり。

引文第二　同経《どうきょう》の『疏《しょ》』に云《いわ》く、「仏告阿難汝好持是語《ぶつごうあなんにょこうじぜご》」より已下《いげ》は、正《まさ》しく弥陀《みだ》の名《みょう》号《ごう》を付属《ふぞく》して、遐代《けだい》に流通《るずう》することを明《あか》す。上来定散両門《じょうらいじょうさんりょうもん》の益《やく》を説《と》くといえども、仏《ほとけ》の本願《ほんがん》に望《のぞ》むれば、意衆生《こころしゅじょう》をして一向《いっこう》に専《もっぱ》ら弥陀仏《みだぶつ》の名《みな》を称《しょう》せしむるに在《あ》り。

私釈　私《わたくし》に云《いわ》く、『疏《しょ》』の文《もん》を案《あん》ずるに二《に》行有《ぎょうあ》り。一《ひとつ》には定散《じょうさん》、二《ふたつ》には念仏《ねんぶつ》なり。初《はじ》めに定散《じょうさん》と言《い》うはまた分《わか》ちて二《ふたつ》とす。一《ひとつ》には定善《じょうぜん》、二《ふたつ》には散善《さんぜん》なり。初《はじ》めに定善《じょうぜん》に付《つ》いて、その十三有《じゅうさんあ》り。一《ひとつ》には日想観《にっそうがん》、二《ふたつ》には水想観《すいそうがん》、三《みっつ》には地想観《じそうがん》、四《よっつ》には宝樹観《ほうじゅかん》、五《いつつ》には宝池《ほうち》観《かん》、六《むっつ》には宝楼閣観《ほうろうかくがん》、七《ななつ》には華座観《けざかん》、八《やっつ》には像想観《ぞうそうがん》、九《ここのつ》には阿弥陀仏観《あみだぶつかん》、十《とお》には観音観《かんのんがん》、十一《じゅういち》には勢至観《せいしがん》、十二《じゅうに》には普往生観《ふおうじょうかん》、十三《じゅうさん》には雑想観《ざつそうがん》、つぶさには『経《きょう》』に説《と》くがごとし。たとい余《よ》の行無《ぎょうな》しといえども、あるいは一《いっ》、あるいは多《た》、その堪《た》ゆる所《ところ》に随《したが》って十三観《じゅうさんがん》を修《しゅ》して往生《おうじょう》を得《う》べし。その旨《むね》『経《きょう》』に見《み》えたり。あえて疑慮《ぎりょ》すること莫《なか》れ。

次《つぎ》に散善《さんぜん》に付《つ》いて二有《ふたつあ》り。一《ひとつ》には三福《さんぷく》、二《ふたつ》には九品《くほん》。初《はじ》めに三福《さんぷく》とは『経《きょう》』に曰《いわ》く、「一《ひとつ》には父母《ぶも》に孝養《きょうよう》し、師長《しちょう》に奉事《ぶじ》し、慈心《じしん》にして殺《ころ》さず十善業《じゅうぜんごう》を修《しゅ》す。二《ふたつ》には三帰《さんき》を受持《じゅじ》し、衆戒《しゅかい》を具足《ぐそく》して威儀《いぎ》を犯《おか》さず。三《みつ》には菩提心《ぼだいしん》を発《おこ》し深《ふか》く因果《いんが》を信《しん》じ、大乗《だいじょう》を読誦《どくじゅ》し、行者《ぎょうじゃ》を勧進《かんじん》す」。已上経文。孝養父母《きょうようぶも》とは、これに付《つ》いて二有《ふたつあ》り。一《ひとつ》には世間《せけん》の孝養《きょうよう》、二《ふたつ》には出世《しゅっせ》の孝養《きょうよう》なり。世間《せけん》の孝養《きょうよう》とは『孝経《こうきょう》』等《とう》に説《と》くがごとし。出世《しゅっせ》の孝養《きょうよう》とは律《りつ》の中《なか》の生縁奉事《しょうえんぶじ》の法《ほう》のごとし。奉事師長《ぶじしちょう》とはこれに付《つ》いてまた二有《ふたつあ》り。一《ひとつ》には世間《せけん》の師長《しちょう》、二《ふたつ》には出世《しゅっせ》の師長《しちょう》なり。世間《せけん》の師《し》とは、仁義礼智信等《じんぎれいちしんとう》を教《おし》えるの師《し》なり。出世《しゅっせ》の師《し》とは、聖道浄土《しょうどうじょうど》の二門等《にもんとう》を教《おし》えるの師《し》なり。たとい余《よ》の行無《ぎょうな》しといえども孝養奉事《きょうようぶじ》を以《もっ》て往生《おうじょう》の業《ごう》とす。慈心不殺《じしんふせつ》、修十善業《しゅじゅうぜんごう》とはこれに就《つ》いて二義《にぎ》有《あ》り。一《ひとつ》には初《はじ》めに慈心不殺《じしんふせつ》とは、これ四無量心《しむりょうしん》の中《なか》の初《はじ》めの慈無量《じむりょう》なり。すなわち初《はじ》めの一《いっ》を挙《あ》げて後《のち》の三《さん》を摂《せっ》す。たとい余《よ》の行無《ぎょうな》しといえども、四無量心《しむりょうしん》を以《もっ》て往生《おうじょう》の業《ごう》とす。次《つぎ》に修十善《しゅじゅうぜん》業《ごう》とは一《ひとつ》には不殺生《ふせっしょう》、二《ふたつ》には不偸盗《ふちゅうとう》、三《みっ》には不邪婬《ふじゃいん》、四《よっ》には不妄語《ふもうご》、五《いつつ》には不綺語《ふきご》、六《むっ》には不悪口《ふあっく》、七《ななつ》には不両舌《ふりょうぜつ》、八《やっ》には不貪《ふとん》、九《ここのつ》には不瞋《ふしん》、十《とお》には不邪見《ふじゃけん》なり。二《ふたつ》には慈心《じしん》不殺《ふせつ》、修十善業《しゅじゅうぜんごう》の二句《にく》を合《がっ》して一句《いっく》と為《な》す。謂《いわ》く、初《はじ》めに慈心不殺《じしんふせつ》とはこれ四無量《しむりょう》の中《なか》の慈無量《じむりょう》には非《あら》ず。これ十善《じゅうぜん》の初《はじ》めの不殺《ふせつ》を指《さ》す。故《ゆえ》に知《し》んぬ、正《まさ》しくこれ十善《じゅうぜん》の一句《いっく》なることを。たとい余《よ》の行《ぎょう》無《な》しといえども十善業《じゅうぜんごう》を以《もっ》て往生《おうじょう》の業《ごう》とす。受持《じゅじ》三帰《さんき》とは仏《ぶっ》法僧《ぽうそう》に帰依《きえ》するなり。これに就《つ》いて二《ふたつ》有《あ》り。一《ひとつ》には大乗《だいじょう》の三帰《さんき》、二《ふたつ》には小乗《しょうじょう》の三帰《さんき》なり。具足衆戒《ぐそくしゅかい》とはこれに二《ふたつ》有《あ》り。一《ひとつ》には大乗戒《だいじょうかい》、二《ふたつ》には小乗戒《しょうじょうかい》なり。不犯威儀《ふぼんいぎ》とはこれにまた二《ふたつ》有《あ》り。一《ひとつ》には大乗《だいじょう》、謂《いわ》く八万《はちまん》有《あ》り。二《ふたつ》には小乗《しょうじょう》、謂《いわ》く三千《さんぜん》有《あ》り。発菩提心《ほつぼだいしん》とは諸《しょ》師《し》の意《こころ》不同《ふどう》なり。天台《てんだい》にはすなわち四教《しきょう》の菩提心《ぼだいしん》有《あ》り。謂《いわ》く蔵通別円《ぞうつうべちえん》これなり。つぶさには『止観《しかん》』に説《と》くがごとし。真言《しんごん》にはすなわち三種《さんじゅ》の菩提心《ぼだいしん》有《あ》り。謂《いわ》く行願《ぎょうがん》と勝義《しょうぎ》と三摩地《さんまじ》とこれなり。つぶさには『菩提心論《ぼだいしんろん》』に説《と》くがごとし。華厳《けごん》にまた菩提心《ぼだいしん》有《あ》り。彼《か》の『菩提心義《ぼだいしんぎ》』および『遊心安楽道《ゆしんあんらくどう》』等《とう》に説《と》くがごとし。三論《さんろん》・法相《ほっそう》に各《おの〱》菩提心《ぼだいしん》有《あ》り。つぶさには彼《か》の宗《しゅう》の章疏《しょうじょ》等《とう》に説《と》くがごとし。また善導所釈《ぜんどうしょしゃく》の菩提心《ぼだいしん》有《あ》り。つぶさには『疏《しょ》』に述《じゅっ》するがごとし。発菩提心《ほつぼだいしん》その言《ごん》一《いつ》なりといえども、各《おの〱》その宗《しゅう》に随《したが》ってその義《ぎ》同《おな》じからず。然《しか》ればすなわち菩提心《ぼだいしん》の一句《いっく》は、広《ひろ》く諸経《しょきょう》に亘《わた》り、遍《あまね》く顕密《けんみつ》を該《か》ぬ。意気《いき》博《はく》遠《おん》にして詮測沖邈《せんしきちゅうばく》なり。願《ねが》わくは諸《もろ〱》の行者《ぎょうじゃ》一《いつ》を執《しゅう》して万《まん》を遮《しゃ》すること莫《なか》れ。諸《もろ〱》の往生《おうじょう》を求《もと》めん人各《ひとおのおの》すべからく自宗《じしゅう》の菩提心《ぼだいしん》を発《おこ》すべし。たとい余《よ》の行《ぎょう》無《な》しといえども、菩提心《ぼだいしん》を以《もっ》て往生《おうじょう》の業《ごう》とするなり。深信因果《じんしんいんが》とはこれに付《つ》いて二《ふた》つ有《あ》り。一《ひと》つには世間《せけん》の因果《いんが》、二《ふた》つには出世《しゅっせ》の因果《いんが》なり。世間《せけん》の因果《いんが》とはすなわち六道《ろくどう》の因果《いんが》なり。『正法念経《しょうぼうねんぎょう》』に説《と》くがごとし。出世《しゅっせ》の因果《いんが》とはすなわち四聖《ししょう》の因果《いんが》なり。諸《もろ〱》の大小乗経《だいしょうじょうきょう》に説《と》くがごとし。もしこの因果《いんが》の二法《にほう》を以《もっ》て遍《あまね》く諸経《しょきょう》を摂《せっ》せば、諸家《しょけ》同《おな》じからず。且《しばら》く天台《てんだい》に依《よ》れば、謂《いわ》く華厳《けごん》には仏菩薩《ぶつぼさつ》二種《にしゅ》の因果《いんが》を説《と》き、阿含《あごん》には声聞《しょうもん》・縁覚《えんがく》二乗《にじょう》の因果《いんが》を説《と》き、方等《ほうどう》の諸経《しょきょう》には四乗《しじょう》の因果《いんが》を説《と》き、般若《はんにゃ》の諸経《しょきょう》には通別円《つうべちえん》の因果《いんが》を説《と》き、法華《ほっけ》には仏因仏果《ぶついんぶっか》を説《と》き、涅槃《ねはん》にはまた四乗《しじょう》の因果《いんが》を説《と》く。然《しか》ればすなわち深信因果《じんしんいんが》の言遍《ごんあまね》く一代《いちだい》を該羅《がいら》せり。諸《もろ〱》の往生《おうじょう》を求《もと》めん人《ひと》たとい余《よ》の行《ぎょう》無《な》しといえども、深信因果《じんしんいんが》を以《もっ》て往生《おうじょう》の業《ごう》と為《な》すべし。読誦大乗《どくじゅだいじょう》とは分《わか》ち二《ふた》つとす。一《ひと》つには読誦《どくじゅ》、二《ふた》つには大乗《だいじょう》なり。読誦《どくじゅ》とはすなわちこれ五種《ごしゅ》法師《ほっし》の中《なか》に、転読《てんどく》・諷誦《ふじゅ》の二師《にし》を挙《あ》げて、受持《じゅじ》等《とう》の三師《さんし》を顕《あら》わす。もし十種法行《じゅしゅほうぎょう》に約《やく》せば、すなわちこれ披読《ひどく》・諷誦《ふじゅ》の二種《にしゅ》の法行《ほうぎょう》を挙《あ》げて書写供養等《しょしゃくようとう》の八種《はっしゅ》の法行《ほうぎょう》を顕《あら》わす。大乗《だいじょう》とは小乗《しょうじょう》を簡《えら》ぶ言《ごん》なり。別《べつ》に一経《いっきょう》を指《さ》すに非《あら》ず。通《つう》じて一切《いっさい》の諸大乗経《しょだいじょうぎょう》を指《さ》す。謂《いわ》く一切《いっさい》とは仏意《ぶっち》広《ひろ》く一代所説《いちだいしょせつ》の諸大乗経《しょだいじょうぎょう》を指《さ》す。而《しか》るに一代《いちだい》の所説《しょせつ》において已結集《いけつじゅう》の経《きょう》有《あ》り、未結集《みけつじゅう》の経有《きょうあ》り。また已《い》結集《けつじゅう》の経《きょう》においてあるいは龍宮《りゅうぐう》に隠《かく》れて人間《にんげん》に流布《るふ》せざる経《きょう》有《あ》り。あるいは天竺《てんじく》に留《とど》まって、いまだ漢地《かんじ》に来到《らいとう》せざる経有《きょうあ》り。而《しか》るに今翻訳将来《いまほんやくしょうらい》の経《きょう》に就《つ》いてこれを論《ろん》ぜば、『貞元《ていげん》の入蔵録《にゅうぞうろく》』の中《なか》に始《はじ》め『大般若経《だいはんにゃきょう》』六百巻《ろっぴゃくかん》より、『法《ほう》常住経《じょうじゅうきょう》』に終《お》わるまで、顕密《けんみつ》の大乗経《だいじょうぎょう》すべて六百三十七部二千八百八十三巻《ろっぴゃくさんじゅうしちぶにせんはっぴゃくはちじゅうさんがん》。皆《みな》すべからく読誦大乗《どくじゅだいじょう》の一句《いっく》に摂《せっ》すべし。西方《さいほう》を願《ねが》う行者各《ぎょうじゃおのおの》その意楽《いぎょう》に随《したが》って、あるいは法華《ほっけ》を読誦《どくじゅ》して以《もっ》て往生《おうじょう》の業《ごう》と為《な》し、あるいは華厳《けごん》を読誦《どくじゅ》して以《もっ》て往生《おうじょう》の業《ごう》と為《な》し、あるいは遮那教王《しゃなきょうおう》および諸尊法等《しょそんぼうとう》を受持読誦《じゅじどくじゅ》して以《もっ》て往生《おうじょう》の業《ごう》と為《な》す。あるいは般若方等《はんにゃほうどう》および涅槃経等《ねはんぎょうとう》を解説《げせつ》し書写《しょしゃ》して以《もっ》て往生《おうじょう》の業《ごう》と為《な》す。これすなわち浄土宗《じょうどしゅう》の『観無量寿経《かんむりょうじゅきょう》』の意《こころ》なり。

問《と》うて曰《いわ》く、顕密旨異《けんみつむねこと》なり、何《なん》ぞ顕《けん》の中《なか》に密《みつ》を摂《せっ》するや。答《こた》えて曰《いわ》く、これは顕密《けんみつ》の旨《むね》を摂《せっ》すと云《い》うには非《あら》ず。『貞元《ていげん》の入蔵録《にゅうぞうろく》』の中《なか》に同《おな》じくこれを編《あ》みて大乗経《だいじょうぎょう》の限《げん》に入《い》る。故《ゆえ》に読誦大乗《どくじゅだいじょう》の一句《いっく》に摂《せっ》す。

問《と》うて曰《いわ》く、爾前《にぜん》の経《きょう》の中《なか》に何《なん》ぞ法華《ほっけ》を摂《せっ》するや。答《こた》えて曰《いわ》く、今言《いまい》う所《ところ》の摂《しょう》とは権実《ごんじつ》偏円等《へんねんとう》の義《ぎ》を論《ろん》ずるには非《あら》ず。読誦大乗《どくじゅだいじょう》の言《ごん》、普《あまね》く前後《ぜんご》の大乗諸経《だいじょうしょきょう》に通《つう》ず。前《ぜん》とは『観経《かんぎょう》』已前《いぜん》の諸大乗経《しょだいじょうぎょう》これなり。後《ご》とは王宮已後《おうぐういご》の諸大乗経《しょだいじょうぎょう》これなり。ただ大乗《だいじょう》と云《い》って権実《ごんじつ》を選《えら》ぶこと無《な》し。然《しか》ればすなわち正しく華厳《けごん》・方等《ほうどう》・般若《はんにゃ》・法華《ほっけ》・涅槃等《ねはんとう》の諸大乗《しょだいじょう》経《ぎょう》に当《あた》れり。勧進行者《かんじんぎょうじゃ》とは、謂《いわ》く定散《じょうさん》の諸善《しょぜん》および念仏三昧等《ねんぶつさんまいとう》を勧進《かんじん》するなり。

次《つぎ》に九品《くほん》とは、前《さき》の三福《さんぷく》を開《かい》して九品《くほん》の業《ごう》と為《な》す。謂《いわ》く上品上生《じょうぼんじょうしょう》の中《なか》に「慈心不殺《じしんふせつ》」と言《い》うは、すなわち上《かみ》の世福《せふく》の中《なか》の第三《だいさん》の句《く》に当《あた》れり。次《つぎ》に「具諸戒行《ぐしょかいぎょう》」とは、すなわち上《かみ》の戒福《かいふく》の中《なか》の第二《だいに》の句《く》の「具足衆戒《ぐそくしゅかい》」に当《あた》れり。次《つぎ》に「読誦大乗《どくじゅだいじょう》」とは、すなわち上《かみ》の行福《ぎょうふく》の中《なか》の第三《だいさん》の句《く》の「読誦大乗《どくじゅだいじょう》」に当《あた》れり。次《つぎ》に「修行六念《しゅぎょうろくねん》」とは、すなわち上《かみ》の第《だい》三《さん》の福《ふく》の中《なか》の第三《だいさん》の句《く》の意《こころ》なり。上品中生《じょうぼんちゅうじょう》の中《なか》に「善解義趣《ぜんげぎしゅ》」等《とう》と言《い》うは、すなわちこれ上《かみ》の第三《だいさん》の福《ふく》の中《なか》の第二第三《だいにだいさん》の意《こころ》なり。上品下生《じょうぼんげしょう》の中《なか》に「深信因果発道心《じんしんいんがほつどうしん》」等《とう》と言《い》うは、すなわちこれ上《かみ》の第三《だいさん》の福《ふく》の第一第二《だいいちだいに》の意《こころ》なり。中品上生《ちゅうぼんじょうしょう》の中《なか》に「受持五戒《じゅじごかい》」等《とう》と言《い》うは、すなわち上《かみ》の第二《だいに》の福《ふく》の中《なか》の第二《だいに》の句《く》の意《こころ》なり。中品中生《ちゅうぼんちゅうじょう》の中《なか》に「或一日一夜《わくいちにちいちや》受持八戒斎《じゅじはっかいさい》」等《とう》と言《い》うは、また上《かみ》の第二《だいに》の福《ふく》の意《こころ》に同《おな》じ。中品下生《ちゅうぼんげしょう》の中《なか》に「孝養父母行《きょうようぶもぎょう》世仁慈《せにんじ》」等《とう》と言《い》うは、すなわち上《かみ》の初《はじ》めの福《ふく》の第一第二《だいいちだいに》の句《く》の意《こころ》なり。下品上生《げほんじょうしょう》とはこれ十悪《じゅうあく》の罪人《ざいにん》なり。臨終《りんじゅう》の一念《いちねん》に罪滅《ざいめつ》して生《しょう》ずることを得《う》。下品中生《げほんちゅうじょう》はこれ破戒《はかい》の罪人《ざいにん》なり。臨終《りんじゅう》に仏《ほとけ》の依正《えしょう》の功徳《くどく》を聞《き》いて罪滅《ざいめつ》して生《しょう》ずることを得《う》。下品下生《げほんげしょう》はこれ五逆《ごぎゃく》の罪《ざい》人《にん》なり。臨終《りんじゅう》の十念《じゅうねん》に罪滅《ざいめつ》して生《しょう》ずることを得《う》。この三品《さんぼん》は尋常《じんじょう》の時《とき》ただ悪業《あくごう》を造《つく》って往生《おうじょう》を求《もと》めずといえども、臨終《りんじゅう》の時始《ときはじ》めて善知識《ぜんじしき》に遇《あ》ってすなわち往生《おうじょう》を得《う》。もし上《かみ》の三《さん》福《ぷく》に准《じゅん》ぜば第三福《だいさんぷく》の大乗《だいじょう》の意《こころ》なり。定善散善大概《じょうぜんさんぜんたいがい》かくのごとし。文《もん》にすなわち「上来雖《じょうらいすい》説定散両門之益《せつじょうさんりょうもんしやく》」と云《い》うこれなり。

次《つぎ》に念仏《ねんぶつ》とは、専《もっぱ》ら弥陀仏《みだぶつ》の名《みな》を称《しょう》するこれなり。念仏《ねんぶつ》の義常《ぎつね》のごとし。今正《いままさ》しく弥陀《みだ》の名号《みょうごう》を付属《ふぞく》して、遐代《けだい》に流通《るずう》することを明《あか》すと言《い》うは、およそこの『経《きょう》』の中《なか》にすでに広《ひろ》く定散《じょうさん》の諸行《しょぎょう》を説《と》くといえども、すなわち定散《じょうさん》を以《もっ》て阿難《あなん》に付属《ふぞく》して後世《ごせ》に流通《るずう》せしめずして、ただ念仏三昧《ねんぶつさんまい》の一行《いちぎょう》を以《もっ》てすなわち阿難《あなん》に付属《ふぞく》して遐代《けだい》に流通《るずう》せしむ。

問《と》うて曰《いわ》く、何《なん》が故《ゆえ》ぞ定散《じょうさん》の諸行《しょぎょう》を以《もっ》て付属流通《ふぞくるずう》せざるや。もしそれ業《ごう》の浅深《せんじん》に依《よ》って嫌《きら》って付属《ふぞく》せずば、三福業《さんぷくごう》の中《なか》に浅有《せんあ》り、深有《じんあ》り。その浅業《せんごう》は「孝養父母《きょうようぶも》」、「奉事師長《ぶじしちょう》」なり。その深業《じんごう》は「具足衆戒《ぐそくしゅかい》」、「発菩提心《ほつぼだいしん》」、「深信因果《じんしんいんが》」、「読誦大乗《どくじゅだいじょう》」なり。すべからく浅業《せんごう》を捨《す》てて、深業《じんごう》を付属《ふぞく》すべし。もし観《かん》の浅深《せんじん》に依《よ》って嫌《きら》って付属《ふぞく》せずば、十三観《じゅうさんがん》の中《なか》に浅有《せんあ》り、深有《じんあ》り。その浅観《せんかん》は日想水想《にっそうすいそう》これなり。その深観《じんかん》は始《はじ》め地観《じかん》より雑想観《ざっそうがん》に終《おわ》るまですべて十一観《じゅういっかん》これなり。すべからく浅観《せんかん》を捨《す》てて深観《じんかん》を付属《ふぞく》すべし。中《なか》に就《つ》いて第九《だいく》の観《かん》はこれ阿弥陀仏観《あみだぶつかん》なり。すなわちこれ観仏三昧《かんぶつさんまい》なり。すべからく十二観《じゅうにかん》を捨《す》てて、観仏三昧《かんぶつさんまい》を付属《ふぞく》すべし。中《なか》に就《つ》いて『同疏《どうしょ》』の玄義分《げんぎぶん》の中《なか》に云《いわ》く、「この『経《きょう》』

は観仏三昧《かんぶつさんまい》を宗《しゅう》と為《な》し、また念仏三昧《ねんぶつさんまい》を宗《しゅう》と為《な》す」と。すでに二行《にぎょう》を以《もっ》て一経《いっきょう》の宗《しゅう》と為《な》す。何《なん》ぞ観仏三昧《かんぶつさんまい》を廃《はい》して念仏三昧《ねんぶつさんまい》を付属《ふぞく》するや。答《こた》えて曰《いわ》く、「仏《ほとけ》の本願《ほんがん》に望《のぞ》むるに、意《こころ》衆生《しゅじょう》をして一向《いっこう》に専《もっぱ》ら弥陀仏《みだぶつ》の名《みな》を称《しょう》せしむるに在《あ》り」と云《い》う。定散《じょうさん》の諸行《しょぎょう》は本願《ほんがん》に非《あら》ざるが故《ゆえ》にこれを付属《ふぞく》せず。またその中《なか》において、観仏三昧《かんぶつさんまい》は殊勝《しゅしょう》の行《ぎょう》なりといえども仏《ほとけ》の本願《ほんがん》に非《あら》ず。故《ゆえ》に付属《ふぞく》せず。念仏三昧《ねんぶつさんまい》はこれ仏《ほとけ》の本願《ほんがん》なり。故《ゆえ》に以《もっ》てこれを付属《ふぞく》す。「望《もう》仏本願《ぶつほんがん》」と言《い》うは、『双巻経《そうかんぎょう》』の四十八願《しじゅうはちがん》の中《なか》の第十八願《だいじゅうはちがん》を指《さ》す。「一向専称《いっこうせんしょう》」と言《い》うは、『同経《どうきょう》』の三輩《さんぱい》の中《なか》の「一向専念《いっこうせんねん》」を指《さ》す。本願《ほんがん》の義《ぎ》つぶさには前《さき》に弁《べん》ずるがごとし。問《と》うて曰《いわ》く、もし爾《しか》らば何《なん》が故《ゆえ》ぞ直《じき》に本願念仏《ほんがんねんぶつ》の行《ぎょう》を説《と》かずして、煩《わずら》わしく非本願《ひほんがん》の定散《じょうさん》諸善《しょぜん》を説《と》くや。答《こた》えて曰《いわ》く、本願念仏《ほんがんねんぶつ》の行《ぎょう》は『双巻経《そうかんぎょう》』の中《なか》に委《くわし》くすでにこれを説《と》く。故《ゆえ》に重《かさ》ねて説《と》かざるのみ。また定散《じょうさん》を説《と》くことは、念仏《ねんぶつ》の余善《よぜん》に超過《ちょうか》することを顕《あらわ》さんが為《ため》なり。もし定散無《じょうさんな》くば、何《なん》ぞ念仏《ねんぶつ》の特《ひと》り秀《ひい》でたることを顕《あらわ》さん。例《れい》せば法華《ほっけ》の三説《さんせつ》の上《かみ》に秀《ひい》でたるがごとし。もし三説無《さんせつな》くんば何《なん》ぞ法華《ほっけ》の第一《だいいち》なることを顕《あらわ》さん。故《ゆえ》に今定《いまじょう》散《さん》は廃《はい》の為《ため》にしかも説《と》き、念仏三昧《ねんぶつさんまい》は立《りゅう》せんが為《ため》にしかも説《と》く。

ただし定散《じょうさん》の諸善皆用《しょぜんみなもっ》て測《はか》り難《がた》し。およそ定善《じょうぜん》とはそれ依正《えしょう》の観《かん》、鏡《かがみ》を懸《か》けて照臨《しょうりん》し、往生《おうじょう》の願《がん》、掌《たなごころ》を指《さ》して速疾《そくしつ》なり。あるいは一観《いっかん》の力能《ちからよ》く多劫《たこう》の罪愆《ざいけん》を祛《しりぞ》け、あるいは具憶《ぐおく》の功《く》、ついに三昧《さんまい》の勝利《しょうり》を得《う》。然《しか》ればすなわち往生《おうじょう》を求《もと》めん人《ひと》、宜《よろ》しく定観《じょうかん》を修行《しゅぎょう》すべし。中《なか》に就《つ》いて第九《だいく》の真身観《しんじんがん》は、これ観仏三昧《かんぶつさんまい》の法《ほう》なり。行《ぎょう》もし成就《じょうじゅ》すればすなわち弥陀《みだ》の身《しん》を見《み》る。弥陀《みだ》を見《み》るが故《ゆえ》に諸仏《しょぶつ》を見《み》ることを得《う》。諸仏《しょぶつ》を見《み》るが故《ゆえ》に、現前《げんぜん》に授記《じゅき》せらる。この観《かん》の利益《りやく》最《もっと》も甚深《じんじん》なり。然《しか》るに今《いま》『観経《かんぎょう》』の流通分《るづうぶん》に至《いた》って、釈迦如《しゃかにょ》来《らい》、阿難《あなん》に告命《ごうみょう》して往生《おうじょう》の要法《ようぼう》を付属《ふぞく》し流通《るずう》せしむるに因《よ》って、観仏《かんぶつ》の法《ほう》を嫌《きら》って、なお阿難《あなん》に付属《ふぞく》せず、念仏《ねんぶつ》の法《ほう》を選《えら》んで、すなわち以《もっ》て阿難《あなん》に付属《ふぞく》す。観仏三昧《かんぶつさんまい》の法《ほう》なお以《もっ》て付属《ふぞく》せず。何《いか》にいわんや日想水想等《にっそうすいそうとう》の観《かん》においてをや。然《しか》ればすなわち十三定観《じゅうさんじょうかん》は皆以《みなもっ》て付属《ふぞく》せざる所《ところ》の行《ぎょう》なり。然《しか》るに世人《せにん》もし観仏等《かんぶつとう》を楽《ねが》って、念仏《ねんぶつ》を修《しゅ》せざるは、これ遠《とお》く阿弥陀《みだ》の本願《ほんがん》に乖《そむ》くのみに非《あら》ず。またこれ近《ちか》くは釈尊《しゃくそん》の付属《ふぞく》に違《い》す。行者宜《ぎょうじゃよろ》しく商量《しょうりょう》すべし。

次《つぎ》に散善《さんぜん》の中《なか》に大小持戒《だいしょうじかい》の行有《ぎょうあ》り。世皆以為《よみなおもえ》らく、持戒《じかい》の行《ぎょう》はこれ入真《にゅうしん》の要《よう》なり。破戒《はかい》の者《もの》は往生《おうじょう》すべからずと。また菩提心《ぼだいしん》の行有《ぎょうあ》り。人皆以為《ひとみなおもえ》らく菩提心《ぼだいしん》はこれ浄土《じょうど》の綱要《こうよう》なり。もし菩提心無《ぼだいしんな》き者《もの》はすなわち往生《おうじょう》すべからずと。また解第一義《げだいいちぎ》の行有《ぎょうあ》り。これはこれ理観《りかん》なり。人《ひと》また以為《おもえ》らく、理《り》はこれ仏《ほとけ》の源《みなもと》なり。理《り》を離《はな》れては仏土《ぶつど》を求《もと》むべからず。もし理観無《りかんな》き者《もの》は往生《おうじょう》すべからずと。また読誦大乗《どくじゅだいじょう》の行有《ぎょうあ》り。人皆以為《ひとみなおもえ》らく、大乗経《だいじょうぎょう》を読誦《どくじゅ》せば、すなわち往生《おうじょう》すべし。もし読誦《どくじゅ》の行《ぎょう》無《な》き者《もの》は往生《おうじょう》すべからずと。これに就《つ》いて二《ふた》有《あ》り。一《ひとつ》には持経《じきょう》、二《ふたつ》には持呪《じしゅ》なり。持経《じきょう》とは『般若《はんにゃ》』・『法華《ほっけ》』等《とう》の諸大《しょだい》乗経《じょうぎょう》を持《じ》するなり。持呪《じしゅ》とは『随求《ずいぐ》』・『尊勝《そんじょう》』・『光明《こうみょう》』・『阿弥陀《あみだ》』等《とう》の諸《もろもろ》の神呪《じんじゅ》を持《じ》するなり。およそ散善《さんぜん》の十一人《じゅういちにん》、皆貴《みなたっと》しといえども、しかもその中《なか》においてこの四箇《しか》の行《ぎょう》は当世《とうせい》の人《ひと》、殊《こと》に欲《ほっ》する所《ところ》の行《ぎょう》なり。これらの行《ぎょう》を以《もっ》て、殆《ほとん》ど念仏《ねんぶつ》を抑《おさ》う。つらつら『経《きょう》』の意《こころ》を尋《たず》ねれば、この諸行《しょぎょう》を以《もっ》て付属《ふぞく》し流通《るずう》せず。ただ念仏《ねんぶつ》の一行《いちぎょう》を以《もっ》てすなわち後世《ごせ》に付属《ふぞく》し流通《るずう》せしむ。まさに知《し》るべし、釈尊諸行《しゃくそんしょぎょう》を付属《ふぞく》したまわざる所以《ゆえ》は、すなわちこれ弥陀《みだ》の本願《ほんがん》に非《あら》ざるが故《ゆえ》なり。また念仏《ねんぶつ》を付属《ふぞく》したまう所以《ゆえ》は、すなわちこれ弥陀《みだ》の本願《ほんがん》なるが故《ゆえ》なり。今《いま》また善導和尚《ぜんどうかしょう》諸行《しょぎょう》を廃《はい》して念仏《ねんぶつ》に帰《き》せしむる所以《ゆえ》は、すなわち弥陀《みだ》の本願《ほんがん》たるの上《うえ》、またこれ釈尊付属《しゃくそんふぞく》の行《ぎょう》なればなり。故《ゆえ》に知《し》んぬ。諸行《しょぎょう》は機《き》に非《あら》ず、時《とき》を失《うしな》えり。念仏往生《ねんぶつおうじょう》は機《き》に当《あた》り、時《とき》を得《え》たり。感応《かんのう》あに唐捐《とうえん》ならんや。まさに知《し》るべし。随他《ずいた》の前《まえ》には暫《しばら》く定散《じょうさん》の門《もん》を開《ひら》くといえども、随自《ずいじ》の後《あと》には還《かえ》って定散《じょうさん》の門《もん》を閉《と》づ。一《ひと》たび開《ひら》いて以後《いご》永《なが》く閉《と》じざるはただこれ念仏《ねんぶつ》の一門《いちもん》なり。弥陀《みだ》の本願《ほんがん》、釈尊《しゃくそん》の付属《ふぞく》、意《こころ》ここに在《あ》り、行者《ぎょうじゃ》まさに知《し》るべし。またこの中《なか》に遐代《けだい》とは、『双巻経《そうかんぎょう》』の意《こころ》に依《よ》るに、遠《とお》く末法万年《まっぽうまんねん》の後《のち》の百歳《ひゃくさい》の時《とき》を指《さ》す。これすなわち遐《とお》きを挙《あ》げて邇《ちか》きを摂《せっ》する。然《しか》れば法滅《ほうめつ》の後《のち》、なお以《もっ》て然《しか》なり。何《いか》にいわんや末法《まっぽう》をや。末法《まっぽう》すでに然《しか》り。何《いか》にいわんや正法像法《しょうぼうぞうぼう》をや。故《ゆえ》に知《し》んぬ、念仏往生《ねんぶつおうじょう》の道《みち》は正像末《しょうぞうまつ》の三時《さんじ》および法滅百歳《ほうめつひゃくさい》の時《とき》に通《つう》ずということを。

第十三章

標章 念仏《ねんぶつ》を以《もっ》て多善根《たぜんごん》と為《な》し、雑善《ぞうぜん》を以《もっ》て少 善根《しょうぜんごん》と為《な》すの文《もん》。

引文第一 『阿弥陀経《あみだきょう》』に云《のたま》わく、少 善根福徳《しょうぜんごんふくとく》の因縁《いんねん》を以《もっ》て、彼《か》の国《くに》に生《しょう》ずることを得《う》べからず。舎利弗《しゃりほつ》、もし善男子《ぜんなんし》、善女人《ぜんにょにん》有《あ》って、阿弥陀仏《あみだぶつ》を説《と》くを聞《き》いて、名 号《みょうごう》を執持《しゅうじ》すること、もしは一日《いちにち》、もしは二日《ににち》、もしは三日《さんにち》、もしは四日《しにち》、もしは五日《ごにち》、もしは六日《ろくにち》、もしは七日《しちにち》、一心不乱《いっしんふらん》なれば、その人命終《ひとみょうじゅう》の時《とき》に臨《のぞ》んで、阿弥陀仏《あみだぶつ》諸《もろもろ》の聖 衆《しょうじゅう》とともに、その前《まえ》に現在《げんざい》したまう。この人終《ひとおわ》る時《とき》、心 顛倒《こころてんどう》せずして、すなわち阿弥陀仏《あみだぶつ》の極楽国土《ごくらくこくど》に往生《おうじょう》することを得《う》。

引文第二 善導《ぜんどう》この文《もん》を釈《しゃく》して云《いわ》く、極楽《ごくらく》は無為涅槃《むいねはん》の界《かい》なれば、随縁《ずいえん》の雑善恐《ぞうぜんおそ》らくは生《しょう》じ難《がた》し。故《ゆえ》に如来要法《にょらいようぼう》を選《えら》んで、教《おし》えて弥陀《みだ》を念《ねん》ずること、専《せん》にしてまた専《せん》ならしむ。七日七夜《しちにちしちや》、心無間《しんむけん》に長 時《じょうじ》の起行《ぎぎょう》もますます皆然《みなしか》なり。臨終《りんじゅう》に聖 衆《しょうじゅう》、華《はな》を持《じ》して現《げん》ず。身《しん》心踊躍《じんゆやく》して金蓮《こんれん》に坐《ざ》す。坐《ざ》する時《とき》すなわち無生 忍《むしょうにん》を得《う》。一念《いちねん》に迎将《こうしょう》して仏前《ぶつぜん》に至《いた》る。法《ほう》侶《りょ》、衣《ころも》を将《もっ》て競《きそ》い来《きた》って著《ちゃく》せしむ。不退《ふたい》を証得《しょうどく》して、三賢《さんげん》に入《い》る。

【私釈】私《わたくし》に云《いわ》く、「少善根福徳《しょうぜんごんふくとく》の因縁《いんねん》を以《もっ》て、彼《か》の国《くに》に生《しょう》ずることを得《う》べからず」とは、諸余《しょよ》の雑行《ぞうぎょう》は、彼《か》の国《くに》に生《しょう》じ難《がた》し。故《ゆえ》に随縁《ずいえん》の雑善《ぞうぜん》は、恐《おそ》らくは生《しょう》じ難《がた》しと云《い》う。少《しょう》善根《ぜんごん》とは、多善根《たぜんごん》に対《たい》する言《ごん》なり。然《しか》ればすなわち雑善《ぞうぜん》はこれ少善根《しょうぜんごん》なり。念仏《ねんぶつ》はこれ多善根《たぜんごん》なり。故《ゆえ》に『龍舒《りゅうじょ》の浄土文《じょうどもん》』に云《いわ》く、「襄陽《じょうよう》の石《いし》に刻《きざ》む『阿弥陀経《あみだきょう》』は、すなわち隋《ずい》の陳仁稜《ちんじんりょう》が書《か》ける所《ところ》、字画清婉《じかくしょうおん》にして人多《ひとおお》く慕玩《ぼがん》す。一心不乱《いっしんふらん》より下《しも》に、専《もっぱ》ら名号《みょうごう》を持《じ》すれば、名《みな》を称《しょう》するを以《もっ》ての故《ゆえ》に諸罪消滅《しょざいしょうめつ》す。すなわちこれ多善根福徳《たぜんごんふくとく》の因縁《いんねん》なりと云《い》えり。今世《こんぜ》に伝《つた》える本《ほん》、この二十一字《にじゅういちじ》を脱《だっ》す」。已上

ただ多少《たしょう》の義有《ぎあ》るのみに非《あら》ず。また大小《だいしょう》の義有《ぎあ》り。謂《いわ》く雑善《ぞうぜん》はこれ小善根《しょうぜんごん》なり。念仏《ねんぶつ》はこれ大善根《だいぜんごん》なり。また勝劣《しょうれつ》の義有《ぎあ》り。謂《いわ》く雑善《ぞうぜん》はこれ劣善根《れつぜんごん》なり。念仏《ねんぶつ》はこれ勝善根《しょうぜんごん》なり。その義《ぎ》まさに知《し》るべし。

第十四章

標章 六方恒沙《ろっぽうごうじゃ》の諸仏余行《しょぶつよぎょう》を証誠《しょうじょう》せず、ただ念仏《ねんぶつ》を証誠《しょうじょう》したまうの文《もん》。

引文第一 善導《ぜんどう》の『観念法門《かんねんほうもん》』に云《いわ》く、また『弥陀経《みだきょう》』に云《い》うがごとき、六方《ろっぽう》に各《おのおの》恒河《ごうが》沙等《しゃとう》の諸仏《しょぶつ》有《ましま》して、皆舌《みなした》を舒《の》べて遍《あまね》く三千世界《さんぜんせかい》に覆《おお》って、誠実《じょうじつ》の言《ごん》を説《と》きたまう。もしは仏《ぶつ》の在世《ざいせ》、もしは仏《ぶつ》の滅後《めつご》の一切造罪《いっさいぞうざい》の凡夫《ぼんぶ》、ただ回心《えしん》して阿弥陀仏《あみだぶつ》を念《ねん》じて、浄土《じょうど》に生《しょう》ぜんと願《がん》ずれば、上百年《かみひゃくねん》を尽《つく》し、下七日一日十声三声一声《しもしちにちいちにちじっしょうさんしょういっしょう》等《とう》に至《いた》るまで、命《いのち》終《お》わらんと欲《ほっ》する時《とき》、仏聖衆《ほとけしょうじゅう》とともに、自《みずか》ら来《きた》って迎接《こうじょう》し、すなわち往生《おうじょう》を得《え》せしむ。上《かみ》のごときの六方等《ろっぽうとう》の仏《ほとけ》の舒舌《じょぜつ》は、定《さだ》んで凡夫《ぼんぶ》の為《ため》に証《しょう》を作《な》し、罪滅《ざいめつ》して生《しょう》ずることを得《え》せしむ。もしこの証《しょう》に依《よ》って生《しょう》ずることを得《え》ざれば、六方諸仏《ろっぽうしょぶつ》の舒舌《じょぜつ》、一《ひと》たび口《くち》を出《い》でて已《い》後《ご》、ついに口《くち》に還《かえ》り入《い》らずして、自然《じねん》に壊爛《えらん》せんとなり。

引文第二 同《おな》じく『往生礼讃《おうじょうらいさん》』に『阿弥陀経《あみだきょう》』を引《ひ》いて云《いわ》く、東方《とうぼう》に恒河沙《ごうがしゃ》のごとき等《とう》の諸仏《しょぶつ》、南西北方《なんざいほっぽう》および上下《じょうげ》一一《いちいち》の方《ほう》に恒河沙《ごうがしゃ》のごとき等《とう》の諸仏《しょぶつ》、各《おのおの》本国《ほんごく》において、その舌相《ぜっそう》を出《いだ》して、遍《あまね》く三千大千世界《さんぜんだいせんせかい》に覆《おお》って、誠実《じょうじつ》の言《ごん》を説《と》きたまう。汝等《なんじら》衆生《しゅじょう》皆《みな》まさにこの一切諸仏所護念経《いっさいしょぶつしょごねんぎょう》を信《しん》ずべし。云何《いかん》が護念《ごねん》と名《な》づく。もし衆生《しゅじょう》有《あ》って、阿弥陀仏《あみだぶつ》を称念《しょうねん》すること、もしは七日《しちにち》および一日《いちにち》、下十声《しもじっしょう》乃至《ないし》一声《いっしょう》一念《いちねん》等《とう》に至《いた》るまで必《かなら》ず往生《おうじょう》を得《う》。この事《じ》を証誠《しょうじょう》す。故《ゆえ》に『護念経《ごねんぎょう》』と名《な》づく。

引文第三　また云《いわ》く、六方《ろっぽう》の如来《にょらい》、舌《した》を舒《の》べて証《しょう》す。専《もっぱ》ら名号《みょうごう》を称《しょう》すれば、西方《さいほう》に至《いた》る。かしこに到《いた》って華開《はなひら》いて妙法《みょうほう》を聞《き》けば、十地《じゅうじ》の願行《がんぎょう》自然《じねん》に彰《あら》わる。

引文第四　同《おな》じく『観経《かんぎょう》の疏《しょ》』に『阿弥陀経《あみだきょう》』を引《ひ》いて云《いわ》く、また十方《じっぽう》の仏等《ぶっとう》、衆生《しゅじょう》の釈迦一仏《しゃかいちぶつ》の所説《しょせつ》を信《しん》ぜざらんことを恐畏《きょうい》して、すなわちともに同心同時《どうしんどうじ》に、各《おのおの》舌相《ぜっそう》を出《いだ》して、遍《あまね》く三千世界《さんぜんせかい》に覆《おお》って、誠実《じょうじつ》の言《ごん》を説《と》きたまう。汝等《なんじら》衆生《しゅじょう》、皆《みな》まさにこの釈迦《しゃか》の所説《しょせつ》・所讃《しょさん》・所証《しょしょう》を信《しん》ずべし。一切《いっさい》の凡夫《ぼんぶ》、罪福《ざいふく》の多少《たしょう》、時節《じせつ》の久近《くごん》を問《と》わず、ただ能《よ》く上百年《かみひゃくねん》を尽《つく》し、下一日七日《しもいちにちしちにち》に至《いた》るまで、一心《いっしん》に専《もっぱ》ら弥陀《みだ》の名号《みょうごう》を念《ねん》ずれば、定《さだ》んで往生《おうじょう》を得《う》、必《かなら》ず疑《うたが》い無《な》しと。

引文第五　同《おな》じく『法事讃《ほうじさん》』に云《いわ》く、心心念仏《しんじんねんぶつ》して疑《うたが》いを生《しょう》ずること莫《なか》れ。六方《ろっぽう》の如来《にょらい》、不虚《ふこ》を証《しょう》す。三業専心《さんごうせんじん》にして雑乱《ぞうらん》無《な》ければ、百宝《ひゃっぽう》の蓮華《れんげ》、時《とき》に応《おう》じて見《あら》わる。

引文第六　法照禅師《ほっしょうぜんじ》の『浄土五会法事讃《じょうどごえほうじさん》』に云《いわ》く万行《まんぎょう》の中《なか》に急要《きゅうよう》たり迅速《じんそく》なること、

浄土《じょうど》門《もん》に過《す》ぎたるは無《な》し。ただ本師金口《ほんじこんく》の説《せつ》のみにあらず。十方《じっぽう》の諸仏《しょぶつ》、ともに伝証《でんしょう》す。

私釈 私《わたくし》に問《と》うて曰《いわ》く、何《なん》が故《ゆえ》ぞ六方《ろっぽう》の諸仏《しょぶつ》の証誠《しょうじょう》、ただ念仏《ねんぶつ》の一行《いちぎょう》に局《かぎ》るや。答《こた》えて曰《いわ》く、もし善導《ぜんどう》の意《こころ》に依《よ》れば、念仏《ねんぶつ》はこれ弥陀《みだ》の本願《ほんがん》なり。故《ゆえ》にこれを証誠《しょうじょう》す。余行《よぎょう》は爾《しか》らず、故《ゆえ》にこれ無《な》し。

問《と》うて曰《いわ》く、もし本願《ほんがん》に依《よ》って念仏《ねんぶつ》を証誠《しょうじょう》せば、『双巻《そうかん》』、『観経《かんぎょう》』等《とう》に念仏《ねんぶつ》を説《と》く時《とき》、何《なん》ぞ証誠《しょうじょう》せざるや。答《こた》えて曰《いわ》く、解《げ》するに二義《にぎ》有《あ》り。一《ひとつ》に解《げ》して云《いわ》く、『双巻《そうかん》』、『観経《かんぎょう》』等《とう》の中《なか》に、本願念仏《ほんがんねんぶつ》を説《と》くといえども、兼《か》ねて余行《よぎょう》を明《あか》す。故《ゆえ》に証誠《しょうじょう》せず。この『経《きょう》』の中《なか》には一向《いっこう》に純《もっぱ》ら念仏《ねんぶつ》を説《と》く。故《ゆえ》にこれを証誠《しょうじょう》す。二《ふたつ》に解《げ》して云《いわ》く、彼《か》の『双巻《そうかん》』等《とう》の中《なか》に、証誠《しょうじょう》の言《ごん》無《な》しといえども、この『経《きょう》』すでに証誠《しょうじょう》有《あ》り。これに例《れい》して彼《か》れを思《おも》うに、彼等《かれら》の『経《きょう》』の中《なか》において説《と》く所《ところ》の念仏《ねんぶつ》、またまさに証誠《しょうじょう》の義《ぎ》有《あ》るべし。文《もん》はこの『経《きょう》』に在《あ》りといえども、義《ぎ》は彼《か》の『経《きょう》』に通《つう》ず。故《ゆえ》に天台《てんだい》の『十疑論《じゅうぎろん》』に云《いわ》く、「また『阿弥陀経《あみだきょう》』・『大無量寿経《だいむりょうじゅきょう》』・『鼓音声陀羅尼経《くおんじょうだらにきょう》』等《とう》に云《のたま》わく、釈迦仏《しゃかぶつ》、この経《きょう》を説《と》きたまう時《とき》に、皆十方世界《みなじっぽうせかい》に各《おのおの》恒沙諸仏《ごうしゃしょぶつ》の有《まし》まして、その舌相《ぜっそう》を舒《の》べて、遍《あまね》く三千世界《さんぜんせかい》に覆《おお》って、一切衆生《いっさいしゅじょう》、阿弥陀仏《あみだぶつ》を念《ねん》ずれば、仏《ほとけ》の大悲本願力《だいひほんがんりき》に乗《じょう》ずるが故《ゆえ》に、決定《けつじょう》して極《ごく》楽世界《らくせかい》に生《しょう》ずることを得《う》と証誠《しょうじょう》す」。

第十五章

標章　六方《ろっぽう》の諸仏念仏《しょぶつねんぶつ》の行者《ぎょうじゃ》を護念《ごねん》したまうの文《もん》。

引文第一　『観念法門《かんねんほうもん》』に云《いわ》く、また『弥陀経《みだきょう》』に説《と》くがごとき、もし男子女人《なんしにょにん》有《あ》って、七日七夜《しちにちしちや》および一生《いっしょう》を尽《つ》して、一心《いっしん》に専《もっぱ》ら阿弥陀仏《あみだぶつ》を念《ねん》じて往生《おうじょう》を願《がん》ずれば、この人常《ひとつね》に六方恒河沙等《ろっぽうごうがしゃとう》の仏《ほとけ》、ともに来《きた》って護念《ごねん》したまうことを得《う》るが故《ゆえ》に『護念経《ごねんぎょう》』と名《な》づく。『護念経《ごねんぎょう》』という意《こころ》は、また諸悪鬼神《しょあくきじん》をして便《たより》を得《え》せしめず。また横病《おうびょう》横死《おうし》、横《おう》に厄難《やくなん》有《あ》ること無《な》く、一切《いっさい》の災障《さいしょう》、自然《じねん》に消散《しょうさん》す。不至心《ふししん》を除《のぞ》く。

引文第二　『往生礼讃《おうじょうらいさん》』に云《いわ》く、もし仏《ほとけ》を称《しょう》して往生《おうじょう》する者《もの》は、常《つね》に六方恒河沙等《ろっぽうごうがしゃとう》の諸《しょ》仏《ぶつ》の為《ため》に護念《ごねん》せらるるが故《ゆえ》に『護念経《ごねんぎょう》』と名《な》づく。今《いま》すでにこの増上《ぞうじょう》の誓願《せいがん》の憑《たの》むべき有《あ》り。諸《もろく》の仏子等《ぶつしとう》、何《なん》ぞ意《こころ》を励《はげ》まして去《さ》らざるや。

私釈　私《わたくし》に問《と》うて曰《いわ》く、ただ六方《ろっぽう》の如来《にょらい》のみ有《あ》って、行者《ぎょうじゃ》を護念《ごねん》するや如何《いかん》。答《こた》えて曰《いわ》く、六方《ろっぽう》の如来《にょらい》に限《かぎ》らず、弥陀《みだ》、観音等《かんのんとう》、また来《きた》って護念《ごねん》したまう。故《ゆえ》に『往生礼讃《おうじょうらいさん》』に云《いわ》く、「『十往生経《じゅうおうじょうきょう》』に云《いわ》く、もし衆生有《しゅじょうあ》って、阿弥陀仏《あみだぶつ》を念《ねん》じて往生《おうじょう》を願《がん》ずれば、彼《か》の仏《ほとけ》すなわち二十五《にじゅうご》の菩薩《ぼさつ》を遣《つかわ》して、行者《ぎょうじゃ》を擁護《ようご》せしむ。もしは行《ぎょう》、もしは坐《ざ》、もしは住《じゅう》、もしは臥《が》、もしは昼《ちゅう》、もしは夜《や》、一切《いっさい》の時《じ》、一切《いっさい》の処《しょ》に、悪鬼悪神《あくきあくじん》をしてその便《たより》を得《え》せしめず。また『観経《かんぎょう》』に云《い》うがごとき、もし阿弥陀仏《あみだぶつ》を称礼念《しょうらいねん》じて彼《か》の国《くに》に往生《おうじょう》せんと願《がん》ずれば、彼《か》の仏《ほとけ》すなわち無数《むしゅ》の化仏《けぶつ》、無数《むしゅ》の化観音勢至菩薩《けかんのんせいしぼさつ》を遣《つかわ》して、行者《ぎょうじゃ》を護念《ごねん》す。また前《さき》の二十五《にじゅうご》の菩薩等《ぼさつとう》とともに、百重千重《ひゃくじゅうせんじゅう》に行者《ぎょうじゃ》を囲繞《いにょう》して、行住坐臥《ぎょうじゅうざが》、一切《いっさい》の時処《じしょ》を問《と》わず、もしは昼《ちゅう》、もしは夜《や》、常《つね》に行者《ぎょうじゃ》を離《はな》れたまわず。今《いま》すでにこの勝益《しょうやく》の憑《たの》むべき有《あ》り。願《ねが》わくは諸《もろ》の行者《ぎょうじゃ》、各《おのおの》すべからく至心《ししん》に往《ゆ》くことを求《もと》むべし」。また『観念法門《かんねんほうもん》』に云《いわ》く、「また『観経《かんぎょう》』の下《しも》の文《もん》のごとき、もし人有《ひとあ》って、至心《ししん》に常《つね》に阿弥陀仏《あみだぶつ》および二菩薩《にぼさつ》を念《ねん》ずれば、観音勢至《かんのんせいし》、常《つね》に行人《ぎょうにん》の与《ため》に勝友知識《しょうゆうちしき》と作《な》って随逐影護《ずいちくようご》す」。また云《いわ》く、「また『般舟三昧経《はんじゅさんまいきょう》』の行品《ぎょうほん》の中《なか》に説《と》いて云《い》うがごとく、仏《ほとけ》の言《のたま》わく、もし人専《ひともっぱ》らこの念弥陀仏三昧《ねんみだぶつさんまい》を行《ぎょう》ずれば、常《つね》に一切《いっさい》の諸天《しょてん》および四天大王《してんだいおう》、龍神八部《りゅうじんはちぶ》、随逐影護《ずいちくようご》し、愛楽相見《あいぎょうそうけん》することを得《え》て、永《なが》く諸《もろ》の悪鬼神《あくきじん》・災障厄難《さいしょうやくなん》、横《おう》に悩乱《のうらん》を加《くわ》えること無《な》し。つぶさには護持品《ごじほん》の中《なか》に説《と》くがごとし」。また云《いわ》く、「三昧《さんまい》の道場《どうじょう》に入《い》るを除《のぞ》いて、日別《にちべつ》に弥陀仏《みだぶつ》を念《ねん》ずること一万《いちまん》して、畢命《ひつみよう》相続《そうぞく》する者《もの》は、すなわち弥陀《みだ》の加念《かねん》を蒙《こうむ》り、罪障《ざいしよう》を除《のぞ》くことを得《う》。また仏《ほとけ》と聖衆《しようじゆう》と、常《つね》に来《きた》って護念《ごねん》したまうことを蒙《こうむ》る。すでに護念《ごねん》を蒙《こうむ》れば、すなわち延年転寿《えんねんてんじゆ》を得《う》」。

第十六章

標章　釈迦《しゃか》如来《にょらい》弥陀《みだ》の名号《みょうごう》を以《もっ》て慇懃《おんごん》に舎利弗《しゃりほつ》等《とう》に付属《ふぞく》したまうの文《もん》。

引文第一　『阿弥陀経《あみだきょう》』に云《のたま》わく、仏《ほとけ》この『経《きょう》』を説《と》き已《おわ》りたまうに、舎利弗《しゃりほつ》および諸《もろく》の比丘《びく》、一切世間《いっさいせけん》の天人阿修羅《てんにんあしゅら》等《とう》、仏《ほとけ》の所説《しょせつ》を聞《き》いて観喜信受《かんぎしんじゅ》し、礼《らい》を作《な》して去《さ》りぬ。

引文第二　善導《ぜんどう》の『法事讃《ほうじさん》』に、この文《もん》を釈《しゃく》して云《いわ》く、世尊説法《せそんせっぽう》の時《とき》まさに了《おわ》らんとす。慇懃《おんごん》に弥陀《みだ》の名《みな》を付属《ふぞく》したまう。五濁《ごじょく》増《ぞう》の時《とき》、疑謗《ぎほう》多《おお》く、道俗《どうぞく》相《あ》い嫌《きら》って聞《き》くことを用《もち》いず。修行《しゅぎょう》すること有《あ》るを見《み》ては、瞋毒《しんどく》を起《おこ》し、方便破壊《ほうべんはえ》して競《きそ》って怨《あだ》を生《しょう》ず。かくのごときの生盲闡提《しょうもうせんだい》の輩《ともがら》、頓教《とんぎょう》を毀滅《きめつ》して永《なが》く沈淪《ちんりん》せん。大地微塵劫《だいじみじんごう》を超過《ちょうか》すとも、いまだ三途《さんず》の身《み》を離《はな》れることを得《う》べからず。大衆同心《だいしゅうどうしん》に、皆所有《みなあらゆ》る破法罪《はほうざい》の因縁《いんねん》を懺悔《さんげ》せよ。

私釈　私《わたくし》に云《いわ》く、およそ三経《さんぎょう》の意《こころ》を案《あん》ずるに、諸行《しょぎょう》の中《なか》に念仏《ねんぶつ》を選択《せんちゃく》して以《もっ》て旨帰《しき》と為《な》す。まず『双巻経《そうかんぎょう》』の中《なか》に三《みっ》の選択《せんちゃく》有《あ》り。一《ひとつ》には選択本願《せんちゃくほんがん》、二《ふたつ》には選択讃歎《せんちゃくさんだん》、三《みっ》には選択《せんちゃく》留教《るきょう》なり。一《ひとつ》に選択《せんちゃく》本願《ほんがん》とは、念仏《ねんぶつ》はこれ法蔵比丘《ほうぞうびく》、二百《にひゃく》一十億《いちじゅうおく》の中《なか》において、選択《せんちゃく》したまう所《ところ》の往生《おうじょう》の行《ぎょう》なり。細《くわ》しき旨《むね》上《かみ》に見《み》えたり。故《ゆえ》に選択《せんちゃく》本願《ほんがん》と云《い》う。二《ふたつ》に選択《せんちゃく》讃歎《さんだん》とは、上《かみ》の三輩《さんぱい》の中《なか》に菩提心等《ぼだいしんとう》の余行《よぎょう》を挙《あ》ぐといえども、釈迦《しゃか》すなわち余行《よぎょう》を讃歎《さんだん》せず、ただ念仏《ねんぶつ》において、讃歎《さんだん》して無上《むじょう》功徳《くどく》と云《い》う。故《ゆえ》に選択《せんちゃく》讃歎《さんだん》と云《い》う。三《みつ》に選択《せんちゃく》留教《るきょう》とは、また上《かみ》に余行《よぎょう》諸善《しょぜん》を挙《あ》ぐといえども、釈迦《しゃか》選択《せんちゃく》して、ただ念仏《ねんぶつ》の一法《いっぽう》を留《とど》む。故《ゆえ》に選択《せんちゃく》留教《るきょう》と云《い》う。

次《つぎ》に『観経《かんぎょう》』の中《なか》にまた三《みつ》の選択《せんちゃく》有《あ》り。一《ひとつ》には選択《せんちゃく》摂取《せっしゅ》、二《ふたつ》には選択《せんちゃく》化讃《けさん》、三《みつ》には選択《せんちゃく》付属《ふぞく》なり。一《ひとつ》に選択《せんちゃく》摂取《せっしゅ》とは、『観経《かんぎょう》』の中《なか》に定《じょう》散《さん》の諸行《しょぎょう》を説《と》くといえども、弥陀《みだ》の光明《こうみょう》ただ念仏《ねんぶつ》の衆生《しゅじょう》を照《てら》して、摂取《せっしゅ》して捨《す》てたまわず。故《ゆえ》に選択《せんちゃく》摂取《せっしゅ》と云《い》う。二《ふたつ》に選択《せんちゃく》化讃《けさん》とは、下品上生《げほんじょうしょう》の人《ひと》、聞経《もんぎょう》と称《しょう》仏《ぶつ》との二行《にぎょう》有《あ》りといえども、弥陀《みだ》の化仏《けぶつ》、念仏《ねんぶつ》を選択《せんちゃく》して、「汝《なんじ》、仏名《ぶつみょう》を称《しょう》するが故《ゆえ》に諸罪消《しょざいしょう》滅《めつ》す、我《わ》れ来《きた》って汝《なんじ》を迎《むか》う」と云《い》う。故《ゆえ》に選択《せんちゃく》化讃《けさん》と云《い》う。三《みつ》に選択《せんちゃく》付属《ふぞく》とは、また定《じょう》散《さん》の諸行《しょぎょう》を明《あか》すといえども、ただ独《ひと》り念仏《ねんぶつ》の一行《いちぎょう》を付属《ふぞく》す。故《ゆえ》に選択《せんちゃく》付属《ふぞく》と云《い》う。

次《つぎ》に『阿弥陀経《あみだきょう》』の中《なか》に一《ひとつ》の選択《せんちゃく》有《あ》り。いわゆる選択《せんちゃく》証誠《しょうじょう》なり。すでに諸経《しょきょう》の中《なか》において、多《おお》く往生《おうじょう》の諸行《しょぎょう》を説《と》くといえども、六方《ろっぽう》の諸仏《しょぶつ》、彼《か》の諸行《しょぎょう》において証誠《しょうじょう》せず。

この『経《きょう》』の中《なか》に念仏往生《ねんぶつおうじょう》を説《と》きたまうに至《いた》って、六方恒沙《ろっぽうごうじゃ》の諸仏《しょぶつ》、各《おのおの》舌《した》を舒《の》べて大千《だいせん》に覆《おお》い、誠実《じょうじつ》の語《ご》を説《と》いてこれを証誠《しょうじょう》したまう。故《ゆえ》に選択証誠《せんちゃくしょうじょう》と云《い》う。加之《しかのみならず》、『般舟三昧経《はんじゅさんまいきょう》』の中《なか》に、また一《ひとつ》の選択《せんちゃく》有《あ》り。いわゆる選択我名《せんちゃくがみょう》なり。弥陀自《みだみずか》ら説《と》いて言《のたま》わく、「我《わ》が国《くに》に来生《らいしょう》せんと欲《ほっ》する者《もの》は、常《つね》に我《わ》が名《な》を念《ねん》じて休息《くそく》せしむること莫《なか》れ」と。故《ゆえ》に選択我名《せんちゃくがみょう》と云《い》う。本願《ほんがん》と摂取《せっしゅ》と我名《がみょう》と化讃《けさん》と、この四《よっ》はこれ弥陀《みだ》の選択《せんちゃく》なり。讃歎《さんだん》と留教《るきょう》と付属《ふぞく》と、この三《みっ》はこれ釈迦《しゃか》の選択《せんちゃく》なり。証誠《しょうじょう》は六方恒沙諸仏《ろっぽうごうじゃしょぶつ》の選択《せんちゃく》なり。然《しか》ればすなわち、釈迦《しゃか》、弥陀《みだ》および十方《じっぽう》の各《おのおの》恒沙等《ごうじゃとう》の諸仏《しょぶつ》、同心《どうしん》に念仏《ねんぶつ》の一行《いちぎょう》を選択《せんちゃく》したまう。余行《よぎょう》は爾《しか》らず。故《ゆえ》に知《し》んぬ。三経《さんぎょう》ともに念仏《ねんぶつ》を選《えら》んで、以《もっ》て宗致《しゅうち》とするのみ。計《おもんみ》れば、それ速《すみや》かに生死《しょうじ》を離《はな》れんと欲《ほっ》せば、二種《にしゅ》の勝法《しょうぼう》の中《なか》には、且《しばら》く聖道門《しょうどうもん》を閣《さしお》いて、選《えら》んで浄土門《じょうどもん》に入《い》れ。浄土門《じょうどもん》に入《い》らんと欲《ほっ》せば、正雑二行《しょうぞうにぎょう》の中《なか》には、且《しばら》く諸《もろく》の雑行《ぞうぎょう》を抛《なげう》って、選《えら》んで正行《しょうぎょう》に帰《き》すべし。正行《しょうぎょう》を修《しゅ》せんと欲《ほっ》せば、正助二業《しょうじょにごう》の中《なか》には、なお助業《じょごう》を傍《かたわら》にし、選《えら》んで正定《しょうじょう》を専《もっぱ》らにすべし。正定《しょうじょう》の業《ごう》とは、すなわちこれ仏名《ぶつみょう》を称《しょう》するなり。名《みな》を称《しょう》すれば、必《かなら》ず生《しょう》ずることを得《う》。仏《ほとけ》の本願《ほんがん》に依《よ》るが故《ゆえ》なり。

問《と》うて曰《いわ》く、華厳《けごん》・天台《てんだい》・真言《しんごん》・禅門《ぜんもん》・三論《さんろん》・法相《ほっそう》の諸師《しょし》、各浄土法門《おのおくじょうどほうもん》の章疏《しょうじょ》を造《つく》る。何《なん》ぞ彼等《かれら》の師《し》に依《よ》らずして、ただ善導一師《ぜんどういっし》を用《もち》いるや。答《こた》えて曰《いわ》く、彼等《かれら》の諸師《しょし》、各《おの》皆《みな》浄土《じょうど》の章疏《しょうじょ》を造《つく》るといえども、しかも浄土《じょうど》を以《もっ》て宗《しゅう》と為《な》さず。ただ聖道《しょうどう》を以《もっ》てその宗《しゅう》と為《な》す。故《ゆえ》に彼等《かれら》の諸師《しょし》に依《よ》らざるなり。善導和尚《ぜんどうかしょう》は偏《ひとえ》に浄土《じょうど》を以《もっ》て宗《しゅう》と為《し》て、しかも聖道《しょうどう》を以《もっ》て宗《しゅう》と為《せ》ず。故《ゆえ》に偏《ひとえ》に善導一師《ぜんどういっし》に依《よ》るなり。問《と》うて曰《いわ》く、浄土《じょうど》の祖師《そし》その数《かず》また多《おお》し。謂《いわ》く弘法寺《ぐほうじ》の迦才《かざい》・慈愍三蔵《じみんさんぞう》等《とう》これなり。何《なん》ぞ彼等《かれら》の諸師《しょし》に依《よ》らずして、ただ善導一師《ぜんどういっし》を用《もち》いるや。答《こた》えて曰《いわ》く、これ等《ら》の諸師《しょし》、浄土《じょうど》を宗《しゅう》とすといえども、いまだ三昧《さんまい》を発《おこ》さず。善導和尚《ぜんどうかしょう》はこれ三昧発得《さんまいほっとく》の人《ひと》なり。道《どう》においてすでにその証《しょう》有《あ》り。故《ゆえ》に且《しばら》くこれを用《もち》う。

問《と》うて曰《いわ》く、もし三昧発得《さんまいほっとく》に依《よ》らば懐感禅師《えかんぜんじ》もまたこれ三昧発得《さんまいほっとく》の人《ひと》なり。何《なん》ぞこれを用《もち》いざる。答《こた》えて曰《いわ》く、善導《ぜんどう》はこれ師《し》なり。懐感《えかん》はこれ弟子《でし》なり。故《ゆえ》に師《し》に依《よ》って弟子《でし》に依《よ》らず。いわんや師資《しし》の釈《しゃく》その相違《そうい》はなはだ多《おお》し。故《ゆえ》にこれを用《もち》いず。

問《と》うて曰《いわ》く、もし師《し》に依《よ》って弟子《でし》に依《よ》らずんば、道綽禅師《どうしゃくぜんじ》はこれ善導和尚《ぜんどうかしょう》の師《し》なり。そもそもまた浄土《じょうど》の祖師《そし》なり。何《なん》ぞこれを用《もち》いざる。答《こた》えて曰《いわ》く、道綽禅師《どうしゃくぜんじ》はこれ師《し》なりといえども、いまだ三昧《さんまい》を発《おこ》さず。故《ゆえ》に自《みずか》ら往生《おうじょう》の得否《とくひ》を知《し》らず。「善導《ぜんどう》に問《と》うて曰《いわ》く、道綽念仏《どうしゃくねんぶつ》す往生《おうじょう》を得《え》んや否《いな》や。導《どう》、一茎《いっきょう》の蓮花《れんげ》を弁《べん》じてこれを仏前《ぶつぜん》に置《お》かしめ、行道七《ぎょうどうしち》日《にち》せんに花萎悴《はないすい》せずんば、すなわち往生《おうじょう》を得《え》んと。これに依《よ》って七日《しちにち》するに、果然《かぜん》として花萎《はない》黄《おう》せず。綽《しゃく》、その深詣《じんけい》を歎《たん》ず。入定《にゅうじょう》して、生《しょう》ずることを得《う》べきや否《いな》やを観《かん》ぜんことを請《こ》うに因《よ》って、導《どう》、すなわち定《じょう》に入《い》って、須臾《しゅゆ》に報《ほう》じて曰《いわ》く、師《し》まさに三罪《さんざい》を懺《さん》すべし。まさに往生《おうじょう》すべし。一《ひとつ》には師《し》、かつて仏《ほとけ》の尊像《そんぞう》を安《あん》じて檐牖《えんよう》の下《した》に在《お》き、自《みずか》らは深房《じんぼう》に処《お》る。二《ふたつ》には出家《しゅっけ》の人《ひと》を駆使策役《くしさくやく》す。三《みつ》には屋宇《おくう》を営造《ようぞう》して蟲命《ちゅうみょう》を損傷《そんじょう》す。師《し》、宜《よろ》しく十《じっ》方仏《ぽうぶつ》の前《まえ》において第一《だいいち》の罪《ざい》を懺《さん》じ、四方僧《しほうそう》の前《まえ》において第二《だいに》の罪《ざい》を懺《さん》じ、一切衆生《いっさいしゅじょう》の前《まえ》において第三《だいさん》の罪《ざい》を懺《さん》ずべし。綽公《しゃくこう》、静《しず》かに往咎《おうく》を思《おも》うに、皆曰《みない》うこと虚《むな》しからず。ここにおいて心《こころ》を洗《あら》って悔謝《けじゃ》し訖《おわ》って導《どう》に見《まみ》ゆ。すなわち曰《いわ》く、師《し》の罪滅《ざいめつ》しぬ。後《のち》まさに百光《びゃっこう》有《あ》って照燭《しょうそく》すべし。これ師《し》の往生《おうじょう》の相《そう》なり」。已上『新修往生伝』

ここに知《し》んぬ。善導和尚《ぜんどうかしょう》は行《ぎょう》、三昧《さんまい》を発《おこ》して、力《つとめ》、師位《しい》に堪《た》えたり。解行《げぎょう》、凡《ぼん》に非《あら》ざること、まさにこれ暁《あきら》けし。いわんやまた時《とき》の人《ひと》の諺《ことわざ》に曰《いわ》く、「仏法東行《ぶっぽうとうぎょう》より已来《このかた》、いまだ禅師《ぜんじ》のごとき盛徳有《せいとくあ》らず」。絶倫《ぜつりん》の誉《ほまれ》、得《え》て称《しょう》すべからざる者《もの》か。加之《しかのみならず》、『観経《かんぎょう》』の文疏《もんしょ》を條録《じょうろく》するの刻《とき》、すこぶる霊瑞《りょうずい》を感《かん》じ、しばしば聖化《しょうけ》に預《あずか》れり。すでに聖《しょう》の冥加《みょうが》を蒙《こうむ》って、しかも『経《きょう》』の科文《かもん》を造《つく》る。世《よ》を挙《あ》げて証定《しょうじょう》の疏《しょ》と称《しょう》し、人《ひと》これを貴《たっと》ぶこと、仏《ほとけ》の経法《きょうぼう》のごとし。すなわち彼《か》の『疏《しょ》』の第四巻《だいしかん》の奥《おく》に云《いわ》く、「敬《うやま》って一切有縁《いっさいうえん》の知識等《ちしきとう》に白《もう》す。余《よ》はすでにこれ生死《しょうじ》の凡夫《ぼんぶ》、智慧浅短《ちえせんたん》なり。然《しか》るに仏教幽微《ぶっきょうゆうび》なれば、あえて輙《たや》すく異解《いげ》を生《しよう》ぜず。ついにすなわち心《しん》を標《ひよう》し願《がん》を結《むす》んで霊験《りようげん》を請求《しようぐ》して、まさに心《しん》を造《いた》すべし。南無帰命《なむきみよう》、尽虚空遍法界《じんこくうへんほうかい》の一切《いつさい》の三宝《さんぼう》、釈迦牟尼仏《しやかむにぶつ》、阿弥陀仏《あみだぶつ》、観音勢至《かんのんせいし》、彼《か》の土《ど》の諸菩薩大海衆《しよぼさつだいかいしゆう》および一切《いつさい》の荘厳相等《しようごんそうとう》、某今《それがしいま》この『観経《かんぎよう》』の要義《ようぎ》を出《いだ》して、古今《ここん》を楷定《かいじよう》せんと欲《ほつ》す。もし三世《さんぜ》の諸仏《しよぶつ》、釈迦仏《しやかぶつ》、阿弥陀仏等《あみだぶつとう》の大悲《だいひ》の願意《がんい》に称《かな》わば、願《ねが》わくば夢《ゆめ》の中《なか》において、上《かみ》の所願《しよがん》の如《ごと》きの一切《いつさい》の境界諸相《きようがいしよそう》を見《み》ることを得《え》んと。仏像《ぶつぞう》の前《みまえ》において願《がん》を結《けつ》し已《おわ》って、日別《にちべつ》に『阿弥陀経《あみだきよう》』を誦《じゆ》すること三遍《さんべん》、阿弥陀仏《あみだぶつ》を念《ねん》ずること三万遍《さんまんべん》、至心《ししん》に発願《ほつがん》す。すなわち当夜《とうや》において見《み》らく、西方《さいほう》の空中《くうじゆう》に、上《かみ》のごときの諸相《しよそう》の境界《きようがい》ことごとく皆顕現《みなけんげん》す。雑色《ざつしき》の宝山《ほうせん》、百重千重《ひやくじゆうせんじゆう》、種種《しゆじゆ》の光明《こうみよう》、下《しも》、地《じ》を照《てら》して、地《じ》、金色《こんじき》のごとし。中《なか》に諸仏菩薩《しよぶつぼさつ》有《あ》り。あるいは坐《ざ》し、あるいは立《りゆう》し、あるいは語《ご》し、あるいは黙《もく》し、あるいは身手《しんしゆ》を動《うご》かし、あるいは住《じゆう》して動《どう》ぜざる者有《ものあ》り。すでにこの相《そう》を見《み》て、合掌立観《がつしようりゆうかん》す。やや久《ひさ》しくしてすなわち覚《さ》む。覚《さ》め已《おわ》って欣喜《ごんき》に勝《た》えず。ここにすなわち義門《ぎもん》を條録《じようろく》す。これより已後《いご》、毎夜夢中《まいやむちゆう》に常《つね》に一僧有《いちそうあ》って、来《きた》って玄義科文《げんぎかもん》を指授《しじゆ》す。すでに了《おわ》りぬれば、更《さら》にまた見《み》えず。後時脱本《ごじだつぽん》し竟《お》已《わ》って、また更《さら》に至心《ししん》に七日《しちにち》を要期《ようご》して、日別《にちべつ》に『阿弥陀経《あみだきよう》』を誦《じゆ》すること十遍《じつぺん》、阿弥陀仏《あみだぶつ》を念《ねん》ずること三万遍《さんまんべん》、初夜《しよや》、後夜《ごや》に、彼《か》の仏《ほとけ》の国土《こくど》の荘厳等《しようごんとう》の相《そう》を観想《かんそう》し、誠心《じようしん》に帰命《きみよう》すること、一《もつぱ》ら上《かみ》の法《ほう》のごとくす。当夜《とうや》にすなわち三具《さんぐ》の磑輪道《がいりんみち》の辺《ほとり》に独《ひと》り転《てん》ずるを見《み》る。たちまち一人《いちにん》の白《しろ》き駱駝《らくだ》に乗《じょう》ずる有《あ》り。来《きた》り前《すす》んで師《し》に勧《すす》め見《み》る。まさに努力《つと》めて決定《けつじょう》往生《おうじょう》すべし。退転《たいてん》を作《な》すこと莫《なか》れ。この界《かい》は穢悪《えあく》にして苦多《くおお》し、貪楽《とんぎょう》を労《ろう》せざれと。答《こた》えて言《い》わく、大《おお》いに賢者好心《けんじゃこうしん》の視誨《じけ》を蒙《こうむ》る。某《それがし》し畢命《ひつみょう》を期《ご》と為《し》て、あえて懈慢《けまん》の心《しん》を生《しょう》ぜずと。云云 第二《だいに》の夜《よる》に見《み》らく、阿弥陀仏《あみだぶつ》の身《み》、真金色《しんこんじき》にして、七宝樹《しっぽうじゅ》の下《もと》、金蓮華《こんれんげ》の上《うえ》に在《ましま》して坐《ざ》したまう。十僧《じっそう》囲遶《いにょう》して、また各《おの〳〵》一《ひとつ》の宝樹《ほうじゅ》の下《もと》に坐《ざ》せり。仏樹《ぶつじゅ》の上《うえ》に、すなわち天衣《てんね》有《あ》って挂《かか》り遶《めぐ》れり。面《おもて》を正《ただ》し西《にし》に向《むか》って、合掌《がっしょう》して坐《ざ》して観《み》る。第三《だいさん》の夜《よる》に見《み》らく、両《ふたつ》の幢杆《どうかん》、極《きわ》めて大《おお》いに高《たか》く顕《あらわ》れ、幡《はた》懸《かか》って五色《ごしき》なり。道路《どうろ》縦横《じゅうおう》にして、人観《ひとみ》るに礙《さわ》り無《な》し。すでにこの相《そう》を得已《えお》わって、すなわち休止《くし》して七日《しちにち》に至《いた》らず。上来所有《じょうらいしょう》の霊相《りょうそう》は、本心《ほんじん》、物《もの》の為《ため》にして己身《こしん》の為《ため》にせず。すでにこの相《そう》を蒙《こうむ》れり。あえて隠蔵《おんぞう》せず。謹《つつし》みて以《もっ》て義《ぎ》の後《のち》に申呈《しんてい》して、聞《きき》を末代《まつだい》に被《こう》むらしむ。願《ねが》わくば含霊《がんれい》、これを聞《き》いて信《しん》を生《しょう》じ、有識《うしき》の観《み》る者《もの》をして、西《にし》に帰《き》せしめんことを。この功徳《くどく》を以《もっ》て衆生《しゅじょう》に回施《えせ》す。ことごとく菩提心《ぼだいしん》を発《おこ》して、慈心《じしん》をもって相《あ》い向《むか》い、仏眼《ぶつげん》をもって相《あ》い看《み》て菩提《ぼだい》まで眷属《けんぞく》し、真《しん》の善知識《ぜんじしき》と作《な》って、同《おな》じく浄国《じょうこく》に帰《き》してともに仏《ぶつ》道《どう》を成《じょう》ぜん。この義《ぎ》すでに証《しょう》を請《こ》うて定《さだ》め竟《おわ》んぬ。一句一字《いっくいちじ》、加減《かげん》すべからず。写《うつ》さんと欲《ほっ》する者《もの》は、一《もっぱ》ら経法《きょうぼう》のごとくせよ。まさに知《し》るべし」。已上静《しず》かに以《おもんみ》れば、善導《ぜんどう》の『観経《かんぎょう》の疏《しょ》』は、これ西方《さいほう》の指南《しなん》、行者《ぎょうじゃ》の目足《もくそく》なり。然《しか》ればすなわち、西方《さいほう》の行人《ぎょうにん》、必《かなら》ずすべからく珍敬《ちんきょう》すべし。中《なか》に就《つ》いて毎夜《まいや》夢中《むちゅう》に僧《そう》有《あ》って玄義《げんぎ》を指授《しじゅ》す。僧《そう》は恐《おそ》らくはこれ弥陀《みだ》の応現《おうげん》ならん。爾《しか》らば謂《い》うべし。この『疏《しょ》』はこれ弥陀《みだ》の伝説《でんせつ》なりと。何《いか》にいわんや、大唐《だいとう》に相《あ》い伝《つた》えて云《いわ》く、「善導《ぜんどう》はこれ弥陀《みだ》の化身《けしん》なり」と。爾《しか》らば謂《い》うべし。またこの文《もん》はこれ弥陀《みだ》の直説《じきせつ》なりと。すでに写《うつ》さんと欲《ほっ》する者《もの》は、一《もっぱ》ら経法《きょうぼう》のごとくせよと云《い》えり。この言《ことば》は誠《まこと》なるかな。仰《あお》いで本地《ほんじ》を討《たず》ぬれば、四十八願《しじゅうはちがん》の法王《ほうおう》なり。十劫正覚《じっこうしょうがく》の唱《とな》え、念仏《ねんぶつ》に憑《たのみ》有《あ》り。俯《ふ》して垂迹《すいしゃく》を訪《とぶら》えば、専修念仏《せんじゅねんぶつ》の導師《どうし》なり。三昧正受《さんまいしょうじゅ》の語《ことば》は、往生《おうじょう》に疑《うたが》い無《な》し。本迹《ほんじゃく》異《こと》なりといえども、化導《けどう》これ一《いっ》なり。ここにおいて貧道《ひんどう》、昔《むかし》この典《でん》を披閲《ひえつ》してほぼ素意《そい》を識《さと》り、立《た》ちどころに余行《よぎょう》を舍《す》てて、ここに念仏《ねんぶつ》に帰《き》す。それより已来《このかた》、今日《こんにち》に至《いた》るまで、自行化他《じぎょうけた》ただ念仏《ねんぶつ》を縡《こと》とす。然《しか》る間《あいだ》、希《まれ》に津《しん》を問《と》う者《もの》には、示《しめ》すに西方《さいほう》の通津《つうしん》を以《もっ》てし、たまたま行《ぎょう》を尋《たず》ぬる者《もの》には、誨《おし》えるに念仏《ねんぶつ》の別行《べつぎょう》を以《もっ》てす。これを信《しん》ずる者《もの》は多《おお》く、信《しん》ぜざる者《もの》は尠《すくな》し。まさに知《し》るべし。浄土《じょうど》の教《きょう》、時機《じき》を叩《たた》いて行運《ぎょううん》に当《あた》り、念仏《ねんぶつ》の行《ぎょう》、水月《すいげつ》を感《かん》じて昇降《しょうごう》を得《え》たり。而《しか》るに今図《いまはか》らざるに仰《おおせ》を蒙《こうむ》る。辞謝《じじゃ》するに地《ところな》無し。仍《よ》って今憖《いまなまじい》に念仏《ねんぶつ》の要文《ようもん》を集《あつ》め、剰《あまつさ》え念仏《ねんぶつ》の要義《ようぎ》を述《の》ぶ。ただ命旨《みょうし》を顧《かえり》みて不敏《ふみん》を顧《かえり》みず。これすなわち無慚無愧《むざんむき》のはなはだしきなり。庶幾《こひねが》わくは一《ひと》たび高覧《こうらん》を経《へ》てのち、壁底《へきてい》に埋《うず》めて窓前《そうぜん》に遣《のこ》すこと莫《なか》れ。恐《おそら》くは破法《はほう》の人《ひと》をして、悪道《あくどう》に堕《だ》せしめんことを。

解説

1. 伝記・年表について

法然の伝記は、室町時代以前につくられたものだけでも一五種ほどあり、これほど多くの伝記をもつ人物は、聖徳太子くらいだといわれている。だが、その量に比べると内容は大同小異で、もっぱら「救済者」としての法然像だけが描かれているという（田村圓澄『法然』人物叢書36、吉川弘文館）。

近代の実証史学からいえば、伝記に記されている法然の行実の多くは、文献によっていわゆる裏を取ることが難しく、人間・法然を探り出すにはあまりに神格化が進みすぎている、ということであろう。

思えば、近代以後、歴史上の人物への関心はもっぱら、その人間性を明かす点に求められてきた。人間的な悩みが深ければ深いほど、人々は共感した。どのような偉大な思想家でも、ましてや宗教家などは、こうした赤裸々な人間的苦しみを表白する手がかりがなければ、関心の外におかれがちとなってきた。法然よりもその弟子親鸞《しんらん》の方が人気を博してきたのも、親鸞には、愛欲をめぐる葛藤《かっとう》等が史料から読み取ることができるからであろうし、加えて、父子の義絶や、晩年の一家離散などの状況も推測される。小説家ならずとも、その生涯に興味を抱くのは自然であろう。それに比べると、法然はあまりにも清僧であり

法然像「鏡の御影」
（金戒光明寺蔵）

すぎ、面白味に欠ける、ともいわれてきた。

だが、人間くささの度合いだけで歴史上の人物の評価を決めることは、一面に過ぎよう。法然の場合、むしろ彼が早い時期から神格化されて、「阿弥陀仏の化身」として、その行実が伝承されてきたという事実そのものを重視するべきではなかろうか。というのも、そこには、人々の、救済への願望があふれているのであり、法然を神格化してあまりある民衆の心情にこそ、法然の存在意義があるからだ。

大切なことは、法然がなぜかくも著しい神格化を受けてきたのか、という理由を明かすことであろう。それは一言でいえば、法然の「専修《せんじゅ》念仏」という主張を正確に読みとることによってのみ可能となる作業であろう。法然が、従来の仏教を全否定して、あらたに「専修念仏」の旗印を掲げた理由はどこにあったのか。まずはそれを法然の主著から読み取ること、それが法然への関心の中心であってよいのではないか。それに比べれば、法然の行実を一々文献と照らし合わせて真偽のほどを確定しながら、その人物像をたどろうとすることは、法然の本質を理解することとは縁の薄い営みのように思われる。

こういうと、法然の史的解明が無意味であるかのように聞こえるかもしれないが、もちろん、そうした努力を否定するものではない。私がいいたいことは、法然を法然たらしめている「救済者」の本質を棚上げにした史的詮索《せんさく》だけに終始することには関心がない、ということである。

以下に紹介する法然に関する年表も、実は、実証史学からいえば、大方は文献学的にも確実な事実とはいえないことが多い。第一、本書のあつかう『選択本願念仏集』の書かれた時期でさえ、いくつもの説があるのだ。

通常、従来の年表に掲げられてきたことは、神格化された諸伝から採用されてきた「事実」に基づくことが多い。実証史学が明らかにする「事実」を無意味だというつもりはないが、さりとてそれほど固執すべき事柄とも思われない。大事なことは、法然の主張を正確に読みとることだ、ということを繰り返しておきたい。

法然略年表

（作成にあたっては、田村圓澄『法然』、橋本峰雄編『思想読本・法然』らによった）

西暦	（年号）	事項

一一三三年	（長承二年）	美作国（現在の岡山県）久米南条稲岡に生まれる。（一歳、以下年齢は数え歳）
一一四一年	（保延七年七月、永治元年に）	父・漆間時国、明石定明の夜襲により、討死。（九歳）
一一四七年	（久安三年）	比叡山にて出家・受戒。（一五歳）
一一五〇年	（久安六年）	西塔黒谷の叡空の門に入る。叡空、法然と源空の名を与える。（一八歳）
一一五六年	（保元元年）	嵯峨・清凉寺に参籠。その後南都の学匠を訪ねる。（二四歳）　＊七月、保元の乱
一一五九年		＊一二月、平治の乱
一一六八年		＊九月、栄西・重源、宋から帰朝。
一一七三年		＊一月、明恵生まれる。この年、親鸞生まれる。
一一七五年	（承安五年七月、安元元年に）	春、善導の『観経疏』に導かれて本願念仏に帰依する（法然の回心）。これ以後、比叡山を出て京都東山大谷に住まいする。（四三歳）
一一七七年		＊六月、鹿ケ谷の陰謀。

一一八〇年		＊八月、源頼朝挙兵。 ＊一二月、平重衡、東大寺・興福寺を焼く。
一一八一年		＊閏二月、平清盛死去。
一一八三年	（寿永二年）	夏、木曾義仲の軍勢、都に乱入。この日だけ聖教を見ず、という。（五一歳）
一一八五年		＊三月、平家、壇ノ浦で滅ぶ。
一一八六年	（文治二年）	秋、大原談義（天台宗の学匠顕真法印と洛北大原で法論を行う）。（五四歳）
一一八九年	（文治五年）	八月、九条兼実に受戒する。（五七歳）
一一九〇年	（文治六年四月、建久元年に）	二月、重源の求めにより、東大寺で『浄土三部経』を講ずる。（五八歳）
一一九二年		＊七月、頼朝、征夷大将軍になる。
一一九六年		＊一一月、九条兼実、関白を辞める。
一一九八年	（建久九年）	九条兼実の求めに応じて『選択本願念仏集』を撰述する。（六六歳）
一一九九年		＊一月、頼朝死去。

一二〇〇年	（正治二年）	五月、鎌倉幕府、専修念仏を禁ず。（六八歳） 　＊一月、道元生まれる。
一二〇四年	（建仁四年二月、元久元年に）	秋、延暦寺の大衆、専修念仏停止を決議して座主に訴える。 法然、「七箇条制誡」をつくり、門弟を諌め、座主に送る。（七二歳）
一二〇五年	（元久二年）	九月、興福寺衆徒が専修念仏の停止と法然らへの重科を求めた訴状を朝廷に提出する。（七三歳）
一二〇七年	（建永二年一〇月、承元元年に）	二月、専修念仏を停止し、法然を土佐に配流とする。 三月、塩飽島地頭、高階入道西仁の館に入る。 一二月、勅免の宣旨が下る。箕面の勝尾寺に留められる。（七五歳） 　＊四月、兼実死去。
一二一一年	（承元五年三月、建暦元年に）	帰洛して東山大谷に住す。（七九歳）
一二一二年	（建暦二年）	正月二五日、死去。大谷の墓所に葬られる。（八〇歳） 　＊一一月、明恵『摧邪輪』をあらわす。

一二一九年		*専修念仏を禁止する
一二二七年		*六月、延暦寺僧徒、東山大谷の法然の墓所を破却し、『選択本願念仏集』の版木を焼く。 *七月、隆寛・空阿弥陀仏・幸西を流罪に処し、専修念仏を禁止する。
一二二八年		*一月、法然の遺骸を粟生野で荼毘に付する。

2．私の法然像

法然の略伝はすでに多くの関係書においてのべられているので、ここでは、私が思い描いている法然像の一端を記して、読者の参考に供するにとどめたい。

法然の専修念仏の主張は、文字通り、本願念仏の「専修」に尽きるのであり、他の救済方法はまったく顧みられるところはない。『選択本願念仏集』においても、こうした自らの立場を「一向」と説き示している（「三輩念仏往生之文」）。「一向」とは、「諸行を廃してただ念仏を用いるがゆえに一向という」のであり、「もし念仏のほかにまた余行を加うればすなわち一向にあらず」という。

当時の仏教は、諸行の兼修が普通であり、瞑想《めいそう》はもちろん、称名や、読経、戒律の遵守などが平行して実践されていた。その風潮のなかで、念仏だけを唯一、真実の行として他

明遍が夢に見た法然は、天王寺西門で病者に粥を与えていた
(知恩院蔵国宝『法然上人絵伝』四十八巻本、巻16の２段部分)

の行を一切廃止することは、そもそも仏教の常識に反する考え方であったといっても過言ではない。

それだけに、法然の主張は激しい反発をよぶことになる。なかでも、従来の仏教の枠のなかでまじめに修行に励んできた僧侶たちの反発が強かった。高野山の蓮華谷《れんげだに》を中心に活躍していた明遍僧都《みょうへんそうず》もまたそうした批判者の一人であった。明遍の批判は一言でいえば、法然が「偏執の人」であることに尽きていた。

「偏執」とは、現在でもよい意味では使われない。偏った見解に固執して他人のいうことに耳をかさない、度量の狭い、偏屈な人間を意味する。明遍からすれば、「一向」、「専修」の法然は、まさしく「偏執」そのものの人間と映ったのであろう。

しかし、あるとき、明遍は奇妙な夢を見た。それは、大坂・天王寺（現在の四天王寺）の西門に多数の病人が集まっているなか、一人の僧が現れて、持参した鉢からなにやらとりだして、これらの病人、一人一人の口に注いでいる。よく見ると、鉢のなかには、濾過した湯が入っていた。しかも、なおもよく見ると、その僧はなんと法然であった。

夢から覚めた明遍は、深く悟るところがあった。というのも、多数の病人とは、煩悩《ぼんのう》にとらわれた凡夫のことだと気づいたのである。そうなると、その病人のために、一人一人湯を配る法然こそは、まさしく凡夫のための教えを説いている人ではないのか、と。

こうして明遍は、従来の法然に対する「偏執の人」という批判を恥じ、法然の教えに自ら帰依することになったという（石井教道『選擇集全講』、五七〇頁。「拾遺古徳伝絵詞・黒谷源空聖人」巻四第四段、『真宗聖教全書』三・列祖部、興教書院、一九四一年七〇七頁）。

おもえば、法然が本願念仏に一筋に帰依したのは、単なる思いつきではない。自らが生きる現代という時代と、そこに生きる人間の質を厳格に問いただした上での結論であった。法然の、時代と人間への問いは、『選択本願念仏集』の冒頭、道綽《どうしゃく》禅師の『安楽集』からの引用に尽きている。法然の求道の出発点が、こうした時代と人間への深刻な洞察にあることはもっと認識されてよいことであろう。

つまり、法然が、一見するときわめて強い「偏執」的主張をなさざるをえなかった、客観的状況こそが問題なのであり、その問題性は、現代においてもいささかも色あせていない。だからこそ、法然の時代から約八〇〇年の年月を経てもなお、我々はその教説に惹かれるのである。その客観的状況とは一言でいえば、末世という時代であり、凡夫という人間のあり方にある。

末世という時代を生きる凡夫にとって、唯一仏になる道があるとしたら、それが本願念仏なのである。本願念仏によってしか凡夫の救われる道はない。となれば、その道をひたすら歩むしかないであろう。他の救済手段を採用するほど、凡夫には余裕はないのだ。「一向」の道があるだけなのである。

今日のことになるが、法然の「一向」の念仏に、しばしば疑義をもつ人がいる。阿弥陀仏の名を称するという、その容易な行の容易さに、つい疑念を抱くのである。こんな簡単な行で、人が救われてゆくのであろうか、と。現に、念仏をしてみても、なんの変化も見られないではないか、安心などどこにも生じはしない、と。こういう疑念をもつ人には、是非、法然が問うた、時代と人間を再度思い起こしてほしい。時代の深刻さと人間への果てしない絶望を見据えるとき、阿弥陀仏の本願のほかに、残された道が見いだせるであろうか。

法然の「偏執」は、時代と人間の危機の深さに対応している、といってもよい。その危機意識を共有する限り、法然の「偏執」こそが、救いへの道となる。

加えて、法然の「一向」の道は、避けようもない選択肢をつぎつぎと突きつけながら進行する。こうした選択は、『選択本願念仏集』に溢れている。苦の世界からの解放を願うならば、「聖道門」と「浄土門」のいずれを選ぶのか。「浄土門」を選ぶのであれば、さらに「正行」と「雑行」があるが、あなたはどちらを選ぶのか。「正行」を選ぶのであれば、さらに「正行」と「助行」のいずれを選ぶのか、と。

また、「偏執」の教え、と悪評であったがゆえにか、また、専修念仏が仏教ではないという批判に対抗するためにか、法然は、専修念仏の教えが、釈迦はもちろん諸仏が称揚する教えであることを、繰り返し強調している。古代インド人の誓約の慣習を受け継いだ、仏たちの「舌相をのべる」という誓約の仕方を、本書でも何度も引き合いに出している。それは、「偏執」と見える救いが、実は普遍的な根拠をもつことを示そうとする試みといえる。もっといえば、「偏執」であってよいという保証をつくりあげているのである。

しかし、こうした強い「一向・専修」へのすすめの一方で、法然は、手紙のなかで「力及ばず」という言葉を繰り返し使用している。たとえば、専修念仏の教えを勧めても、どうしても信じない人がいるが、そうした人を信じさせることは阿弥陀仏でさえもできない相談なのであり、ましてや凡夫の私たちの、力及ぶところではないのだ、と（「津戸三郎為守へつかわすお返事」『定本法然上人全集』第七巻、二二一頁）。あるいは、悪事を為すべきではないと思うものの、凡夫のならいで、時々の迷いに引かれて悪を為さざるをえないことが起こるが、それも力及ばぬことだ、とものべている（「大胡太郎実秀へつかわすお返事」『定本法然上人全集』第七巻、七二頁）。

法然は、ひたむきに、「一向」に専修念仏を勧める一方で、不信の人々を無理やり信じさせようとすることは間違いであり、それは個人の力の及ぶところではない、と断定する。その理由はどこにあるのか。一言でいえば、凡夫の本質が「業」に縛られている点にあることを熟知していたからにほかならない。

「業」とは行為を意味するが、私たちの行為は、いかなるものであっても、偶然と必然の、実に複雑な網のなかで生じてきたものであり、本当の原因を突き止めることは我々には不可能なのだ。しかし、多くの場合、人々は、自己の行為が自己の自由意志によって自由に操れるものと考えがちである。だが、自由意志によって、どれほどの行為が自由になっているのであろうか。願望と自由意志とを混同しているだけではないのか。

凡夫とは、限りなき自己追求に生きる存在であり、自分のためには欲望のすべてを総動員する。しかし、それほど可愛い自己でありながら、自己のすべてを知っているわけではない。むしろ、知らない自己が自分を裏切ることで窮地に陥ることもしばしばである。執着の対象でありながら、正体が不明な「私」。その「私」が人を自由に操れるのであろうか。自分の思うままに人々を動かすことができるのであろうか。

このような自己であるがゆえに、自己の救済は、阿弥陀仏という他力によるしかない。ましてや、他人については、思うがままに自由にすることなどありえない。

こうした認識は、別の言葉でいえば、人間の個別性の承認ということでもある。法然にとって、人間の個別性の根拠は、それぞれが背負っている「業」の多様性に求められる。「力及ばず」ということは、こうした多様性の承認を意味することでもある。法然においては、人が多様で、個別的な存在である理由はひとえに、それぞれが背負っている「業」の多様性に基づくのだ。

では、「偏執」と個別の尊重とはどのようにつながるのか。結論だけいえば、「偏執」は、凡夫である自己が救われてゆく道筋に限ることであり、他人の生き方やあり方に及ぶものではない、ということにある。他人の生き方については、どこまでも自己とは異なる「業」を背負う存在として、距離をおかねばならない。「私」はどこまでも「あなた」ではないし、ましてや「彼」や「彼女」ではない。その区別は厳しく受け入れねばならない。「私」は、どこまでも本願念仏をもとめて「偏執」の道を歩むが、あなたがその道を共に歩むことを希望はしても、実現しなくとも絶望はしない。もともと「私」と「あなた」とは背負っている「業」が異なっているのだから。「業」はそれぞれが尽くして生きるしかないものなのだ。

ここに、法然仏教の「偏執」、「一向」と、今日流にいえば「寛容」という、一見矛盾する価値の並存が生じる根拠がある。諸行は、自分の求道の上では、否定するが、諸行を営む人々を否定するわけではない。彼らが「一向」の道を歩むことは希望しても、それは彼らにおいて機縁が熟すしかないこと。「偏執」の人は同時に「寛容」の人でもある。それを可能としているのは、「業縁的存在」としての「凡夫」の認識にほかならない。ここに法然仏教の限りない魅力がある。

3・初心者のための読書案内

本書によって、法然の人物像や「本願念仏」に関心をもたれた読者のために、いささか役に立つであろうと思われる一般書をあげておく。

＊伝記としては

田村圓澄『法然』人物叢書36、吉川弘文館

田村圓澄『法然上人伝の研究』法蔵館、一九七二年

塚本善隆「鎌倉新仏教の創始者とその批判者」『日本の名著5・法然』中央公論社、一九七一年（本書に石上善応氏による『選択本願念仏集』の現代語訳がおさめられている）

＊思想内容に関して

数江教一『本願念仏のえらび・選択集〈法然〉』（日本の仏教・第六巻）筑摩書房、一九六七年

橋本峰雄編『思想読本・法然』法蔵館、一九八三年（本書には、近代以後の主要な法然研究書からの抜粋が集められており、さらに「法然に関する一〇〇冊の本」という特集も組まれている）

阿満利麿『法然の衝撃・日本仏教のラディカル』ちくま学芸文庫、二〇〇五年

以上

なぜ他力なのか

一

「他力」という言葉は、本来、「阿弥陀仏《あみだぶつ》の本願力」を意味する。本来、と断ったのは、ふつうは「他力」をそのような意味で使うことがほとんどないからだ。よほど自覚的な、浄土宗や浄土真宗の信者でない限り、今では「他力」を本来の意味で用いることはない。たとえば、「他力本願」も、もっぱら他人をあてにする行為で、「棚からぼた餅《もち》」と同じ意味である。なにごとにせよ、自らの努力によって人生を切り開くことがのぞましいと考えられている現代では、「他力」は、そうした努力を放棄した、敗北者か怠け者の、言いぐさと映る。もっとも、『他力』という名の本がベストセラーになることもある時代だから、「他力」も案外見直されているのかもしれない。だが、その「他力」も、はじめに記した「阿弥陀仏の本願力」という意味に限定されているかどうか。では、「阿弥陀仏の本願力」とはなにか、ということになるのだが、その説明は最後にまわしたい。

さて、「自力」と「他力」という言葉を使って、それまでの仏教を根本から編成しなおした人物が法然《ほうねん》である。法然は、それまでの仏教を一括して「自力」の仏教とよび、それに対して、自ら樹立した「浄土宗」を「他力」の仏教と位置づけた。

法然がどうして「他力」の仏教を、主張しなければならなかったのか。一言でいえば、それまでの仏教は、万人が「仏」になる方法を示していなかったからだ。

仏教の目的は、「仏」になることにある。「仏」とは、どのような存在なのであろうか。「仏」は、今日では「ホトケ」とよまれて、もっぱら「死者」をさすが、本来は、「真理を悟った人」をさす。「真理」の内容は、言葉でいうのはむつかしいとされるが、あらゆる存在の「ありのまま」を知ることも、その一つであろう。あらゆる存在の「ありのまま」を知ることは、たやすいように思われるかもしれないが、いつも自分本位という色眼鏡をかけている人間にはきわめてむつかしい。本人にとっては「ありのまま」でも、他の人から見れば、その人に都合よく見えているだけのことが普通であろう。

なぜ「ありのまま」に見ることが重要なのか。それは、「慈悲」を平等に実践するためである。仏教は「慈悲」の宗教といってもよいが、「慈悲」は、平等に注がれてはじめて「慈悲」なのであり、不平等な「慈悲」は、「慈悲」とはいえない。

すべての存在を「ありのまま」に見る「智慧《ちえ》」と、平等の「慈悲」を実践するために、仏教は、釈尊《しゃくそん》以来、さまざまな工夫を凝らしてきた。しかし、右にのべた「色眼鏡」のたとえのように、そのような「智慧」を獲得することはきわめてむつかしい。

とりわけ、法然のこころをとらえたのは、このような「智慧」や「慈悲」の獲得が、万人に開かれているのかどうか、という問題であった。たしかに、出家という特別の環境をつくって、ひたすら努力すれば、なかには、このような「智慧」や「慈悲」を身につける人も出てくるかもしれない。しかし、それはきわめて限られた人である。大乗仏教という宗教は、生きとし生けるもの、すべてが「仏」になることを目指す宗教ではなかったのか。そうだとすれば、万人が「仏」となる道が求められるべきではないか。

この問いに答えるためには、まず人間とはどのような存在であるのか、ということから考え直さねばならない。そこで法然が見いだした人間観こそ、「凡夫《ぼんぶ》」にほかならない。「凡夫」とは、「煩悩《ぼんのう》」にとらわれた存在である。片時も欲望から自由であることができない存在、欲望のコントロールなど思いも及ばない存在、それが人間というものではないか。だとすれば、欲望を制御するのではなく、ましてや欲望を滅するのでもなく、まさしく欲望をもったまま「仏」となる道が求められねばならない。それこそが「凡夫」にふさわしい仏教ではないか。仏教には、「凡夫」が「仏」となる教えもあるはずだ。こうして発見されたのが、「阿弥陀仏の本願力」によって救われてゆく「本願念仏」の教えであり、「浄土宗」なのである。

つまり、「他力」の仏教とは、「凡夫」という人間観を前提とする宗教であり、もし「凡夫」の思いを共有できなければ、「他力」の仏教は分からないということになる。そして、この「凡夫」の本質を、もっとも鋭く追求したのが、親鸞《しんらん》にほかならない。

二

「凡夫」とは、「仏」に対する言葉であり、「仏」になることができない劣った人間をさす。でなぜ「仏」になることができないのか。それは、「煩悩」に縛られているからである。では、「煩悩」とはなにか。

法然や親鸞の用語を見ていると、「煩悩」には、ほぼ三種の意味がある。一つは、俗に欲が深いということ。したがって怒りやすく、ねたむこともしばしばとなる。二つは、生きたい、死にたくないという、生への執着心。三つは、どこまでも、自己と他人とを区別し、自己の優越を誇り、また自己を正当化するのに熱心な精神。

しかしながら、このような、欲望や生への執着、自己へのこだわりは、日常生活では人生を豊かにする原動力であり、健全な競争力を生み出す源でもあって、いちがいに非難されるべきものとはいえない。一言でいえば、「煩悩」といわれる内容も、日常的には、生活の推進力にほかならないのだ。

だが、そうした生活の原動力である欲望や、生への執着、自己へのこだわりが、ときに人生そのものを狂わせる原因ともなる。かつて、『徒然草《つれづれぐさ》』の著者・兼好《けんこう》法師は、「才能もまた増長せる煩悩だ」と断定した。才能といえばきこえはいいが、内容は、激しい競争心と自負心であり、目的に向かう執着心はそらおそろしいほどである。つまり、豊かな才能も、自負心が過ぎると、人との摩擦を生じ、嫉妬《しっと》を招きやすく、それがまた競争心をかき立てて、争いのただ中に落ちることにもなる。

なにかのきっかけで、そうした自己への執着が、「煩悩」だと自覚されたとき、そして、人はそのような「煩悩」から自由になることができない存在だと痛感されたとき、自己を「凡夫」だと納得するのは容易となる。

三

この「煩悩」のなかで、親鸞がとくに注目したのは、三つ目の、どこまでも自己と他人とを区別し、自己の正当化をはかる自我のあり方である。

もとより、人は自我がなくては生きてゆけない。自他の区別も定かでないならば、生きてゆくこともおぼつかないだろう。自他をはっきり区別し、自己を貫いて生きてゆくこと、それが人生の要《かなめ》である。だが、自己を貫いて生きてゆくことは、自我を主張することと同じではない。自我が強いことは、「我を張る」という言葉があるように、単なる自己主張でしかない。人が久しく求めてきたのは、しっかりとした自己をつくることであり、現代の言葉でいえば、主体的に生きる、ということである。それは、「我を張る」ことではなかった。自我を頼みとすることと、主体的であることとは、はっきりと意味がちがう。

かつて、夏目漱石は、昔は己を忘れろ、と教えたものだが、最近は、己を主張せよ、我を張れ、とうるさいことだ、とのべたことがある。近代という時代は、まるで金平糖のように、いくつもの角で固めた自我がぶつかりあう時代だ、とも嘆いていた。漱石が求めたのは、強い自我ではなく、今の言葉でいえば、しっかりとした主体性であった。

親鸞もまた、自我の暗部を凝視し、その暗部を阿弥陀仏の力によって克服し、新しい主体性のもとに生きてゆく道を模索した人である。親鸞によれば、自我の最大の問題は、自己の正当化にある。あるいは、自己を善なる存在だと信じて疑わないところに最大の問題があるといってもよい。

親鸞をもっとも悩ませた問題は、「凡夫」が救われるのは「阿弥陀仏の本願力」しかないということが分かりながら、なお、その「阿弥陀仏の本願力」を自己の力だと誤認してはばからない点にあった。自我は、しばしば、他人の功績を自分の功績と言い張って聞かないのである。それが「煩悩」のすがたにほかならない。親鸞によれば、自我の根深い自己主張こそ、「煩悩」の本質にほかならない。

このような「煩悩」にとらわれた「凡夫」が、自らの力によって「仏」となることなど思いも及ばないであろう。ただ「他力」のみが、「凡夫」をして「仏」への道を歩ませるのである。

四

自我には、根深い自己主張があるといったが、その根深さこそ、「煩悩」の特徴でもある。現代の言葉でいえば、無意識に根をもつということだ。「煩悩」は、日常的な意識によってコントロールすることはできない。親鸞の言葉でいえば、人は「業縁《ごうえん》」に縛られた存在なのであり、それが「凡夫」にほかならない。

「業」とは、行為を意味するが、とくに本人も定かに覚えていないような過去の行為もふくむ。「縁」とは、偶然ということ。ものごとはすべて因果によって動いているが、「縁」は、明確な原因と異なり、人間にはその全貌《ぜんぼう》をうかがうことができない、不特定な原因をいう。したがって、人間からは偶然というしかない。

人が「業縁」的存在だということは、このように無意識の世界に沈殿した過去の行為が、なにかの偶然に触発されて現在によみがえり、そのことによって、人生が左右されるという事態をいう。『歎異抄《たんにしょう》』の言葉でいえば、人間とは、「さるべき業縁のもよほせば、いかなるふるまひもすべし」ということである。

それでは、まるで人には自由意志などないに等しいことになるではないか、と非難されそうだが、「業縁」の立場からいえば、人の自由意志は、結果を生む大切な原因であっても、一つの「縁」にしかすぎない。それを、あたかも唯一、絶対的な原因であるかのように考えるところに、自我特有の思いこみがある。自我には、自己の行為のみが大きく映り、ほかの要因はなきに等しく映るのであろう。

普段の生活では、このような「業縁」に思いいたることは、あまりないであろう。しかし、人生の危機に直面したとき、あらためて、なぜ自分はこのような危機を招かねばならなかったのかをふりかえると、「業縁」の二字が強い説得力をもってせまってくる。

人は、なにゆえに怒り、また腹を立て、嫉妬するのか。なぜ、彼ないし彼女の発言に激昂《げっこう》するのか。どうして、そんなにも激しく自己主張を繰り返すのか。その怒りや嫉妬、自己主張が激しいほど、当人にも、その本当の理由が分からない。だから、ますます動揺を招き、事態を悪化させる。そこには「業縁」とよぶしかない、人生の深淵《しんえん》が黒々と横たわっている。「さるべき業縁のもよほす」とき、人はいい知れない無力感と絶望におそわれる。

今日風にいえば、人は、たえず無意識の自己に脅かされているということになろう。人は、自分でもその全貌を知ることができない、深い無意識の世界を背負って生きている。そして、まさに「縁」あれば、その無意識の世界が動き、意識が一撃される。その一撃の正体が不明であるがゆえに、人は狼狽《ろうばい》し、困惑し、絶望する。昔の人は、「業縁」という言葉を知っていたがゆえに、事態をなにほどかは冷静にうけとめることができたのだが、今は、ただ狂乱し、絶望するだけである。

五

このように、人が「業縁」的存在だということに思いいたると、自己の救済を、自らの力に期待することは、不可能だと分かる。

「他力」が、リアリティーをもって迫ってくるのは、このときなのである。「他力」とは、さきに「阿弥陀仏の本願力」だといっておいた。阿弥陀仏という仏は、まだ人間であったとき、自分が仏となった暁に実現する、さまざまな誓いを立てた。それが「本願」とよばれる。「本」とは、仏になるまえの、という意味。その一つに、人が自分の名前をよべば、その人がいかなる人であっても、必ず自分の国土に生まれさせて、仏としよう、という誓い（願い）がある。

この誓いを信じて阿弥陀仏の名をよぶ（それが「ナムアミダブツ」という念仏のこと）、それが、法然の「浄土宗」であり、親鸞の信心なのだが、この誓いの力が「他力」にほかならない。

「他力」が求められるのは、人が「業縁」的存在であり、「凡夫」だからである。もし、私は悪いことはしないし、悪いことはいわない、また、まちがったことも思わない、かりに、まちがったことをし、悪いことを思っても、自分のなかにはそれを改める力がある、と信じている人がいるならば、その人には、「他力」は無縁であろう。いや、およそ宗教というものとも、無縁であるにちがいない。そうした人々は、道徳の世界で十分に満ち足りている。

親鸞の信心がしばしば「絶対他力」とよばれることがあるが、それは、「凡夫」においては、阿弥陀仏の誓いを信じるという行為すらも、阿弥陀仏から与えられたものであり、けっして「凡夫」である自己の行為ではない、という考えがあるからだ。そこには、「凡夫」には、一片の宗教的善行をも実践することができないという、徹底した自己省察がある。

私は、その徹底した自己省察に感動する。七〇〇年の時代を経てもなお、その人間観察の深さにうたれる。いや、その後の歴史をふりかえると、日本人の人間観は、むしろ、このとき以来、浅く、平板になる一方ではなかったのか、という思いにかられる。

たとえば、近世の豪商たちは、阿弥陀仏を頼むという行為は、五〇歳を過ぎてからで十分であり、若いときは、なによりも商売に励め、と遺言している。また、井原西鶴も、人生の目的は享楽することにあるとし、念仏沙汰《ざた》は、年老いてからで十分だ、と書いている。一三世紀の人々にとっては、「他力」を求めることは、人生のすべてをかける行為であった。自己の救済が判明しないかぎり、人は生きてゆくこともできなかった。だが、それから数百年立つと、人々は、まず現世の享楽を求め、人生の最後に、「他力」を、それもおきまりの儀式として求めるだけとなった。そして我々もまた、その延長線上に生きているのだ。

結論からいえば、法然や親鸞の仏教は、深い人間観に支えられているという点になによりも魅力がある。しかしひるがえって、現代の我々が手にしている人間観は、なんと痩《や》せたものであろうか。

たとえばオウム真理教事件に関して、被告の一人が死刑を、他の一人が無期懲役の判決をうけるということがあった。同一の裁判官の判決であっただけに、そのちがいについてさまざまな議論がなされた。判決を分けた理由の一つは、もっぱら被告たちの、社会や被害者に対する改悛《かいしゅん》の情の浅深にあったようだ。だが、改悛の情が浅いのは、それなりの理由があってのことであろう。もっといえば、改悛の情が深いということも、逆に浅いということも、「業縁」という立場から見れば、たまたまのことなのであり、たまたまであることにおいては両者は同じなのである。

もとより、私は裁判が宗教的見地からなされるのではなく、道徳や法という社会の約束事を前提にしていることは百も承知している。しかし、判決だけがすべてではない。「業縁」という立場からの意見もあってよい。かつて夏目漱石は、世に悪人という人はいない、善人が突如悪人になるからおそろしいのだ、とのべたことがある。善人が突如悪人になるという、人生の深淵に対する畏怖《いふ》の念を忘れた社会に、果たして未来があるのだろうか。

（このエッセイは、雑誌『AERA Mook』の特集号「親鸞がわかる」〈一九九九年五月号〉に「なぜ他力なのか」と題して書かれた。今回の再録にあたって若干手を加えた）。

あとがき

私にとって、仏教古典の現代語訳は『歎異抄』に続いて二度目の経験である（『無宗教からの「歎異抄」読解』・ちくま新書）。『歎異抄』では、著者・唯円《ゆいえん》の「耳底」にとどまったという親鸞の言葉の強さ、鋭さをいかに伝えるかに腐心した。今回の『選択本願念仏集』では、法然の教えがもつ、およそ差別や区別の一切を超える普遍的救済への意志をどのように伝えるかが課題であった。その意志が伝わらないかぎり、仏教をはじめて万人に開いた法然の意義は鮮明にならない、と考えたからである。その試みが成功したかどうか、読者の判断をまちたい。

本書は、現代語訳とあわせて原文の書下しも掲載する。テキストとしては、浄土宗聖典刊行委員会編の『浄土宗聖典』第三巻所収のものを使用した。一九九六年に浄土宗から刊行された新しいテキストである。『選択本願念仏集』には種々の底本、刊本があり、書誌学的な議論もある。この点、使用した『選択本願念仏集』では、テキスト・クリティークもしっかり行われている。『浄土宗聖典』第三巻の使用を快諾された浄土宗に感謝申し上げる。

なお、使用に際しては、『浄土宗聖典』第三巻にある「篇名」を削除し、あらたに章数、標章、引文、私釈、といった項目を立てた。また、書下し文においては、いくつかの誤植・脱字等があったので訂正した。

このほかテキストに関しては、浄土真宗聖典編纂委員会編纂『浄土真宗聖典七祖篇―原典版』（本願寺出版社、一九九二年）をしばしば参照した。なお、法然院貫首《かんしゅ》・梶田真章師には、法然院蔵延応元年刊本を拝読する機会をおつくりいただいた。お礼を申し上げる。

また、本書の目次では、現代語訳と原文書下しの両者を対比しやすいようにできているが、角川学芸出版・編集部の田中隆裕氏の工夫である。田中隆裕氏の力のこもった、細部にわたる編集作業にお礼を申しておきたい。

おわりに、本書執筆をわざわざ依頼に見えた、角川学芸出版・常務取締役・宮山多可志氏に感謝する。

伊豆にて　阿満利麿

二〇〇七年三月二七日

選《せん》択《ちやく》本《ほん》願《がん》念《ねん》仏《ぶつ》集《しゆう》

法然《ほうねん》の教《おし》え

阿《あ》満《ま》利麿《としまろ》＝訳・解説

平成19年 5月25日 初版発行
令和7年 9月15日 30版発行

発行者●山下直久

発行●株式会社KADOKAWA
〒102-8177 東京都千代田区富士見2-13-3
電話 0570-002-301（ナビダイヤル）

角川文庫 14702

印刷所●株式会社KADOKAWA
製本所●株式会社KADOKAWA

表紙画●和田三造

ISBN978-4-04-406801-1 C0115

◆◇◇

角川文庫発刊に際して

角川源義

第二次世界大戦の敗北は、軍事力の敗北であった以上に、私たちの若い文化力の敗退であった。私たちの文化が戦争に対して如何に無力であり、単なるあだ花に過ぎなかったかを、私たちは身を以て体験し痛感した。西洋近代文化の摂取にとって、明治以後八十年の歳月は決して短かすぎたとは言えない。にもかかわらず、近代文化の伝統を確立し、自由な批判と柔軟な良識に富む文化層として自らを形成することに私たちは失敗して来た。そしてこれは、各層への文化の普及滲透を任務とする出版人の責任でもあった。

一九四五年以来、私たちは再び振出しに戻り、第一歩から踏み出すことを余儀なくされた。これは大きな不幸ではあるが、反面、これまでの混沌・未熟・歪曲の中にあった我が国の文化に秩序と確たる基礎を齎らすためには絶好の機会でもある。角川書店は、このような祖国の文化的危機にあたり、微力をも顧みず再建の礎石たるべき抱負と決意とをもって出発したが、ここに創立以来の念願を果すべく角川文庫を発刊する。これまで刊行されたあらゆる全集叢書文庫類の長所と短所とを検討し、古今東西の不朽の典籍を、良心的編集のもとに、廉価に、そして書架にふさわしい美本として、多くのひとびとに提供しようとする。しかし私たちは徒らに百科全書的な知識のジレッタントを作ることを目的とせず、あくまで祖国の文化に秩序と再建への道を示し、この文庫を角川書店の栄ある事業として、今後永久に継続発展せしめ、学芸と教養との殿堂として大成せんことを期したい。多くの読書子の愛情ある忠言と支持とによって、この希望と抱負とを完遂せしめられんことを願う。

一九四九年五月三日